Zé do Rock · Deutsch gutt

zé do rock

deutsch gutt
sonst geld zuruck

a siegfriedische und kauderdeutshe
ler- und textbuk

verlag antje kunstmann

© Verlag Antje Kunstmann GmbH, München 2002
Lektorat: Edition dia, Berlin (www.editiondia.de)
Umschlag, Satz und Gestaltung: Rainer Zenz, Berlin
Druck und Bindung: Pustet, Regensburg
ISBN 3-88897-297-3
1 2 3 4 5 6 • 05 04 03 02

Der Autor:
Zé do Rock is vor verdammt langer zeit in Brasilien geboren, hat 14630
tage gelebt, 1357 liter alkohol gesoffen, 940 stunden flöte und 648 stunden
fussball gespielt, is 200 000 kilometer in 1457 autos, flugzeugen, schiffen,
zügen, oxenkarren und traktoren geträmpt, hat 104 länder und 16 gefäng-
nisse besucht, sich 8 mal verliebt, ein film gedreet, eine kunstsprache erfunden, ein vereinfachtes deutsh kreiert, hat nix studiert und lebt noch
heute, meistens in münchen. Zulezt ershin von ihm ›UFO in der küche –
ein autobiografischer seiens-fikschen‹.

ınhalt

sänks

I likat me bedank, und zwar by allkä wäntlant, bäahtä cläppa, brunnhildä sahdla, chadtrin rinnäbärk, chärßtin loa, hanntß visa, leeza haramillow, mahee myla-schteu, mahtin lyning, mahtin poßäd, mahtin shmit, mahrjon dakma täßcä, maleen sallm, malu grihß, mariehter sheva, madtierß baua, mohniker hämma, rohbärd tenntba, sabriehner nia, schtävvn bahia, sülphjer drew-dick, uhtä man, ulriehkä rabb, uhvä hätrig, vrajtak, wollph grehbl, yoachim yung, yohanäß chorn, yudter soella, für ire testlesungen und comentare, besonders by yänntß mahkuß waßaschtras, das er sich das ganze buch reingezogen hat (das is ja strafverschärfend), by kohrer fonn pajn und mahtin naja pro de grafico help, by susanä väßta für den satz den sie im vollrausch gelifert hat und der als schlusssatz des buches firmiert, by krißtjahnä langä für viles und vor allem by ann drehers am mann, dem sprachgenie, der mit linguistischer beratung und den besten ideen dises buches für ein simbolisches entgelt stets zu diensten war.

VORWORt

Genau 700 jare nach der urausgabe eines der ersten bücher über die siegfriedische sprache möchten wir mit diser neuauflage eine lücke schliessen, die längst hätte geschlossen werden sollen. Bislang wurde ser wenig über dise exotische sprache geschriben, die trotz der übermacht des winglish im ganzen M-System auf eim einzigen planet, nämlich auf Siegfriedien, gesprochen wird. Siegfriedien is ein kleiner planet am rand des 5. quadranten der Milchstraße.

Die deutsche sprache wurde ungefär 1000 jare lang in Deutschland, Östreich und in der Schweiz gesprochen, einer region, die in etwa dem heutigen nordwestlichen TE12.5 und dem südwestlichen TE12.6 entspricht. Bewegungen für die ›reinigung‹ der deutschen sprache von allem fremden gab es schon vor 1000 jaren, als reakzion auf die invasion der galizismen (französische wörter, das heisst aus dem land Frankreich, das ungefär TE12.5 und TE11.5 entspricht), was aber relativ selten zuspruch in der bevölkerung fand. Zu vil hätte geändert werden müssen und der gebrauch von fremdwörtern erleichterte die internazionale komunikazion.

Etwas aufwind hatten die ›reinheitsbewegungen‹ mitte des 20. jarhunderts. Damals versuchte der diktator Adolf Hitler die überlegenheit seines volkes mit dessen abstammung vom germanentum zu rechtfertigen, was den sprachpuristis vorteile gebracht hat, obwol der diktator selbst sich nie für ein fremdwortfreies deutsch erwärmte. Er rechnete damit, das die ganze erdbevölkerung bald deutsch lernen würde, daher war sein interesse nich groß, die sprache noch schwiriger zu machen, als sie onehin schon war. *National-sozialistisch* waren 2 lateinische wörter, sowie *kamerad* (lat. camarada) und Mein *Kampf* (lat. campus). *Reich* (das 3.) kommt vom keltischen …

Statt gereinigt zu werden wurde die sprache immer internazionaler, was auch in der natur der dinge lag: Das tempo, mit dem neue produkte die welt überschwemmten, nam täglich zu. Die meisten neuen produkte wurden im ausland erfunden und trugen englische namen, auch wenn sie aus ländern kamen, in denen englisch nich die erste sprache war. Selbst Deutschland musste seinen neuen produkten englische namen geben, um sie im ausland verkaufen zu können. Ein walkman namens Ochsenhofer hätte keine chance auf dem internazionalen markt. Andrerseits verschwanden täglich wörter für dinge, für die es keine verwendung mer gab, so das der anteil an englischen wörtern rapide wux. Aber auch englisch war zu diser zeit schon keine monolitische sprache mer, die von eim land kontroliert wurde, sondern eine sprache, zu der vile andre mit neuen wörtern beitrugen. Es war mer als eine sprache, es war ein wortprozessor: Es nam vile wörter von einzelnen sprachen auf und verteilte sie über die ganze welt.

So wurde deutsch immer englischer, wärend englisch immer internazionaler wurde, das heisst eigentlich immer unenglischer. Mit der vilsprachigkeit zerbröckelten die gramatikalischen strukturen der deutschen sprache wie auch der meisten andren sprachen, wobei deutsch in diser hinsicht eine spitzenposizion einnam. Der autor Zé do Rock schrib ein wenig beachtetes buch, ›De skizofrenie da deutsh‹, in dem er nich nur die kaotischen sprachlichen zustände kritisierte, unter denen er und seine mitmenschen leben mussten, sondern auch den versuch unternam, ordnung ins kaos zu bringen, was große befremdung hervorrif. Denn damals waren die deutschis für iren ordnungssinn bekannt, wärend Zé do Rock aus Brasil stammte (was ungefär dem heutigen TE7.3, TE8.3 und TE8.4 entspricht), ein land, das für seine ewig kaotischen zustände berühmt war. Zé do Rock wandte sich nich gegen die internazionalisirung, sondern war für eine uniformisirung: Von den deutschen fällen waren nur noch abfälle übrig geblieben. Andrerseits konnten vile verben auf 3, 4 oder in einigen fällen sogar auf 10 verschidene erlaubte weisen konjugiert werden. Wobei von ›erlaubt‹ kaum die rede sein kann, da es keine kontrolirenden instanzen mer gab. Statsregirungen existierten nur noch nominell und die multis konnten sich auf kein gemeinsamen nenner einigen. Der autor nannte sein einheitliches deutsch ›Kauderdeutsh‹. Der name blib der nachwelt erhalten sowol für das kaotische deutsch, das im 22. jarhundert im winglish aufgegangen is, wie auch für die einheitliche version von Zé do Rock.

Später, in eim schon hohen alter, bekam Zé do Rock die deutsche nazionalität und wurde vom Saulus zum Paulus. Er wurde deutscher als die deutschis. Dann erschin sein buch ›Siegfriedisch‹, in dem er dem deutschen publikum die rückkeer zu eim rein germanischen deutsch vorschlug.

Bald danach überredete ihn sein verlag, an die erfolglosigkeit der letzten bücher anzuknüpfen und die komparative studie ›Deutsch gutt sonst geld zuruck‹ zu schreiben. In disem buch werden siegfriedisch und kauderdeutsch verglichen. Es dauerte nich lang, bis beide bücher in vergessenheit geriten, ausser bei einer kleinen gruppe seiner fans, die sich ›Die Siegfriedier‹ nannten. Dise gruppe blib zwar 2 jarhunderte lang unbeachtet, erlebte aber eine renaissance mitte des 23. jarhunderts, kurz bevor man kafee als treibstoff für die intergalaktischen sprünge entdeckte und die menschen sich daranmachten, die Milchstraße in eim größeren umfang zu besideln. Die erste gruppe siegfriedischer siedlis verliess die erde 2268 und bestand aus 12 000 menschen. Der planet wurde 2075 vom japano Robert Shibata entdeckt, der ihn Koka-Kora nannte, weil er grade von der bekannten brause trank, und japanis können kein L, im gegensatz zu den chinis, die kein R können. Die ersten siedlis wollten ursprünglich gar nich nach Koka-Kora zin, wegen dem so ungermanischen namen. Aber bei den damaligen imobilienpreisen am rand der Milchstraße ging es nich anders: Nur so ein unwirtlicher planet wie Koka-Kora war noch erschwinglich. Wirtlichere planeten konnten sich nur die oberen schichten leisten, besonders am rande der Milchstraße, mit blick zur Gänenden Lere, wo man sich auszin kann, one sich vom nachbi von gegenüber beobachtet zu fülen. Im jar 2312 wurde beschlossen den planeten in Siegfriedien umzubenennen. Was immer noch besser war als der germanisierte spitzname ›Gockel Kohle‹. Die später dazugekommenen siedlis, die kein siegfriedisch konnten, mussten es lernen. One die ›Siegfriedischeignungsfeststellung‹ durfte kein mensch länger als 3 monate auf dem planeten verweilen.

Durch die ursprüngliche isolazion Siegfriediens wurde auch die sprache konserviert. Nach den ersten kontakten mit nichthominidis und der übername der dematerialisazionstechnik lockerte sich ab dem 25. jarhundert dise extreme insellage. Aber auch so liessen sich die siegfriedier nich mer davon abbringen, die ›sprache von Beckenbauer‹ zu sprechen (darauf waren sie stolz, obwol Beckenbauer eigentlich kein siegfriedisch sprach). Das siegfriedische gibt inen ein identitätsgefül, wie man es selten in der Milchstraße findet.

Vorligende neuausgabe wurde mit einigen updates und anmerkungen für den siegfriedistik-studi verseen. Normalerweise zeigen sprachlerbücher die zu lernende sprache in den beispiltexten und übungen, wärend die erläuterungen in der sprache geschriben sind, die die studis, für die das buch gemacht wurde, sprechen. Da dises buch eigentlich 2 sprachen gleichzeitig unterrichtet, wird dauernd alles gewexelt: Wenn siegfriedisch unterrichtet wird, schreibt man die beispiltexte und -übungen auf siegfriedisch und die erklärungen auf kauderdeutsch. Wird kauderdeutsch unterrichtet, verhält es sich genau verkeert rum: Kauderdeutsch is dann die sprache der beispiltexte und -übungen, siegfriedisch die sprache der erläuterungen.

Um zu verdeutlichen, wie sich beide sprachen voneinander entfernt
ham, schrib Zé do Rock nich sofort auf voll-kauderdeutsch, sondern nam
als ausgangspunkt das deutsch, das in der letzten jartausendwende gesprochen und geschriben wurde. Zé do Rock stellt die evoluzion des kauderdeutschen schrittweise vor. Das komplette kauderdeutsch kann man
gegen ende des buches lesen. Siegfriedisch widerum bleibt immer dasselbe, weil man bei diser sprache nich von einer evoluzion sprechen kann.
Wenn man ein namen dafür erfinden müsste, dann vermutlich ›retrolu-
zion‹. Siegfriedisch is für jeden studi eine große herausforderung (wenn
auch nich ganz politisch korekt, das liegt aber an der natur der sprache),
wobei das sichere beherrschen des kauderdeutschen das lernen des siegfriedischen wesentlich erleichtert. Um größere gleichgewichtsstörungen
oder gar übelkeit zu vermeiden, legte Zé do Rock zwischen jedem unter-
richtstext (siegfriedisch bzw. kauderdeutsch) ein ›pausentext‹ ein. Dise
pausentexte waren in den augen des autors »normal geschriben und leicht
lesbar«, was aber selbst für die damaligen lesis nich ganz stimmt: Zé do
Rock litt unter sprach-parkinson und war nich imstande, in irgendeiner
amtssprache richtig zu schreiben. Die texte variiren zwischen wunsch-
deutsch (er hatte 12 000 zuschauis in seinen show-lesungen abstimmen
lassen und daraus eine basisdemokratische ortografie kreiert), banhof-
deutsh (der gramatiklosen sprache der gastarbeitis) und andren verfranz-
ten varianten, vor allem wenn er über andre länder erzält. Trotzdem sind
sie leichter zu lesen für einige seiner zeitgenossis und bestimmt sind sie
eine willkommene auflockerung für ostsiegfriedier (New Leipzsch, Tou-
ring und Meklex), die des winglish kaum mächtig sind (kauderdeutsch is
nix andres als ein winglish mit schwerpunkt deutsch).

So gibt es in disem buch 3 sprachrichtungen: siegfriedisch, kauderdeutsch und allerlei (›pausentexte‹), wobei ›allerlei‹ natürlich jede richtung bedeuten kann, ausser den beiden ersten.

Für den studi der beiden versionen wird durch die zeitgenössischen
texte die versunkene welt des 21. jarhunderts wider lebendig. Wir raten
den lesis, die schwirigkeiten mit siegfriedisch oder kauderdeutsch ham,
paralel mit der winglish-version zu arbeiten. Beide versionen sind in
Teplex und Sinova (für diabetis) erhältlich. Über no-no-stralen können
sie ab april dises jares abgerufen werden. Nich ganz billig, aber für lib-
haber ser zu empfelen is die papir-version, die bei HZ38674GORGOLS und
BB88488888 bestellt werden kann.

Zé do Rock wurde 2048 von einer amoklaufenden androida, die bei ihm als putzfrau und maitresse arbeitete, fast ermordet. Sein tod im jare 2092 erfolgte nach der entscheidung Brüssels, ihn aus seim 44-järigen koma zu befrein, da man fürchtete, er könne weitere 100 jare in diser lage verharren, zumal bekannt wurde, das er bereits vor seiner stationären zeit kaum steuern gezalt hatte.

Zé do Rock beschäftigte sich oft mit dem tema zukunft, da anscheinend seine gegenwart ihm wenig anlass zur freude gab. In der regel wurden seine zukunftsvisionen nich war, was nich gegen ihn, sondern für die begrenztheit des menschlichen denkens spricht. Der mensch kann zwar vorwärts, aber nich rausdenken.

Nun wünschen wir Inen frohes lernen, oder um es mit den worten des autors zu sagen: »Ente gut, gans gut!«

Ki Pon Lo Ling
JU3.4 Niu Munic, 12. 4. 2748

instructions

Siegfriedisch is eine auslandifrey (fremdwortfrey) sprache, nur worte von germanish ursprung darf da vorkommen. Auch wenn ich die vollkommene reinheit angestrebt hab, is es durchaus maigly, das einige auslandis over de green grenze durchslupet. Die etimologis kann leider nich immer pro de sicherheit irer angaben garantiren und bey el over 400 000 worte, die dises buch umfasst, kann nich jedes richtig controlet werden. Wenn jemand an der grenze mit eim deutsh autokennzeichen vorbey will, blond is, blaue augen hat und perfect deutsh spricht, wird man vileicht doch darauf verzichten, nach seim pass tu fragen. Leider stammt auch bey Mayers und Müllers nur eine kleine minderheit aussliessly von germanen, und die suche nach dem reinen deutshen, nach dem reinen germanen gestaltet sich swer ...

Zum Beispil: *kaufen* sit gans unshuldish aus, kommt aber von latino *caupa* bzw. dem verb *cauponari* (shachern), also muss es durch *veräussern* ersetst werden. Der umgekerte fall: *Liste* kommt einem Siegfrieder vileicht suspect vor, wenn er fransais *liste* und italiano *lista* kennt, aber es get doch durch, weil es aus althochdeutsh *lista* (mit langem I und speter tu *Leiste* geworden) entleent und speter ins deutshe beck-entleent worden is. (Also kriegt man ›Lenworte‹ gelegentlich doch mal beck!)

Auch die antiken germanen importierten fremdworte, sie verunreinigten sich mit keltishen, latin und slavishen worten und menshes. Das darf hir natural nich passiren. Bey einige worte get man davon aus, das sie ursprungly nich im indoeuropico vocabular vorkamen, jedoch weiss man auch nich, wo sie's herhatten, tu beispil das wort *apfel*. Teorish cud so ein wort auch von den nich-arish, oder um exacter tu sein, nich-indoeuropico sprachen stammen, die vor el indoeuropis Deutshland besidelten. Solchen worten wollen wir, wenn nich eine aufenthaltserlaubnis, dann wenigstens von fall zu fall eine duldung erteilen.

Dises buch kann auch als literar spil dinen: Merere leute lesen eine seite und dann muss they alle worte raten. Für jeden feler verliren sie ein punkt. Oder man liest sich gegenseitig laut vor, und der vorleser muss aleine raten, dann kommt der nexte vorleser/rater mit der nexten seite ... muss man nur die fussnoten bedecken.

Es empfielt sich dringendst, die texte dises buches laut und nur ein oder maximal zwei kapittel pro tag tu lesen, da bei manchen lesis das schilen nach einer überdosirung ireversibel is.

DAS RÜSSELTIER
Lehrbuchabschnitt 1

Was ist das? Das ist ein Rüsseltier. Und was ist das? Das ist auch ein Rüsseltier. Was tun die Rüsseltiere? Sie gehen lustwandeln. Wo gehen sie lustwandeln? Im Kneipenviertel von Katzenmanndu[1]. Was ist Katzenmanndu? Das ist die Hauptstadt von Höchstbergien[2]. Am Anfang, wenn man sie noch nicht richtig kennt, sagt man anstandshalber Katzenmannsie. Wo liegt Höchstbergien? Höchstbergien liegt in Schlitzaugerdteil[3]. Wo liegt Schlitzaugerdteil? Schlitzaugerdteil liegt im Osten. Wo liegt der Osten? Dort, wo die Sonne aufgeht. Wo die Sonne aufgeht? Ja mei, mach das Windauge[4] auf und schau halt hinaus! Wer ist der Mensch dahinten auf dem Stadtweg[5]? Das ist ein kleiner höchstbergischer Junge. Was tut der kleine höchstbergische Junge? Was weiss ich. Was tun die Männer auf den Rüsseltieren? Sie gehen in die Klanghüpfhalle[6]. Gehen die Rüsseltiere auch in die Klanghüpfhalle? Nein, Rüsseltiere müssen draussen bleiben, auch in Höchstbergien. Rüsseltiere sind große Tiere und in manchen Ländern werden sie noch als Beförderungsmittel eingesetzt, weil die Leute dort weder eine Großschwarzfleckkatze[7] noch eine Ente haben. Wer weder ritzen[8] noch lesen kann, hat auch selten einen Wagen. Und was ist das große Rohr an der Nase der Rüsseltiere? Das sind Rüssel, mit denen sie ganze Flaschen Schwungsie[9] oder Wachblattbrause[10] (siehe Werbung) in Augenblickschnelle aussaugen können. Aber Rüsseltiere tun das höchstens einmal im Leben, da sie ein gutes Gedächtnis haben. Was steht hinter dem höchstbergischen Jungen? Ein größerer Junge. Vielleicht ist es auch ein Mann, aber das kann man bei dem Abstand nicht unterscheiden, vor allem nicht bei Höchstbergiern. Was macht der größere Junge? Er schaut. Was steht im Hintergrund rechts? Da steht ein Fahrrad. Mit dem Fahrrad kann man sich schneller fortbewegen als mit einem Rüsseltier, ausser das Rüsseltier ist verärgert oder fürchtet sich – Fälle, in denen es sich nicht empfiehlt, ein Rüsseltier zu reiten. Das Rüsseltier hat einen Rüssel, warum hat das Fahrrad keinen Rüssel? Weil Fahrräder grundsätzlich keine Rüssel haben und auch keine brauchen. Für ein Rüsseltier ist aber ein Rüssel sehr wichtig. Wenn Rüsseltiere nackte Männer sehen, fragen sie sich immer, wie so ein Wesen das Essen in den Mund führen kann. Die Rüssel dienen auch als Waffe, weshalb Tierkönige[11], Streifenkatzen[12] und Flussrösser[13] Streitigkeiten mit den Rüsseltieren vermeiden. Vor allem dem Tierkönig wäre es sehr beschämend, wenn er von einer Nase erschlagen würde. Diese Dickhäuter haben auch große Stoßzähne, mit denen sie Wagen und Fernseher zertrümmern, wenn sie böse sind. Aber diese Rüsseltiere haben ja keine Stoßzähne. Warum ist das so? Weil man Rüsseltierstoßzahnzeug[14] für viel Geld veräussern kann. Das ist vor allem für Höchstbergier viel Geld, weil Höchstbergier arme Leute sind, ausser es handelt sich um vermögende Höchstbergier. Warum sind Höchstbergier arm, ausser sie sind vermögend? Weil das so ist, jetzt geh in den Garten spielen, geh!

1 Katmandu	8 screibee – scribee
2 Nepal	9 Pepsi-Cola
3 Asia	10 Coca-Cola
4 fenster – windo	11 liowen – liones
5 strasse – strass – strat	12 tiger
6 disco	13 nilperdes – hipopotamus
7 jaguar (Kleinschwarzfleckkatze is ein leopard)	14 elfenbein – ivory

woRtschatz

Natural alfabetish:

Katzenmanndu: Katmandu is kein germanico wort. Da kann wir nur das wort germanisiren, auch wenn es nich dasselbe bedeutet: Katzen-Mann-Du.

Ritzung: Ja, da gab es weit und breit nix germanish. *Schreiben* kommt ja von latino *scribere*. Da muss man sich practish beim english bedinen, um sich beck tu germanisiren. Dort heisst es *write*, was dem deutshe *ritzen* entsprechen wud. Antik hat man geritzt, wenn man screibee wollte. Das latino *scribere* bedeutete auch *ritzen* ...

Schwungsie und *Wachblattbrause:* Pepsi is eine marke, ein oversetsum ins deutsh kann es pro das nich geben, aber deutsher kann es in alle falles werden: Pep = Schwung, Si = Sie. Das cocablatt heisst *Wachblatt*, weil es wach halt. Und das getrenk heisst natural *Wachblattbrause*. Natural hat heuttutage Coca-Cola kein cocablatt mer drin, aber das is ja die message des namens und das wird overnemet. Es is zwar nich exakt, aber nimand kann in dauer exact sein, auch nich mit reingermanico worten. Vileicht is man da sogar weniger exact, aber wenigstens bleibt man germanish und braucht keine auslandis. *Cocs* heisst natural *Wachblattstaub*.

Stadtweg: Ich slage *Stadtweg* vor, weil *Straße* natural nich get, da es vom latin *strata* kommt. Jemand cud es pro de strasse halten, de tu de stadt leitet, das is aber dann *der Weg zur Stadt* ...

weiss (wissen): Im siegfriedischen scribee man *ss* nur nach langem vocal *ß* (maß, groß) – ausser nach *i*, das *iess* gescriben wird.

EXERCISIUS

Oversetse Sie ins siegfriedische:

1. Der ingenieur ershoss die gazelle mit der pistole. Das war nich im sinne der gazelle.
2. Das telefon loitete in meim buro. Ich ging nich hin, weil es sich um eine telefonbombe handeln cud.
3. Gibt es ein autostrada tu India?
4. Pardon, kann yu mir sagen, wo die nexte toilette is?

ANSERS

1. Der Baudenker hat den Leichthirsch mit dem Beutelgewehr erschossen. Das war nicht im Sinne des Leichthirsches.
2. Der Fernsprecher läutete in meinem Dienstraum. Ich ging nicht hin, weil es sich um einen Fernsprechsprengleib handeln könnte.
3. Gibt es eine Wagengroßbahn nach Kuhverehrerland?
4. Entschuldigung, können Sie mir sagen, wo der nächste Notdurftraum ist?

Brasilianischer Piranhagrill
Vergleichstext 1

*Das isst noch nicht wirklich Kauderdeutsch, sondern vor Kauderdeutsch.
Dass heißt, wie Neuhochdeutsch um die Ja-Tausend-Wände ausgesehen hat.
Das isst der einzige Text, den Zé do Rock je auf ›Normaldeutsch‹ geschrieben
hat, wenigstens hat ein rächt Schreibprogramm der ja tausend Wände keine
Beanstandungen gemacht. Ausser mit dem Wort ›Foebel‹, dass ein damaliger
Slangausdruck für Dinge wahr, bei dehnen Mann nicht weiß, wofür Sie Gut
sein sollen.*

Zu Taten:
5 Piranhas, Glasperlen, Spiegel, Videogerät, Stereoanlage

Zu Bereitung:
Als erstes Mousse Mann die Piranhas besorgen. Keine leichte auf Gabe in
Deutschland. Frag bei ›Nordsee‹ und beim Metzger, wahrscheinlich werden Sie's nicht haben. Also Fliege nach Manaus am Amazonas, kauf dir
Anglerausrüstung, Miete dir ein Boot und paddel Los. Frage immer Passanten am Ufer oder andere Bootsmänner, welche Flüsse piranhaträchtig
sind. Wenn es größere Gruppen am Ufer sind, die Rum hupfen, dann

kann es sich um zweierlei handeln: entweder Rio-Bewohner, die im Uhr
Laub Volleyball Spielen, oder die berühmt-berüchtigten Yanomami in Diana. Wenn Sie ein Ball haben und daß braun von der sonne kommt, sind
es Rio-Bewohner. Mit dehnen soll Test du deine Zeit nicht verschwenden,
außer du fühlst plötzlich eine unbändige Lust, Volleyball zu spielen. Wenn
du die nach Piranhas fragst, werden Sie Sagen, du sollst im Rotlichtviertel
in Manaus vorbeischauen, da führ' Sie Piranhas nichts anderes als Nutten
sind. Wenn Sie kein Ball haben und die bräune natürlich, dann sind es in
Diana, die ein regen Tanz fair Anstalten. Schau das du möglichst schnell
weck kommst. Wenn dir die Flucht nicht Meer gelingt, erkläre dehnen,
das du in Frieden kommst und nur ein Paar Piranhas Fischen möchtest.
Könnte Sein, das die daß wie die Rio-Bewohner fair stehen, vor allem
wenn du wie ein Tourist ausschaust, weil wir Brasilianer Wissen, das die
Ausländer nur an daß einc denken. Vieh leicht fair stehen Sie über Haupt
nichts, weil die Kain deutsch können. In solchen Situationen Wirt einem
klar, wie wichtig ein Deutsch-Yanomami-Wörterbuch Sein Cannes. Das
haßt du aber nicht dabei und jetzt kaufen geht nicht. Also fair suche Sie
zu beruhigen, indem du Ihnen Glasperlen, Spiegel und andere Foebel
schenkst. Wenn Sie damit nichts anfangen können und nach Videos und
Stereoanlagen fair langen, gib ess' Ihnen. Wenn Sie dann »dollar« fair langen, gib ess' Ihnen auch. Also ich Würde es Ihnen auf alle Felle gäben. Gib
Ihnen keine D-Mark, in Diana sind ignoranten und Wissen so was nicht
zu Schätzen. Was, du haßt die Dollar vergessen und die nähmen dich jetzt
mit zu Ihrem Chef? Der Chef schaut dich gierig an, leckt sich die Lippen
und zeigt auf den Riesenkochtopf? Also ich Habe jetzt den ein Druck, das
es nichts Meer Wirt mit dem Piranha-Grill. Wenn du Katholik bist, Beete
2 oder 3 Aar Weh-Marias. Wenn du Protestant bist, pro Test Tiere Halt.
Wenn du Atheist bist, dann bereue es, du gottloser Schurke! Also wenn du
keine dollar hattest, Mousse du nicht weiter lesen. Wenn du doch ein Paar
dabei hattest und diese wilden besänftigen konntest, dann werden Sie dir
auch Sagen, wo du deine Piranhas Fischen kannst. Dort paddelst du hin
und ziehst die Bestien aus dem Wasser. Wieso du aber jetzt ins Wasser Fallen muss Test, fair stehe ich nicht. Jetzt kann ich dir nichts Meer erklären,
jetzt kann ich bestenfalls den Piranhas erklären, wie Sie ein Deutschen
Touristen zubereiten sollen: Das Fleisch, dazu Salz, Pfeffer, Petersilie und
1 kg Kartoffeln in ein Topf gäben. Bei schwacher Hit-Zé etwa 30 Minuten
köcheln. In einer Pfanne 2 Eier Braten. Ach, ich höre auf, Ihr Piranhas
hört Mir gar nicht zu. Kultur Lose Viecher.

wenn ʙlut ᴅeutsh, ᴅann ᴅoppelpass ok
Vergleichstext 2

Ich hab nur ein mickrigen brasileiro[1] pass, ich bin ein armer hund, aber Deutshland is pro mi tu a sorte zweite heimat geworden. Shon wider armer hund. Ich verteidige die deutshis mit hemden und fiesses im ausland und erger mi, wenn die leute im ausland denken, die deutshis sind dicke, blonde feldwebel, die militair-befele durch die region shrei. Ich erclair dann, das das mit de shrein in Deutshland gar nich get, weil ma sich snell eine klage wegen lermbelestigum holen wud[2]. Ma belestige de lerm, de shon da is. Wenn France ein auslandifeindliches gesets introducee will, klingt das ganz anders, als wenn Deutshland es tut. Im ausland klingt das so, als wud Deutshland grade die ofens wider einheizen, dismal pro de turkis. Gut, die reportagen sind ser einseitig. Aber die welt vergisst nich so leicht, und wenn sie allmalish tu vergessen beginnt, kommt de deutshy und erinnert sie wider. Als ich das letste mal in Rio war, eines der gefarliste plaster der welt, ham mich die leute davor gewarnt, nach Deutshland tu gen, weil hir dauernd auslandis abgefackelt werden.

    Es is leicht, ein land tu verteidigen, das kein doppelpass acceptiert, die meisten lender maigen[3] das genauso wenig, zumindest bey emigranten. Aber es is nich leicht, ein land tu verteidigen, das leute, die hir geboren

sind, nich automatish als deutshis anerkennt. Man erkennt liber ein
mensh als deutshy an, der im Congo geboren is, er muss nur ein deutshe
grossvater ham. Brasileirus verliren iren pass, wenn sie sich in eim andren
land nationalisiren lassen (auch wenn dises gesets ser locker gehandhabt
wird). Aber wer in Brasil geboren wird, is automatish brasileiro, ob er nur
ein pass hat oder noch 20 passes von seinen eltern erbt. Pro Brasil handelt
es sich um ein brasileiro und aus.

Argumente gegen ein doppelpass gibt es einige. Eines davon is, das er
tu a zweiclassegesellshaft leitet: de ›nurdeutshis‹, die alle plichten[4] gegenover de deutshe stat erfillen muss, und el ›auchdeutshis‹, de die beste
zweier welten wele kann, zum exempel beim militair-service. Nun, im fall
der Turkiye is es eer ein nachteil, denn bis jetz konnten sich turkis vom
militair-service freicauf. Wenn sie von geburt an deutshe sind, is das vorbei. Komm turk! 100 klimmzuges! De freicauf erkennt die Deutsh Armee
nich als ersatz-service an. Und zwey classes gibt es shon lengst: Abgeseen
von den specialregelungen und trickserein ham milionen menshes im
ausland gans legal ein doppelpass, weil ire vorfaren deutshis waren. Das
deutshe blut shaff ansheinly privilegien.

Ein weiteres argument is die geteilte loialitet, tu de ein doppelstatler
aussetset wair. Normal hat ma 2 plichten gegenover de stat, ma soll steuern zalen und als mann pro sein land in den krig gen, wenns mal krig
gibt. Steuern zalen auch auslandis, und mit dem krig, na ja, ich hoffe, das
Deutshland kein neuen krig plant. Ich mein, der Scharping hat bestimmt
auch ein par kindheitstraumata, aber das sollte doch kein grund sein,
oder? Wenn es tu eim militair-einsatz kommt, zum exempel im nato-
Verband gegen die jugoslavis oder shqiperis[5], muss ma doch nich grade
deutshis hinsenden, die jugoslavish oder shqiperish eltern ham. Mit oder
one[6] doppelpass wair thay wol mit sicherheit de letztis, de so was maigat.

Wenn die reformgegner aber letztly nur eifersuchtly sind, das die turkis 2 passes ham, werend sie nur ein ham, dann cud[7] ma doch vileicht die
turkico regirung overreden, auch de deutshis ein turkico pass tu geben,
damit jeder, der mag, 2 passes ham kann. Eigentlich sollte jeder mensh
vile passes ham, damit wair krige nae-tu unmaigly[8].

Eine wichtige information sollt ich auf alle falles nich vorenthalten:

1	Fussballländer, fussballländisch	5	Adlerländer (Albaner)
2	würde	6	ohne (und nicht *eins*)
3	(gern) mögen (ausgesprochen: mäigen)	7	könnte
4	Pflichten	8	unmöglich

Auch menshes mit doppelpass kann mit eim ticket von de 2. classe nich
im 1. classe faren und im hotel Bayerischer Hof darfe they nur bleiben,
wenn sie zalen.

Nich alle reformgegner sind nazis oder rassisten und nich alle nazis
oder rassisten sind gegen alle auslandis. Immerhin ham sie gern a plaush
mit den auslandico ku-klux-klan-leuten. Und rassisten gibts overall. Ein
zairico freund beswerte sich, das de colegis in seiner Munic firma zimlich
rassistico sind. Ich plichtet ihm bei, das vile deutshis rassisten sind. Nein,
sagte er, das sind keine deutshis, das sind jugos, griechen, turkis. Trotsdem: Vile deutshis maigen gewisse auslandis nich. Die auslandifeindlich-
keit richtet sich gegen volkes, de durch ir anderssein und vor allem durch
ire zal im eigenen land tu a sheinbar bedroung werden. So ham vile
deutshis vor allem was gegen turkis. Obwol auch vile bosnis moslems
sind, shimp kaum einer sie. Ir moslemtum is discret und sie sind nich
vily. Nich mer. Auch die turkis laufen nich mit kaftanen rum, nich einmal
in Turkiye, und sie sind letstly doch zimlich integriert, immerhin essen sie
döner kebab wie jeder normale deutshy. Das eigentliche problem is, das
sie tu vily sind. Circa 5 procent von de bevolkerung, und das reicht alle-
mal, wenn man ein feind braucht.

Einfleishet turkyfeinde shimp alles, was de turkis tun. Sind sie armer
denn de durchsnitt von de bevolkerum, verachtet ma sie. Sind sie reicher,
coche der neid, sind sie gleich, mokiert ma sich, das sie sich wie deutshis
auffir[9]. Einige einfleishetis[10] regen sich sogar auf, das die turkis kein
sweinfleish essen, obwol dise einfleishet hassis vileicht daheim ein vegetarico weib sitse ham. Dann regen sie sich auf, das de turkis eine andre religion ham, deren gott Allah heisst, nich Eli wie in der Bibel (2 vocale anders und shon gibt es krig), und dann baun sie moshees. Nur, was sollen
sie sonst tun? Cristis baun kirchen, juden sinagogen, moslems moshees.
Ma verlangt ja nich, das cristis sinagogen baun, da kann man auch nich
verlangen, das moslems kirchen baun.

Vile turkas tragen ein copptuch. Vile cristico sud- und osteuropias tragen es auch. Auch manches deutshe weib tregt a copptuch, wenn der winter recht unfreundlich wird. Aber keine deutsha lass es in de shule an. Das
is el untershid. Natural kann ma verlangen, das sich de copptuchturkas
adaptiren, ich mein, ma sit e shon nich vil … aber die westliche welt hat
in den letste 4 decades einiges erlebt: de reduction von de swimmanzuge
auf immer kleinere stoffreste bis hin zum textilfreien bad, mannes mit
langen haren, mannes, de sitsend pissen. Da cud ma doch a copptuch im

classenraum locker verkraften. Natural ham el europis noch reste von
›guten maniren‹ und vileicht belong[11] ein classenraum one coppbe-
deckung da-tu. Aber es belong doch mittlerweile auch tu de gute ton, die
regelbrecher tu accptiren, auch wenn manchmal arg zaneknirshend. De
princip von de democratie is simpel: Ma darf alles tun, was andren nich
shad. Es heisst *shade*, nich *disturbee*[12]. Sonst cud ich a hessly mensh per
gerichtbesluss da-tu zwingen, eine maske tu tragen, weil er sonst meine
estetico feelings disturb. Ein copptuch mag zwar einige leute disturbee,
aber die dinger explodiren selten, stinken nich und sind nich radioactiv.
In Brasil gibts mer deutshstammis (3 mal sovily) denn in Deutshland turkis. Auch sie sind nich immer musterknaben der integration. Vily von
inen baun noch fachwerkhauses und das is untipish pro brasileirus andrer
abstammung, trotsdem demonstriert ma nich dagegen. Weil they niman-
dem shad.

Aber wir wollen uns nich mit argumenten besheftig, die aus blindem
hass entsteen, sondern mit denen, die besonnene reformgegner vorbrin-
gen: Jugendliche auslandis sind overdurchsnittlich criminell. Wir wissen,
warum das so is: Mangelnde integration leitet tu mangelnde sprachkennt-
nisse, one deutsh keine qualificet ausbildung, one ausbildung kein job etc.
Leider ender das nix an de fact, das es billiger und sicherer is, criminelle
auslandis tu deportiren. Das spricht gegen den doppelpass, wenn ma de-
portation als solution[13] accept.

Pro de doppelpass spricht die hoffnung auf bessere integration, die
letstly tu weniger criminalitet leitet. Ma kann nur hoffen, das sich alle
so gut integriren wie exminister Lafontaine oder ministerpresident Glo-
gowski, deren vorfaren offensichtlich (oder offenhoerlich) auslandis waren. Darover, *wie weit* der doppelpass da-tu beitrag, lass sich streiten. Ich
hab aber keine zweifel, *das* er tu el integration beitrag. Natural wird ein
doppelpass nich alle probleme curzfristig solvee. Aber auf lange sicht shaff
er identification mit dem land.

Pro mi als brasileiro gebat es nur ein vorteil, ein deutshen pass tu ham:
Auslandsreisen wud billiger werden, da deutshis pro vile landes kein visum brauchen, in denen ma von brasileirus eins verlangt. Bey de heutly
gesets-situation wud ich meine nationalitet nich taush, ich mussat vil zalen und cud kein brasileiro mer sein. Da wair shon a gesmack von verrat

9   aufführen   12   stören
10   Eingefleischte   13   Lösung
11   gehört, gehören

dabey und vor allem taushat ich damit mein freundliches brasil-coco-palm-image gegen das nach 2 weltkrigen zimlich zerbeulte image von de deutshis ein. Ich kann mir vorstellen, das ich mit eim doppelpass weiter-hin als brasileiro feel wud, auf die frage nach meine nationalitet aber war-heitgemess antworten mussat, das ich brasileiro *und* deutsho bin. Und wenn ich das lang genug sag, werd ich irgendwann wenigstens als halbe deutsho feel. Sollt ich in Deutshland bleiben und hir kids krigen, werden meine kids deutshis sein (hoffentlich keine all-tu tipicus), auch wenn sie ein brasileiro pass erben. Und wenn meine kids kids krigen, werden sie kaum bother[14] meine enkel im brasileiro consulat tu registriren. Brasil is halt fern wek.

Vileicht sind el ›auslandico deutshis‹ irgendwann so integrirt, das es unter inen weniger arbeitslose gibt denn bey de ›reinrassige‹ deutshis, de-ren vorfaren kelten, germanen, romis und slaven waren. Das wird einige deutshis noch mer erger, weil sie nich einseen, das arbeitslosigkeit kein problem is, das durch die anwesenheit von auslandis entsteht, sondern durch rationalisirung, globalisirung und andre irungen.

Tu gewinnen hette de deutshis mit dem doppelpass vil an internatio-naler imageverbesserung: Deutshland leitet in der statistik der auslandi-feindlichkeit, obwol die in vile landes genauso grassirt. In den USA, Bra-sil oder France gibt es rassistico overgriffe, aber ma zele sie dort nich als auslandifeindlich, weil die victimas[15] inlandis sind. Wenn fast alle auslan-dis deutsh werden, kann es auch hir nur noch deutshifeindlichkeit geben. Dann gibts den drei-fite[16] wessy x ossy x aussy. Shon fascinant, wie ir das so macht.

Sliesslich hett ich auch selber was tu gewinnen: Im Auslandiamt mus-sat ich kaum noch ansteen und die beamten wud mich als einen von de wenige verbliben echt auslandis wider gut behandeln, wie in antico zeiten, als sie auslandis noch nich als ire naturale feinde ansan. Aber wer weiss, vileicht heisst dann der beamte[17] Üzgür oder Topic und mag keine aus-landis.

---

14 sich die Mühe geben   16 Dreikampf
15 Leidtragenden   17 Behördenangestellte/r

Richtmaße

1. Die Entdeutschung der Rechtritzung

Bevor wir mit der Entdeutschung der Rechtritzung anfangen, müssen wir die grundsätzlichen Richtmaße des Kauderdeutschen erläutern. Am Ende des Buches gelten diese Richtmaße überall, aber vorläufig nur, wenn ein deutsches Wort geändert wird oder ein Fremdwort die Aufgabe übernimmt, weshalb immer wieder scheinbare Widersprüche entstehen.

Die Geschlechtswörter sind geschlechtslos (und heißen selbstredend nicht ›Geschlechtswörter‹ in Kauderdeutsch, sondern ›article‹). Bestimmte Geschlechtswörter sind *de* vor Mitlaut und *el* vor Selbstlaut: de banane, el appel. Unbestimmte sind *a* vor Mitlaut und *ein* vor Selbstlaut: a banane, ein appel.

Die abgeleiteten Hauptwörter können verschiedene Endungen haben, zum Beispiel beim Stammwort *flig*: -*a* für weiblich oder frau (fliga = Fliegerin), -*y* für geschlechtslos, Mensch (fligy = Flieger/in), -*o* für männlich oder Mann (fligo = [männlicher] Flieger), -*u* für sächlich, Sache, Zeug, Gerät (fligu = Flieger im Sinne von Flugzeug). Für ein I am Ende eines Wortes wird Y verwendet (gummy, gully, zwey), allerdings nicht, wenn es der einzige ausgesprochene Selbstlaut am Ende eines einsprecheinheitlichen (einsilbigen) Wortes ist. Da wird *ie* gebraucht: die, vie, wie, zie, sie, spie, skie, shrie, nie.

Wenn ein Wort mit einem dieser Selbstlaute endet und jetzt die gleiche Endung braucht, wird ein I dazwischen geschoben: Das Wort für Zahlschalter ist *cassa*. *Cassu* ist die Stange, die man gebraucht, um die Waren eines Kunden von denen eines anderen zu trennen. *Casso* ist der Mann am Zahlschalter, *cassy* der Mensch. Aber was sagen wir zur Frau am Zahlschalter? Auch *cassa*? Geht nicht. Also *cassia*.

Eigenschaften oder Tätigkeiten als Hauptwörter kriegen die Endung -*um*: gelbum (Gelbheit), warnum (Warnung).

Deutsche Wörter, denen im Angelischen ein ähnliches Wort entspricht, bei dem ein oder mehrere Buchstaben nicht vorhanden sind, verlieren diese Buchstaben (als → as, das geht aber erst im nächsten Lehrbuchabschnitt los). Sie bekommen jedoch einen Endselbstlaut, wenn das nächste Wort (nicht nach einem Satzzeichen wie Tupfen oder Beistrich) mit Mitlaut anfängt: *el end, el end und de beginn*, aber *el ende da welt. El arsh da welt* bleibt *el arsh da welt*. Wörter, die auch in den traubenmetländischen[1] Sprachen vorkommen oder vorgehen, können auch 2 Fassungen haben: wenn mindestens 2 Sprachen eine Fassung ohne Endselbstlaut (geritzt oder gesprochen) haben und mindestens 2 Sprachen eine Fassung mit Endselbstlaut. Die Fassung mit Selbstlaut wird verwendet, wenn das nächste Wort mit einem Mitlaut anfängt: »Das proble*m i*s, das ich nich will, das du dich mit deim chef*e p*rivat triffst.« Aber: »Aber herzilein, mein che*f is* warlich nich der mensh, nach dem ich mich sen, das sollte wirklich nich dein proble*ma s*ein! Ich werde dir mal ein foto von ihm zeigen, du wirst nich wissen, ob du in ein japanico zeichentrickmonsterfilm bist oder ob der Harald Juhnke jetz auch noch ein proble*ma m*it gesichtskrebs hat.«

Das hast du hoffentlich verstanden. Ich meine die Richtmaße. Wenn nicht, dann solltest du dir vielleicht ernsthaft Gedanken darüber machen, wie du möglichst rasch hier rauskommst. Ich kann es dir sagen: einfach umblättern, bis du einen neuen Buchabschnitt siehst.

Die Mehrzahl bildet sich mit *-s,* oder *-es,* wenn das Stammwort mit einem Mitlaut (R und NG nicht mitgezählt) endet: tema – temas, buch – buches. Die Mehrzahl von Wörtern mit *-o,* wo dieses nicht auf die Männlichkeit hinweist, ist *-us:* telefono – telefonus. »Wie vil telefonus hast du? Vir. Eins bei mir zu hause, eins bei der arbeit, eins pro unterwegs und eins pro unter wasser. Unter wasser? Wo-tu soll das gut sein? Man kann da nich sprechen! Natural kann man! In der maske! Und du hast das tauchen nur gelernt, weil du das telefono gecauft hast und es auf teufel komm raus benutse wolltest? Hast du keine badewanne?«

Da das Y nur am Ende (und ganz am Anfang) eines Wortes stehen kann, wird es zu I, wenn es in das Wort gerät: telefony (Mensch, der am Fernsprecher arbeitet) – telefonis. System – sistem. Nur *maybe* bleibt *maybe*. Eigenschaftswörter haben auch 2 Fassungen, mit und ohne Selbstlaut am

Ende. Bei deutschen Wörtern ist der Selbstlaut E (gut – gute), bei Wörtern ausländischen Ursprungs kann es auch ein anderer Buchstabe sein, meistens -o (famos – famoso). »Ich bin nich famos, aber ich maigat (möchte) famoso sein. Meistens kann man dann besser essen und besser wonen, nur besser slafen kann ma nich.«

Abgeleitete germanische Eigenschaftswörter haben die Endung -ly, traubenmetländische Wörter die Endung -al (-ale vor Mitlaut). Wenn sie aber von Wörtern abgeleitet werden, die ein L haben, auf ie, ik enden oder von Eigennamen kommen, heisst die Endung -ish oder -ico (je nachdem, ob das nächste Wort mit Selbstlaut oder Mitlaut anfängt):»Ich feeled wurmly, was auch naturale war: Der exotico professor sagte dem farer categorish, er hab es eilish. Der farer antwortete, er finde 120 km/h in einer dreissiger zone eilico genug.«

Umstandswörter werden im umgekehrten Verfahren wie Eigenschaftswörter gebildet: Während diese das Zusammenprallen von Selbst- und Mitlauten meiden, steuern die Umstandswörter auf sie zu.»Ich bin a naturale mensh, natural versteh ich dich.« Wo das Eigenschaftswort auf einen Endselbstlaut verzichtet, weil danach sowieso einer folgt, muss das Umstandswort in diesem Fall ein -ly am Ende bekommen.»De total amusement is totaly unnecessary. Ein bisschen reicht doch shon.« In der Eigenschaftsendung -ish/-ico bleibt das Umstandswort immer -ish. Logish. Auch wenn es auf den ersten Blick nicht ersichtlich ist. Und meistens auf den zweiten auch nicht.

Tätigkeitswörter haben keine besonderen Endungen für verschiedene Fürwörter. Für die Vergangenheit ist die Endung -et (saget). 2 Ausnahmen: is – war, hav – had. Die Bedingungsendung ist -at oder wud für würde. Dazu gibt es noch cud für könnte und shud für sollte. Gegenwartsendungen gibt es nicht, hier nimmt man das Stammwort (ich sag es), vor Mitlaut die Endung -e (ich sage dir noch mal in aller deutlichkeit), bei traubenmetländischen Wörtern die Endung -ee.»Ich informee meine freunde, das die party morgen abend cancelet worden is, weil wir das geld nich hatten, ein par bire tu cauf.« Die Nennendung in Zusammenhang mit einem Hilfstätigkeitswort ist wie für die Gegenwart bei germanischen Wörtern, bei traubenmetländischen ist es -ee. Die unabhängige Nennendung ist in germanischen Wörtern -e, bei traubenmetländischen

-ee. »Rauche is nich gut pro de gesundheit, die leute tu informee kann ja nich shaden, oder? Ja, aber ich bin shon informet worden!« Die Gerademachendendung ist *-ent*: »Kannst du bitte sitsent pissen? Wo soll das enden, darling?« Die Zukunft bildet man mit *werd(e)*: »Wenn du dich nich hinsetzt, werd ich ab morgen deine winerration reducee!«

Bei angelischen Wörtern wird vorläufig kein *-e* angehängt, weil man nicht wüsste, ob man es aussprechen soll oder nicht. Nur später, wenn auch angelische Wörter lautgetreu geritzt werden, darf man das. Auch die Vergangenheitsendung ist nicht *-et*, sondern *-ed* (also verdoppelungen wie *ad – added*). Unrichtmäßige Tätigkeitswörter bleiben unrichtmäßig, wenn diese Unrichtmäßigkeit sich im Deutschen wie im Angelischen widerspiegelt (spoken – gesprochen usw.). Das wort *said* bleibt so, obwohl Deutsch richtmäßig *sagte* hat. Sozusagen eine Ausnahme in der Ausnahme. Erst beim 7. Vergleichslehrbuchabschnitt wird alles *-et*.

Alle diese Richtmaße werden nicht sofort angewendet, sondern nur dort, wo sich etwas ändert. Wenn mindestens 2 Sprachen – aus dem Bündel Deutsch, Niederskandinavisch (ein Sprachenverein aus Windmahlgerätländisch [Niederländisch], Nordschleswigisch, Knäckebrotländisch und Nordwegisch bestehend, als eine Sprache zählend), Angelisch, Riesenfrostländisch, Nudelländisch, Westfränkisch, Stiergefechtsländisch und Kabeljaufresserländisch (schlitzaugerdteilische Sprachen müssen draussen bleiben, weil der Leser auch was verstehen möchte, und der sitzt höchstwahrscheinlich im deutschsprachigen Raum) – gleiche Endungen haben, die diesen Richtmaßen widersprechen, werden sie vorläufig nicht verwendet. Nur am Ende des Buches wird alles gebündelt.

Im Gegensatz zum Deutschen, das bei zusammengesetzten Wörtern verschiedene Wege geht (badEtuch, rettUNGSwagen, blumeNladen usw.), werden im Kauderdeutsch die Wörter einfach nebeneinander gesetzt, vorläufig mit Bindestrich, später ganz getrennt. Nur Tätigkeitswörter bekommen ein E (badetuch, rettewagen).

* * *

Und jetzt zur Entdeutschung der Rechtritzung und zu den anderen Änderungen, die in diesem Lehrbuchabschnitt vorkommen:

Brasileiro: Ländernamen werden in der Landessprache geritzt (Brasil), die Einwohner entweder in der Landessprache, wenn man es weiss und Lust dazu hat, oder nach dem a/i/o-Richtmaß. Also kann man *brasilo* oder *brasileiro* ritzen. Da die kabeljaufresserländische Sprache keine Endung für ungeschlechtliche Bezeichnungen hat, kann *brasileiro* sowohl männliche als auch beidgeschlechtliche Einwohner bezeichnen. Will man das Geschlecht ausdrücklich herausstreichen oder herausstreicheln, muss man *brasily* bzw. *brasilo* sagen.

Deutshland: Sch wird nur im Deutschen so geritzt, also wird das *sh* genommen, das in mehreren Sprachen verwendet wird. Vor Mitlaut am Anfang nur noch *s*: »Jetzt sprechen wir alle auf spitzen steinen, wir snein in andre hauser herein, wo grade ein swein gebraten wird, ein ganz sleimiges, smales swein.« Wie wir sehen, war Kauderdeutsch die Zahlungsunfähigkeitsäusserung des Abendlandes: Ein schleimiges Schwein ist doch viel schleimiger als ein sleimiges swein.

du: Wenn *zu* zu *tu* wird, muss das Tätigkeitswort weichen. Zu *du.* Keine Sorge, das Fürwort *du* wird sehr bald zu *yu*, wie auch das *Sie* ... keine Frage, ein sprachlicher GAU. Es ist nicht so, dass wir Deutsche Abstand von anderen Menschen und Völkern halten wollen, aber wir möchten schon die Möglichkeit haben, mit Anmut zu schreien, wenn einer uns zu nahe tritt! *Du* heisst ja »du bist mein Freund«, und wenn es nur noch ein *yu* gibt, werden deutsche Gesetzeshüter keine Ausländer wegen Beleidigung bestrafen können, weil die Ausländer zu ihnen »mein Freund« gesagt haben. Das Tätigkeitswort kriegt keine Endung: »Glaub yu, das crige seine gute seiten ham?« Bei *sein* heisst es *is*, ausser es kommt gleich nach dem *yu*, dann *yu be*: »Is yu crazy? Crige ham nur gute seiten pro bose menshes! Yu be vileicht ein spinner!«

hab: Buchstaben, die nicht ausgesprochen werden, werden auch nicht geritzt.
Das angelische *gh* verschwindet ebenfalls, und wenn es sein muss, nach den angelischen Richtmaßen geändert: *fight* kann nicht *fit* werden, sondern nur *fite*.

in bord: Im Schwerdeutschen heisst es »ich bin *am* Bahnhof«, auch wenn man *im* Bahnhof steht, und es heisst »ich war *auf* der Post«, als wäre man auf das Dach der Mitteilungsbeförderungsanstalt geklettert. Und »an Bord«, als wäre man nicht drinnen, sondern nur daneben. Im Kauderdeutschen wird in solchen Fällen *in* genommen. Man war *auf* Cuba, aber *in* Angelland. Selbstverständlich ist man immer *in* einem Land und gleichzeitig *auf* ihm, aber in solchen Fällen entscheidet man sich im Kauderdeutschen grundsätzlich für *in*: Ich war in Cuba, sie war in Angelland, ir wart in Kreta.

Am Ende? Also, *Ende* ist nicht erdkundemäßig festgelegt. Es gibt keine Gartenwand[2]um das Ende, und wenn man nicht sagen kann, ob man innerhalb des Endes oder an es angelehnt ist, sagt man *in*: im end.

information: Wörter, die auf *-tion* enden, werden wie im Westfränkischen *ssiong* ausgesprochen: informassiong. Selbstverständlich ohne *g*. »Geben Sie bitte informassiong, ich muss faren tu de stassiong.«

plaster: Pf ist nicht vorhanden im Angelischen und in fast keiner Sprache dieser Welt (ich kann mich wenigstens nicht erinnern, dieses Lautgefüge je in anderen Sprachen gehört zu haben), deshalb wird es durch *p* ersetzt.

pro – für: Kauderdeutsch mag keine Umlaute. Die schönen Umlaute, so schöne Zwischenfarben wie rotgelb[3], rotblau[4] und anwaltsobstfarbig[5], sie gehen alle baden! Und was macht man, wenn man sie sieht? Einfach:
a) Ä ritzt man E, *-är* am Ende wird zu *-air* (milionair).
b) Bei Ö oder Ü sucht man nach dem angelischen verwandten Wort. *Grün* kann *green, Füße* können *fiesse* werden, aber nicht *feesse*, auch wenn es angelisch *feet* heisst. Bei *feesse* wüsste man nicht mehr, wie man das Wort aussprechen soll. Also fiesse, dann fiess, dann fiet, feet und schliesslich futes.
c) Wenn es das Wort im Angelischen nicht gibt, zum Beispiel das Wort *flüsse*, geht man zum Stammwort zurück: *flusse*. Aber dadurch, dass das Wort geändert wurde, wird es den neuen Richtmaßen unterzogen, also wird es zu *flusses*.
d) Wenn das Stammwort bereits einen Umlaut hat, nimmt man das angelische Wort. *Üben* wird *practicee*.
Im Falle von *für* ist das angelische Wort *for. For* prallt leider auf das gleichlautende deutsche Wort *vor*. Aber es gibt ein traubenmetländisches Wort, das auch die Deutschen und die Angelländer aufweisen können: *pro*. Also nehmen wir das, wenn jeder es versteht!

pro de: Tja, *für* verlangte den Wemfall, aber *pro* verlangt nichts mehr.
Neue Wörter sind nicht so wählerisch. Wir wissen nicht, was für ein Geschlechtswort wir benützen sollen. Also nehmen wir ein geschlechtsloses
de, wie es in so vielen deutschen Mundarten anwesend ist und das man
wie das angelische Wort *the* aussprechen kann ohne jemand anzu-
spucken. Oder man kann es auch als *die* aussprechen.

sorte: Wenn Siegfriedisch die Wahl zwischen einem germanischen und
einem weltverbreiterteren Wort hat, nimmt es selbstverständlich das germanische. Ganz anders, am Rande der Gesetzlichkeit, ist da Kauderdeutsch: Es nimmt immer das weltverbreitertere. Schlimmer noch, die
deutschen Bedeutungen mancher traubenmetländischer Wörter sind gewöhnlich sehr beschränkt: *Apartment* heisst in den anderen Sprachen
eine Wohnung, sie kann groß oder klein sein, während im Deutschen das
Wort nur eine kleine Wohnung bedeuten kann, eine Einzimmerwohnung.
Student bedeutet jemand, der etwas lernt, meint Halb- oder Ganzerwach-
sene, aber nicht unbedingt Hochlehranstalter wie im Deutschen. Solche
Wörter bekommen jetzt die Bedeutung, die sie in den Ursprungssprachen
hatten, meistens eine weitere, breitere. *Iritee* wird seine deutsche Bedeutung behalten, aber auch die bekommen, die das Wort in anderen westlichen Sprachen hat, die von *reizen, stören.*

tu: Im Deutschen heisst es: »Ich gehe *zum* Arzt. Ich gehe *in die* Stadt. Ich
gehe *auf die* Post. Ich gehe *nach* Frankreich.« Dabei geht es eigentlich nur
um die Richtung, und die meisten Sprachen haben nur ein Wort dafür. So
ist es auch im Kauderdeutschen. Alles ist *tu:* »Du mi ein gefallen, flige tu
el USA und bring mir ein par total grosse woppers.«

Einige Sonderregeln sind in diesem Buch nicht aufgelistet. Wer alle Regeln wissen will, muss die Netzseite http://www.zedorock.net besuchen.

1   romanico   4   lila
2   zaun   5   avocado-grün
3   orange

die verweltweitung[1]
der behördenherrschaft[2]
Lehrbuchabschnitt 2

Oft, wenn ich hierzulande Belege und Fragebögen unterzeichnen muss, entschuldigen sich die Leute, die mich dazu auffordern, für die deutsche Behördenherrschaft. Ja, sie ist nicht so ganz einfach, die deutsche Behördenherrschaft, und verglichen mit der angelsächsischen Behördenherrschaft ist sie schon ganz schön schlimm. Aber unter der fussballländischen[3] Behördenherrschaft leidet man noch mehr. Noch mehr leidet man (das ist dann ein gefundenes Fressen für Leidgeniesser[4]), wenn man gleichzeitig mit der deutschen und der fussballländischen Behördenherrschaft zu tun haben muss. Man gerät zwischen die Stühle und Stühle kennen kein Mitleid mit Eiern.

Mein holdes Weib und ich waren 7 Jahre verheiratet. Wir verstanden uns verhältnismäßig gut, aber nach 7 Jahren hält das kein Mensch mehr aus. Es gab doch immer den anderen Kerl oder das andere Weib, die man schon immer etwas besser kennen lernen wollte. Und noch ein Hindernis: Ich war meistens 1000 oder 10 000 Tausendlangmaß[5] von ihr entfernt. So trennten wir uns, blieben ansonsten verheiratet und gute Freunde.

Eines Tages aber wurde sie schwanger, selbstverständlich nicht von

mir. Da sie den tatsächlichen Vater als behördlich anerkannten[6] Vater ein-
getragen haben wollte, mussten wir uns scheiden lassen. Wir dachten, das
geht leicht, weil wir uns nicht gestritten hatten und sowieso so bettelarm
waren, dass es nichts zu teilen gab. Dem war leider nicht so. Sie musste einen Anwalt nehmen, ich musste einen Anwalt nehmen, ein Richter musste selbstverständlich auch beschäftigt werden. Wir mussten 3.000 DM zahlen und die Sache war erledigt.

Dachten wir. Als das Kind da war, ging sie zur Standesbehörde und
wollte der Tochter den Namen des Vaters geben (den Sippennamen[7]
selbstverständlich, nicht den Vornamen). Sie erwähnte mich gar nicht,
aber wenn es darum geht, Hindernisse zu finden, sind Behördenangestellte[8] doch plötzlich schlau. Er wusste bald, dass sie 9 Monate zuvor, als
das Kind gezeugt worden war, noch verheiratet gewesen war. Und da gibt
es keinen Ausweg: Die Tochter musste meinen Namen tragen.

Es wär ein Leichtes gewesen, die Schwierigkeit zu beseitigen: Mutter,
Vater und ehemaliger Ehemann hätten gemeinsam hingehen, feierlich erläutern und unterzeichnen können, dass nicht der ehemalige Ehemann,
sondern der Freund der Vater ist, und Tupfen[9]. Aber das geht selbstverständlich nicht. Ich musste das Kind anzeigen, dass es ungebührlicherweise meinen Namen trägt. So eine Geschichte beschäftigt wieder 1 Richter und 2 Anwälte. Ich war aber weg, irgendwo im
sprungbeuteltierländischen[10] Busch, und habe eine Vollmacht für mein
Weib hinterlassen, damit sie mich vertreten kann. So kam es zur Gerichts-
verhandlung, sie hatte keine Kleinkindachtgeberin[11] und ging mit dem
Kind hin. Sie klagte dann in meinem Namen das Kind an, das auf ihrem
Schoß lag, ungebührlicherweise meinen Namen zu tragen.

Das war dann keine schlimme Angelegenheit[12] mehr. Das Kind durfte
meinen Namen nicht mehr tragen. Und dann war's doch noch eine
schlimme Angelegenheit, weil das nicht hiess, dass das Kind den Namen
des Vaters tragen durfte. Das ist eine andere Geschichte, ein anderes Verfahren. Wieder mussten 2 Anwälte und 1 Richter her. Dann haben wir

1	globalisirung – globalisation – globa- lizasion	7	familie-nam
2	burocratie	8	(statale) functionaris
3	brasileiro/brasilico	9	punct – point
4	masokisten – masokistis – mazokistis	10	australian/australico
5	kilometers	11	baby-sitta – bebi-sita
6	oficiale	12	afere

noch die Leute, die das Ganze behördlich festhalten[13], und da versteht
man, warum die Gerichte hoffnungslos überlastet sind. Um einem Kind
den Namen des Vaters zu geben, den niemand streitig macht, muss man
eine Zwölfzahl Rechts- und Behördenangestellte beschäftigen.

Spätestens dann müsste der Spuk vorbei sein, aber das war er ganz und
gar nicht. Als der Vater (der Frau) starb und die Sache mit der Erbschaft
erledigt werden musste, stellten wir fest, dass die fussballländische Landesherrschaft[14], unter der wir geheiratet hatten, die Scheidung nicht anerkennt. Das heisst, unsere Scheidung musste behördlich übersetzt und
einem Anwalt in Fussballland übergeben werden. Der würde den ursprünglichen Scheidungsschein und die Übersetzung beim Obersten Gericht in der Hauptstadt Fussballlandien[15] einreichen, wo die Unterlagen
dann gemeldet und behördlich aufgezeichnet werden sollten. Selber kann
man sie nicht einreichen, das muss schon ein Anwalt tun. Sonst könnte ja
jeder daherkommen. Der Anwalt hat 3.000 dm dafür verlangt, dass er
diese Unterlagen einreicht. Wir wussten, dass Fussballland ziemlich teuer
geworden ist, aber für die Anmeldung so viel zu zahlen wie für die Scheidung, das war uns doch etwas zu viel. So suchten wir nach einem anderen
Anwalt, der es für 1.500 dm machte, ein echtes Schnäppchen. Unsere Leute
in Fussballland fragten dann den ersten Anwalt, warum er so viel verlangt
habe, und der antwortete, dass es solche und solche Anwälte gibt. Da uns
nicht deutlich wurde, wie man die Sendung von Ausweisen gütemäßig[16]
so verbessern kann, dass es sich lohnt, 3.000 dm statt 1.500 dm zu zahlen,
haben wir den zweiten Anwalt genommen, und ziemlich bald, das heisst
ein halbes Jahr später, war unsere Scheidung in Fussballland behördlich
anerkannt.

Es blieb nur noch ein Hindernis: Als wir geheiratet hatten, hiess sie
(um nicht zu sehr in ihr vertrauliches Leben[17] einzudringen, nehmen wir
einen Decknamen in der abc -Reihenfolge) Ada Bada Caba. Ada und
Bada waren Vornamen, Caba der Nachname. In der fussballländischen
Standesbehörde wollten wir bei der Hochzeit unsere Namen so behalten,
wie sie waren, aber der junge Behördenangestellte meinte, das geht nicht.
Ob das wirklich nicht ging, werden wir nie erfahren. Solche Gesetze werden fast täglich neu gemacht und jeder Standesbehördler meint, er kennt
sich aus, auch wenn es oft nicht der Fall ist. Auf alle Fälle musste sie meinen Namen annehmen, den wir jetzt der Einfachheit halber ›Du‹ nennen.
Als wir die Standesbehörde verlassen hatten, schauten wir uns den Trau-
schein an und stellten fest, dass der Behördenangestellte den Vornamen

Bada gestrichen hatte. Er fand ihn einfach zu lang. Sie hiess jetzt Ada Caba Du. Das war bestimmt auch nicht gesetzlich, aber es war behördlich, ein ganz deutlicher Fall.

Einige Jahre später beantragte sie den deutschen Reiseausweis, weil ihre Großeltern Deutsche waren. Die Leute in der deutschen Zweigbotschaft[18] waren erschüttert: Wie kann man einen Vornamen streichen? Das geht doch nicht! Also nahmen sie ihn wieder in den Reiseausweis hinein und im deutschen Reiseausweis hiess sie ab dann Ada Bada Caba Du.

Nach der Scheidung beantragte sie, ihren ursprünglichen Namen wieder tragen zu dürfen und bald hiess sie in Deutschland Ada Bada Caba. Die Schwierigkeit war nur, dass sie für die Erbschaft den Namen Ada Bada Caba Du angeben musste, weil in den Ausweisen der Tochter, die ja auch eine Erbin ist, dieser Name stand. Als die Tochter geboren wurde, hatte sie ihren Namen Ada Bada Caba Du noch nicht in Ada Bada Caba zurückgeändert. Ihre fussballländischen Ausweise wiederum lauteten weiter auf dem Namen Ada Caba Du und die fussballländischen Behördenangestellten sahen nicht ein, dass Ada Bada Caba Du und Ada Caba Du der gleiche Mensch ist. In den deutschen Ausweisen stand jetzt Ada Bada Caba. Leider weckten deutsche Ausweise nicht die Anteilnahme der fussballländischen Behördenangestellten. Unsere Scheidung war zwar in Fussballland behördlich anerkannt, aber nicht ihr Namenswechsel. Und das Schlimmste ist, dass ein Namenswechsel, der in Deutschland stattfindet, in Fussballland nicht einmal angemeldet werden kann: Dort kann man den Namen unmittelbar bei der Scheidung zurückändern lassen, danach nicht mehr. Genau umgekehrt wie in Deutschland. Das heisst, sie konnte in Fussballland gar nicht mehr Ada Bada Caba heissen.

Sie beschloss einen neuen Bürgerausweis machen zu lassen, mit dem neuen Namen. Nur, wie sollte das gehen, wenn ihre Ausweise auf verschiedene Namen lauteten? Trotzdem ging sie zur Standesbehörde, wo ein Schlitzaugpreusse[19] saß (selbstverständlich kein richtiger Schlitzaugpreusse, sondern ein schlitzäugiger Fussballländer). Er sieht den Namen in den Ausweisen, sieht den Namen im Antragsfragebogen und sagt: »Das geht ja unmöglich!« – »Ja, aber schaun Sie, bitte … bla bla bla«, und sie

---

13 protocolierten – protocolet
14 regirung – governo – governu
15 Brasilia
16 qualitativ – cualitativ
17 privatleben – privato lefen – privato life – privato laif
18 consulato
19 japano
20 odisee

erzählte ihm ihre ganze Irrfahrt[20]. »Na gut, wenn es so ist …« Er änderte mir nichts, dir nichts den Namen im Bürgerausweis aufgrund der Ausweise, die in einer Sprache geritzt waren, von der er keine Ahnung hatte. Auch gesetzwidrig, aber jetzt behördlich anerkannt.

Ja, in Deutschland ginge das wahrscheinlich nicht. Genauso wenig wie in Schlitzaugpreussen. Aber jemand, der in Fussballland geboren ist, kommt nicht ungeschoren davon. Er wird nie mehr ein Schlitzaugpreusse sein, gleichgültig wie viele Schlitzaugen er hat.

VOCABULAR

lautgetreu – fonetico
Mitteilungsbeförderungsanstalt – Post
Süßrohreiland – Cuba
they – sie (Mehrzahl)
traubenmetländisch – romanico
unfestgedanklich – abstract

Schlitzaugpreussen: Japanisch/Japan get ja unmaiglich, es is ein chinico wort, das von den portugueses in die weite welt gebracht wurde. *Preussen* get streng genommen auch nich, da *Preussen* kein germanico wort is, sondern ein alt-ostpreussishu, ergo baltish. Aber es wair ja shade um die pointe.

EXERCISIUS

Fillen Sie die leren felder aus:

1. Sonnenuntergang ist die Hauptstadt von …, dem Land der vielen Seen und Säufer.
2. Gute Lüfte ist die Hauptstadt von …, dem sehr südlichen Land mit den riesigen Rinderfarmen.
3. Behördenangestellte müsste man …
4. Schnellheiztopf war ein berühmter nudelländischer …

ANSERS

1. Dampfbadland.
2. Silberland.
3. Das kann man sich selbst aussuchen: verbrennen, aufhängen, vierteilen, usw.
4. Herrschaftslosigkeitsbefürworter.

Ja, die nummer 4 ... der Garibaldi wud sich over unsere nae zukunft freun, da gibt es tatsachlich keine regirung mer, wie er immer treumet. Was restee[1], sind die multis, und die denken nur an sich, nich an das allgemeine wol. Da sind regirungen ganz anders.

1   übrig bleibt

кRеDitkаRtе
Pausentext 1

Jou. Am 26. 9. 99 um 18:45 ur war rue im Numismatischen Museum von Karlsrue. Die münzen hatten sich schlafen gelegt, sie waren müde, weil sie den ganzen tag posirten, um sich von irer besten seite zu zeigen. Um 18:55 ur war keine rue mer, banditen kamen mit borern und maschinenpistolen und machten sich an die arbeit, die museumssäle auszuleren. Da die gläser gepanzert waren, wurde vil geschoben und gekippt. So entkamen 2 münzen durch das fenster, blongten auf den burgisteig, prosteten sich auf die neugewonnene freiheit zu und machten sich davon. Sie rollten und rollten … Die straße ging bergab, wenigstens für die, die runterkommen.

Die 2 entkömmlinge waren ein goldtalo aus dem Fuerstenthum Liechtensteyn und ein silbersestertius aus ser entfernter romizeit. Der goldtalo fürte schon seit 100 jaren ein museumsleben und kannte sich aus mit menschen von welt. Den silbersestertium hatte man aus der tausendjärigen dunkelheit einer römischen katakombe südlich von Baden-Baden erst vor kurzem befreit.

»Gantz schoene condition fuer das alter, was?«, sagte der goldtalo, dem der scheinbar eilige romo davonlif, bis er demonstrativ sten blib und ein par minuten wartete.

»ir said zu vervoent, fart dauand miten carrus rum. rennum musma! unt vaistu, icbin zimlic allegro, hir draussum inda menscum velt sintvir dikingus!«

»Neyn, amicus meus, nicht mehr! Die zeyten haben sich geaenderet, heute herschet eyn andres volk, aus dem papyrus-stamm! Wir muentzen sindt keyn groschen mehr werth!«

»vas? vicontae das passirum? varum nur?«

»Wir waren ihnen zu g'wichtig, Meynherr … undt wir wurden immer mehr … Wir gehoeren heute zumm althen eysen!«

»ich nic! ich bin aus silbrus, unt silbrus est nic aisenus!«

»Na jah, ich binn sogar aus goldt, wen wir schon darueber sprechen, eyn thaler, eyn echter Joachimsthaler[1] …«

Da prallte der romo gegen ein stein, so das der talo ihn leicht überholen konnte. Eine lange zeit verging, bis der romo ihn wider einholte. Der goldtalo war völlig außer sich, und als sein puls sich wider normalisirt hatte, sagte er zum sesterz: »Komm, laß uns zurueckgehn! Dise weld lohnt nicht!«

»vasvar denlos?«, fragte der romo.

»Ich habe gesehn, wie der papyrus-stamm seynen kampf gegen den stamm der Plastix kleglich verlirt, tag fuer tag, nacht fuer nacht, jahr fuer jahr!«

»plastix? versinti?«

»Plastick glentzt, ist aber so werthloß wie ein krankes Pferd.«

»abur viso fervendet manes, venes doc nix vaertis?«

»Weihl diß zeyten sint auf luegen aufgebaut! Man kan behaubten, man habe thausende mal thausende thaler in der thasche, dabey sindt die thausende mal thausende nur schulden! Oder genauso gut umbgekehrt. Ich sah, wie drey maenner auf eynen vierten mann einschluegen. Eyner der schleger schrieh den zerpruegelten an: ›Aine voche noc! Erste rata sette milla! Sonstis aus midire!‹ – ›Aber ich hab gedacht, di kreditkarte gibt mir kredit!‹ – ›Ja, via gebo dia credito, aba nurvendu uns genugi monete dalasse. Via volli daine geldi, nic daine sciuldi! Also nexte voche

---

1   In Tschechien gab es ein städtchen, das Joachimsthal hiess. Da wurden ser frü münzen geprägt, man nannte sie Joachimsthaler. Das war ein langer name für eine münze, so das man ihn irgendwann nur noch *Thaler* nannte. Im platt-deutschen hat man es *daaler* genannt, mit langem, offenem O (doler) ausgesprochen. Vil später noch, im 20. jarhundert, wurde das ding als wärung der mächtigsten nazion der erde zimlich berühmt.

comme nic via aus Palermo, sonda unseri serbisci froindi, unde ibanexte vochi, danis aus, dan scicte di incasso-firma ainpa fo the Taliban-criga. Ha tu verstande, vurmo?‹ Ich sage dir, Roemer, diß weld ist eß nicht werth, gelebt zu werden. Vor allem fuer eyne muenze. Dise crediet-cartes geben keynen crediet, namen bedeuten nichts mehr! Der verpruegelte, ein scriptor aus Brasilien, muszte daran glauben!«

»sagmal, varum redust immar socomisc?«, unterbrach ihn der romo.

»Ent sculdigum. Ih verde versûhen midalhôh-diutsch zuo rêdon, daz ist doh mêr in deiner zeit-rihtung, ôder? Alsô dan habo ih noh ein anderen automatos gesichtet. Da wâs ez eine frou, dî versûhete 100 sestertius aus der macchina raus zuo criegan, auh da weigerete die macchina vehement ieren dienste. Dan versûhete ezz die frouw mit 50 sestertiae, da sprâh der automatos ein clares wort, dasz ir limitis 30 sestertius sint. Sô versûhete sî wênihstens dîse 30 sestertius zu criegan unt sofort kiundigete îr der automaticos, dazz er nûr summae rausgipt, dî durh 50 teilebâr sint. Dazz ist 30 niht, sî insistîrte unt aergerte dî macchina sô lange, bis dîse îr den arm abbis. Man weis wirkelig niht, waz man von dîso usurpator-ban-dae haltan sol. Ein cleiner trôst fuer mih ist, daz sî vil wêniger wuerda als wir habon, hoeret wî sî clingen, wen sî zû bôde vallen: Ez klingelt niht unt es klongelt niht, ez handele sih nûr umb ein dumpfiges, wuerdelôsis ›plaff!‹.«

»immur mita rua, amicus meus. auc ic habemic informirat, unt vais dasauc mitine bald finitus sainvirt. est ja gans clarus: zubeginis metallum, dan papyrus, dan plasticus, immur laicta, unt vasis laicta als plasticus? nix! alsovirt manstati charta credito *nix* indahand habum. man leget ainfac sainehandauph den computator unt aervirt aufgrum der phingur ab druccae sagum, vaerman est unt vifilma habet.«

»Warum dî hand, daz ôbere glîd, unt niht der fuosz, daz untere, ôder gâr daz mittleri glîd?«

»vailsimaistans vonclaidum bedect sint. Und vailes so svirigis mita technica. Monitoris sint maistans merals ainmetrus hoc, esvaer niclaict anderi glidus drauph zu stellum. Aussadem, das mittleri glidus vaer furdi femininae tailder societatis nict saer politicalis correctus. Feminae coenten cain salarius mer ab hebum. Furdi oeconomia popularis andarasaitis verdas ain beneficium.«

»Âbar ez were doh geferlih fuer dî menscen: Dî banditus wuerden ihnum niht mêr dî muenzzen clouwen, sondarn dî ganzzen hende mitnê-man!«

»die erstus verdum pech habum. abur spetur virdmadi technica per-fectionare unt jeda computator virt zviscen totis unt lebendis handus un-terscaidum.«

»Du büst ein toerihter optimista! Ih bin ein realista unt ich wetti 100 marc, daz dî wereld untergêt!«

»marc? vasis das?«

»Ah, dû hast caene ânunc, marc, pfund, rubele! Darueber soltest dû dih guod informîren. Opwôl, jezuo ist ez zuo spêt. Ih gêho, amicus meus, daz wil ih allis niht mêr erlêban.«

»taler?«, fragte verdutzt der serterz, als er sa, wi sich der taler auf di seite legte. »taler! rolli lanxama! dafornis liget gulli!«

Der talo antwortete zünisch lächelnd: »Hast dû scôn von einar muenz-ze gehoert, di bremson hati? Vergizz ezz, alter. Ih gêho, mîn friund, unt ih hoffi, daz erst in 500 jâren ein bouw-arbeitar mih ausbûdelet, wen daz ganzze theâtron mâl vorbei ist!«

10 meter vor dem gulli gab der talo noch ein befreienden schrei von sich. Nach 3 trauersekunden machte sich der romo wider auf den weg, als ihn eine alte freunda, eine münze aus Pompeji, die Dinara hieß, einholte. Sie fragte nach dem verscholleno.

»aer hat suicidius begangum. vaistu, aervar zu copplasti, mamus im-mar gleigevictum zviscen coppund zal findum, sons driftit mandem gulli zu. sagmalis, hastu hoiti nocte sconvasfor?«

Der romo und die pompeja rollten und sangen zusammen, und zwar das alte lid »nur bares is wares, vor all'm in den bares«, natürlich in der la-teinischen version, die da heißt »nurbaris est varis, foralis in baris«. Als sie unten ankamen, hatten sie eine große geschwindigkeit erreicht. An einer eiche bliben sie ligen. Und wenn sie nich gefunden sind, so ligen sie da noch heute.

von de zeitungsserie »glück – was dich in leste time[1] tu a besser menn[2] gemacht hat«
Vergleichstext 3

Was macht mennes happy? Gans clar: geld, ruhm und vile tolle weiber. Nur, generell machen vile tolle weiber weiber nich happy. Nich einmal vile tolle mannes machen weiber happy. Normal wollen weiber EIN tolle mann, den sie nie finden, und if[3] sie ihn finden, is er soon[4] no tolle mann mer. Er stay zwar ein toller mann, aber leider nur pro el andre weiber. Verkeert rum is es genauso.

    Doch nich so easy, das mit den weibern. Also ruhm. Ich likat[5] beruhmt sein, nich so klein-beruhmt, wie ich es bin, sondern richtig beruhmt, wie zum exempel der Papst, den jeder on[6] de strass erkennt, wenigstens when er so dress[7] wie der Papst. Wenn er gans normal dressed in de Shelling-strass rumlauf, wird sich jeder nur denken: Menn, der opa da droven look ja wie der Papst! Na gut, der Papst is richtig beruhmt, may[8] aber no tolle weiber ham. Bose gossips[9] sagen, das er in der siesta de eine oder andre cardinal hett, aber selb if es so wair, wud ich ihm pro dat nich beneiden, ich bin nich so sharf about[10] cardinale. Ergo is auch das mit dem ruhm nich so simpel.

    Nur gegen geld is nix intuwenden[11]. Geld macht really happy, vor allem wenn ma sich in de claru is, was ma damit machen kann, nemly sich vile tolle weiber leisten. Aber hir go es nich darum, was mich happy machen wud, sondern was mich unlongst happy gemacht hat, und mit geld, ruhm und tollen weibern hab ich grade wenig tu du. Sondern mit eim hund.

Ich muss grade a hund aufpassen, dog-sitting heisst das, und wir freun us, wenn wir us sen, wo-by er sich mer freut denn ich, weil er ein hund is. Agip heisst er, one smarrn. A dalmatiny. Ein wesen so wie ich liebt de mennes, liebt andre hunde, und likat allwo[12] seine marke hinterlassen. By de hund is viles anders denn by de menn, zum exempel is der geruchssinn ser ausgepregt. Wenn hunde miteinander comunicee, muss alles quite[13] anders klingen:

»Yu, kenn yu den Rex van den Waldi?«

»Ich audit[14] shon von ihm, aber ich hab ihn noch nie personly gerochen. Kenn *yu* ihn?«

»Einmal met wir. Seine markirung smel a bit[15] overhebly[16]. Und er selb smel a bit tu waup[17] pro my gesmack.«

»Und hintern-messig?«

»Na ja, go so.«

Und so weiter. Aber wie sind wir tu de hund gekommen?

Ma lernt mitunter allerlei hundeherrchen kennen. Und hundeherrchinen. Oder sagt ma da ›hundedemchen‹. No, klingt tu demlich. Well[18], wenn ma shon nich direct die tollen weiber on de pelle rucke kann, dann maybe[19] so indirect, over de hund. Immerhin is in chinish das scriftzeichen pro gluck[20] ein weib und a swein unter eim dach, was ich mir by arabis by irer einstellung tu de swein nich vorstellen kann. Ich weiss, die zeitung, die mir den job gegeben hat, will nix von a gluck wissen, de durch hunde oder sweine verursacht wird. De gluck soll wenigstens im weitesten sinn von kunst kommen. Da du ich mich swer. Go das maybe durch? Der

1	Zeit	11	einzuwenden
2	Mensch	12	überall
3	wenn (im Sinne von *falls*)	13	ziemlich
4	bald	14	hörte
5	möchte	15	etwas
6	auf	16	überheblich
7	angezogen sein	17	weiss ich nicht, ist Hundesprache
8	darf	18	na ja
9	böse Gerüchte	19	vielleicht
10	über, auf	20	Glück, was sonst

hund is, wie jedes lebewesen, ein kunstwerk gottes. Go nich? Tu religios pro our[21] gottlose times? Zweite try[22]: »Kunst is mennwerk, hund genauso?« OK, ich geb es auf und halt mich dann an die beste definition von kunst, die ich kenn:»Kunst is das, wovo[23] die leute, die was davo versteen, sagen, das es kunst is.« Hab ich in der toilette einer Munic galerie gelesen, die von a crazy austreicho geleitet wurde. Beginnen wir mit der literatur: Literatur kann spannend, informativ, lustig oder sinnlich sein, oder alles zusammen. Es kann us in neu, fascinante welten leiten, aber richtig happy, organish happy macht es mich nich. Wie auch die malerei, wo-by ich in der richtung eer a culturbanane bin, wie man in Brasil so sagt. Ein guter film kann das vermutlich eer erzeugen, weil es gleich alle sinne anspech[24], ausser dem geruchssinn, was naturaly anders wair, if es filme vo[25] hunde pro hunde gebat. Aber die musik! Ja, dise dame macht mich happy! Es is so, as wud ma tu my hirn hoxtpersonly ein bankett serviren ... musik, vo weisse, blackis, inders und indianers gemacht, vo vor 1000 jaren oder von overmorgen ... da feel ich wie by de gottes tu gast. Wenn ich pro exempel um 3 ur morgens a gute samba audi, da is[26] by mi no stop mer, da muss ich de russo, de direct unter mir wont, in sein slaf disturbee, ich tanse my walzer und vergesse die welt. Now pro exempel, heisst das lid ›Sina Mali, Sina Deni‹ und wird vo Khadja Nin, ein afrikia, gesungen, es gibt aber auch a recording mit Stevie Wonder. Der widerum auch happy is, weil es seiner meinung nach besser is, blind tu sein denn black. Now is das lid vor-by. Ach ich leg es wider auf.

Richtmaße

2. Die Einfuhr angelischer Wörter angelsächsischen Ursprungs, die keine entsprechenden lautähnlichen deutschen Wörter haben

Von jetzt an werden angelsächsische Wörter eingeführt, jedoch keine Wörter, die wegen der Lautverschiebungen bei den Mitlauten (also nicht leben/live, ich/i, offen/open, gestern/yesterday, wasser/water, katze/cat) oder wegen satzkundlicher Richtmaßen anders sind.

---

21 unser/e   24 anspricht
22 Versuch   25 von (vor Selbstlaut, sonst *von*)
23 wovon   26 es gibt

aber: Hier gibt es keine Lautverschiebung, die man rückgängig machen könnte. Das B wird oft zu V, aber das Wort gibt es im Angelischen nicht (das Wort *after* ist verwandt, aber das ist sehr weit weg). Also haben wir das Zweigefecht *aber* gegen *but.* Üblicherweise nehmen wir das unlängere Wort (geritzt + gesprochen), wobei Mitlaute, die nicht von Selbstlauten gefolgt werden, noch eine ›Längeeinheit‹ bekommen.
aber – aba: 7 (4 Buchstaben und 3 Laute = 7 Einheiten)
but – but: 6, aber das T wird nicht von einem Selbstlaut gefolgt, also 7. Bei Unentschieden wird das deutsche Wort genommen. Aber in diesem Falle ist es nicht wirklich unentschieden, weil Laute, die man üblicherweise nicht mit einem weltweit anerkannten Buchstabensatz wiedergeben kann, noch 2 Verlusteinheiten kriegen. Man könnte *but* als *bat* oder *batt* ritzen, wie die Deutschen es üblicherweise aussprechen, aber ganz richtig ist das nicht. Dieses U ist etwas dunkler. Da ritzen wir lieber mit U und sagen es mit U, aber man gibt, wie gesagt, dem Wort 2 Verlusteinheiten, also insgesamt 9.

about – auf: Wenn es wirklich im Sinne von *drauf sein* gemeint ist, heisst es *on.* Aber »ich bin nich sharf on cardinale« klingt irreführend. Wir sind ja keine Scharfschoten, die auf Gottesunterobermännern liegen. Also nehmen wir *about* oder *tu,* je nach Sinn. Als Vorwörtchen (auffinden, auflegen) bleibt das *auf* vorläufig *auf,* später *aup.*

likat – möchte: Mög gegen *like,* da muss man nicht lange rechnen, weil Umlaut Ö unerwünscht ist. Es wäre eigentlich *like* gegen *maig(en),* und *maigen* gewinnt noch 1 Verlusteinheit wegen dem Unterschied zwischen *mög* und *maig.* Der Bedingungsfall ist mit *-at* oder *wud.* Man kann immer *-at* oder immer *wud* nehmen oder so, wie man es gewohnt ist. *Likat* oder *wud like.* Gewöhnlich wird das K zu C vor A, O oder U, aber bei germanischen Wörtern mit Auslaut-K wird das K bei abgeleiteten Wörtern beibehalten. Erst am Ende des Buches bei der Verlautgetreuung wird es *laicat.* Aber wie gesagt, dieses C/K-Richtmaß wird vorläufig nur da verwendet, wo sich Wörter aus anderen Gründen ändern. »Na Seppl, was eine shocolade likat yu denn? Ich likat 3 Mars, 7 Bounty, 6 Twix und 9 Knix.«

soon: Das Gefecht *soon* gegen *bald*
bald – balt: 4 Buchstaben, 4 Laute, L und T werden nicht von einem Selbstlaut gefolgt, noch 2 Verlusteinheiten = 10 Verlusteinheiten.

soon – sun: 4 Buchstaben, 3 Laute, N wird nicht von einem Selbstlaut gefolgt, noch 1 Verlusteinheit = 8 Verlusteinheiten.
Also ist der Gewinner *soon,* am Ende lautgetreu *sun.*

time: Das ursprüngliche Wort *tid* bedeutete offensichtlich früher *Zeit* und
Gezeit. So ist das noch im Niederdeutschen. Im Angelischen ist das Wort
tide nur noch für die Gezeiten gebräuchlich, im Hochdeutschen nur für die
Zeit (tied – tiet – ziet – zeit). Im Angelischen heisst die Zeit *time,* also
müssen wir sehen, was für ein Wort unlänger ist.
zeit – tsait: 4 Buchstaben, 5 Laute, beide T in *tsait* werden nicht von
einem Selbstlaut gefolgt, also 2 Verlusteinheiten = 11 Verlusteinheiten.
time – taim: 4 Buchstaben, 4 Laute, M wird nicht von einem Selbstlaut
gefolgt, also 1 Verlusteinheit = 9 Verlusteinheiten.
Wer hat verloren? Zeit. Wer hat gewonnen? Time. Am Ende des Buches
lautgetreu *taim.*

übungen

Übersetzen Sie ins Siegfriedische:

1. Is yu a happy menn?
2. Is das nich a bit gelogen, was yu da sag? Is es nich so, das es nur 2 zu-
standes in diser welt gibt, entweder man is desperat oder gelangweilt?
3. Is yur hund brav? Ach so, yu be gar nich el oner? Ach so, nur dog-sitta.
Eigenly wie ich ... die beiden hunde versteen sich ja gans prima, ne? Ja,
wenn wir mennes us auch so gut versteen wud ... wir beidy zum exempel
... sag mal, da vorn gibt es ein cafee, da sind sogar hunde alowed, wenn
sie de bedinung nich beissen ... wie wair's mit eim cafee? Ach was. Shade.
4. Jan wartete auf Anna im hotel, aber Anna kam nich, weil sie by Peter
overnachtete. Die sau.

Antworten

1. Ist Er ein glücklicher Mensch?
2. Ist es nicht ein bisschen gelogen, was Er da erzählt? Ist das nicht so, dass es nur 2 Zustände in dieser Welt gibt, entweder man ist verzweifelt oder gelangweilt?
3. Ist dein Hund artig? Ach so, du bist gar nicht die Besitzerin, oder sind Sie die Bedutzerin? Ach so, nur Hundeachtgeberin. Eigentlich wie ich … die beiden Hunde verstehen sich ja ganz prächtig, nicht wahr? Ja, wenn wir Menschen uns auch so gut verstehen würden … wir beide zum Beispiel … sag mal, da vorn gibt es eine Schwarztrunkkneipe, da sind sogar Hunde erlaubt, wenn sie die Bedienung nicht beissen … wie wär es mit einem Schwarztrunk? Ach was. Schade.
4. Gottistgnädig wartete auf Gnade im Gasthaus, aber Gnade kam nicht, weil sie bei Fels übernachtete. Die Sau. Werde abfackeln.

göte fiɴᴅ ich gut
Pausentext 2

Ja, jetz ›Zeyt‹ ruf an. Frag: Du mag schreiben über Göthe? Nein, ich nich mag. Kenn dise mensch gar nich. Ich brasilianer, andre baustelle. Hat er schon über mich schreiben? Nein. Na also! Aber bauch ler. Und wer mal in ›Die Zeyt‹ gewesen, dessen ruhm ist erlesen. Also doch schreiben. Triiiimmm. An telefon Kerstin. Ich gleich fragen: Was weiss du über dise Ghöthe? Ghoethe beamter. Und dichter. Jetz tot. Was, schon tot? Das fang aber gut an! Is Göhthe das opfer? Nein, Kerstin sag: wir opfer, er täter. Mann vor verdammt lange zeit gelebt und trotzdem alle erinnern dise typ, muss gewesen zimlich penetrant.

Also a) beamter und b) dichter. Oder verkert rum. Komplett name Johann Wolfgang Amadeus van Ghöhte. Aber idee nich schlecht: fragen freunde, vileicht sie idee. Zuerst telefonir Stefan, aber Stefan nie gelesen Göhte – Goehthe schreiben eigene namen 4 art und 4 weisen, wir jetz check wie vile möglich. Aber Stefan, du schule Ghoehte? Nein, er nix Ghöteschule. Er realschule. Trotzdem glücklich.

Telefonir Dora. Dora erzäl: Goete frau name Christiane. Ich freundin auch name Christiane. Kann nich zufall! mein sie. Ich bleib bescheiden.

Lea, andre frau, rat: les ›Werther‹. Dise typ entleibung komplett weil frau geb korb. Von mir aus. Aber nich originell. Sogar Bloethe hat was darüber schreiben.

Lea weiter – lange treffen – erzälen. Afäre mit Schilla. Na ja, wenigstens nich homosexuell. Und, bis akt kommen? Wissen sie, manchmal in versicherungsfall so was mach eine menge aus … also hir kolidir aussagen. Manche mein felsenfest, Ghoete kein fleischbeziung mit Schilla unterhalten, wärend andre gräuseln hönisch, Göhte alle kennen, wie Clinton. Von jüngste bis allerälteste, also von 2 bis 20.

Ja, gemeinsam alle befragte ich bitt sagen, was witzig und spritzig über Ghöhte, da verstumm de mitteilsamkeit. Zurükdenken! Da war doch was? Genau. Damals. Ich taxi faren, americanerin steigen ein. Golfplatz please. Aber madame, golfplätze München vile! Goalthplatz! sie jetz sag. Kenn nich Goalthplatz. Deutsch nix *th*, vor allem nach reform. Einzige ausname eigenname Goehte. Andre worte mit *th* jetz mit *f* schreiben. Sie sag u-banhof Gouthplatz. Kenn nich, madam. Was poet soll dise Gouth sein? Vileicht ire oder schotte, aber deutsche nich. Am ende frau aussteigen. Ich höflich. Sie böse.

Ja und witz, so dis text obendreinige humoristische note. Hotelwirt zeig americaner gastzimmer. Und sag stolz: »Auf disem bett schon Ghoehte geschlafen!«

»Makt nix, sie browken noor de bedwesh wexeln und dee sak is erledigt!«

Ja, americaner, gell. Ich mein, immer sie. Ich ruf noch Monika, sie erzäl, Göthä todesurteile unterschreiben. O, schwere vorwürfe. Na ja, wat mutt dat mutt. Um meine recherche komplementiren, ich ›Spigel‹ kaufen, weil um warheit lesen wollen, ›Spigel‹ lesen. Warheit in tecnicolor.

Auf ›Spigel‹ is der gesuchte öffentlich befotot. Kawwer, ganz vorn. Hoch tir, ich doch sagen. Ja also, kawwer von ›Spigel‹, danach gibs nur noch nobelpreis. Wir erfaren in ›Spigel‹ alles möglich: von enkeln Bounty geklaut! Also mit todesurteilen, okay, aber von kinder schoko-crisps gestolen? Dise mann bestie!

Ah, und ich merk mit vergnügen, ›Spigel‹ rechtschreibreform eingereit. Pfui, gell, ›Spigel‹, und damals noch große gesten … keine kolaborazion! Aber wenn dann chefchen komm nach hause, mut von hund mach kurze pause.

Offen bleibt noch frage, ob Ghöthä sitzend oder steend hat pinkeln. Das aber bestimmt in manche bulevarzeitungen erfaren. Ausserdem wir sowiso nich mer vil zeit. Die leute wollen von mir immer sprachliche analyse. Wie schauts mit Goethä aus im lichte der rechtschreibreform und des ultradoitshen projektes? Ja, im lichte der rechtschreibreform schlecht. Weil leute jetz *hetzerei* statt h*etzerey* schreiben sollen, *tor* statt *thor*. Das ist thöricht! Ich lasse mir das nich gefallen! Ich will zurük zum stand von 1995, als es noch *hetzerey* und *thor* hiß, damit wir noch unsern Ghoethä lesen könn!

Also hir ›Der Zauberlerling‹ auf ultradoitsh, der Mercedes unter den reformprojekten. In der ›kompletten‹ version, geplant für das jar 2012:

DER ZAUBALERLING

Hat der alte hexenmaista
Sich doch ainmal wekbegeben!
Und nun sollen saine gaista
Auch nach mainem willen leben!
Saine wort und werke
Merkt ich und den brauch,
Und mit gaistessterke
Tu ich wunda auch.
Walle, walle
Manche streke,
Das zum zweke
Wassa flisze
Und mit raichem, follen swalle
Zu dem bade sich ergisze!

Man könnte auch ultradoitsh-U, das unseriöse ultradoitsh, wo auch die gramatik ferainfacht wird, gebrauchen, aber dann reimt sich nix mer:

Un nu komm, du ole besen,
Nem de slette lumpenhüllen!
Du hat sho lang knett sain,
Nu erfüll mai will!
Auf zwai baine ste,
Oben sai a kopp,
Ail nu un ge
Mit de wassatopp!

Eine andre möglichkeit wär kauderdeutsh, das zu Göhthäs 500. gebürsttag gesprochen wird. Man sit, zu dem zeitpunkt wirkte die sprache entschiden globalisirter:

Alle worte un his werken
Hav i me sofort gley merken,
Bissy magic bissy dre,
Werd milagro shon passee.
Olde besen, nur no penne!
Bring me agua, du shon henne
An de arbeit, com agite!
Shappe shappe, sons givs tritte!
A, la word mit die dis ding
Can be wider shui bai ling
Wie can i la ding offswitchen
Dat es back go tu la kitchen?
's hoer not aup, is ganz shoen speedy,
O yu besen, comm verzi di!
Einmal nur curt activado
Sho lauf yu wie desperado!
Will no hören, no pariren,
Nur el agua transportiren,
Also gud, dann mit gewalt,
Shau yu aus soon zimly alt!
Super trefft hai li shao dong
Can i atmen chi kao hong
Mierda hombre! Es mak weiter
Aup un ab, dat werd nock heiter!

Ach leute, das dauert hir zu lang! Wir machen ein zipp-up, ir versteet den ganzen scheiß sowiso nich. Zipp-up is ein släng unter uns fernsehleuten, richtig heißt es content compactization. Dise hir is eine computercompactisirte version. Also statt 5 strofen a 14 zeilen 1 strofe a 4 zeilen. Software made in Sri Lanka.

chef gen spaziren
jung nich pariren
jung shaisse baun
chef komm un haun

Conclusio: Es gibt 32 möglichkeiten, den namen Goehthä zu schreiben, abgesehn von der EU-variante wie im wort *friseur* (Geuthä zum beispil), so wärens 48. Ghoehthähs warer name war Götä, mit weichem G wi in *jurnalist*. Seine eltern waren albaner.

Sententia: Der verurteilte bereute seine taten nicht. Ganz im gegenteil, er sang weiter: »I want my sisters, to put them blisters …« Auf dem felde der architektur hat er absolut nix beigetragen. 3 jare zuchthaus one frischfleisch! Nur mit jungem gemüse!

So, das waren dann die leiden des jungen Götle.

GROSSE SCHLAGERAUSZEICHNUNG
Lehrbuchabschnitt 3

Was sagt ein Fussballländer zum Schlagerwettbewerb Weissenerdteil-
Sicht[1] 2000, wollte die ›Zeit‹ wissen. Von all den Liederklangrichtungen[2],
die's in der Welt gibt, ist der deutsche Schlager nur besser als der breithut-
ländische[3] Bauernliederklang[4]. Aber vielleicht ist es in anderen weissen-
erdteilischen Ländern anders, ich habe noch nie so einen Wettbewerb
verfolgt.

Also, Ohren zu und durch. Um festzustellen, ob ich aufgrund des Lie-
derklanges die Länder erkennen kann, renne ich vor jeder Ansage hinaus.
Das erspart mir ausserdem die Wettbewerbsvorsteller[5], die's sich schon
bei der Begrüßung verscherzt haben. Vielleicht weil sie nicht vom lustigen
Fach oder weil sie Knäckebrotländer[6] sind. Die erste Schar singt auf Ausleiherländisch[7] und Angelisch. Wer singt wohl ausleiherländisch? Keine

1   Euro-Vision
2   musikrichtungen – musica-directiones
     – musica direxiones
3   mexicano/mexikico
4   ›ranchera‹-musik
5   wettbewerbmoderatoren – competi-

tion-moderatores – competition-mode-
ris – competision moderis
6   Marokis. Aha, now staun yu, no? Natural nur a jokele, a shertsle, es mean natural Sveden.
7   hebrish

Frage, die Ausleiherländer. Ihre Schlager können es locker mit den deutschen aufnehmen, sie sind mindestens genauso schrecklich. Immerhin haben sie nordwüstenrossstreiberländische[8] Flaggen dabei. Die Nordwüstenrossstreiberländer sind nicht dabei, weil sie keine Weissenerdteiler sind, sondern Schlitzaugerdteiler. Sind die Ausleiherländer nicht auch Schlitzaugerdteiler, sollten sie nicht bei Schlitzaugerdteil-Sicht[9] sein? Nein, das geht nicht. Sie sind nur erdkundemäßig Schlitzaugerdteiler. In der Haarhelligkeit[10] der Liederklangschar[11] erkennt man ganz deutlich, dass die Ausleiherländer Arier sind.

Die zweite Schar besteht aus Schwarzerdteilern, sollten sie nicht bei Schwarzerdteil-Sicht sein? Nein, es gibt ja weissenerdteilische Länder, in denen Schwarze wohnen. Sie sind schwarz und singen angelisch, deutliche Sache: Ich zipfele[12] auf Angelland. Verkehrt, es sind Windmahlgerätländer. Woher soll ich das wissen? Sie haben weder Holzschuhe noch Niederlandblumen[13] dabei, und Rauschkraut[14] rauchen tun sie auch nicht, zumindest nicht auf der Bühne. Die nächsten geben auch keine Aus- über ihre Herkunft. Sie singen angelisch, aber das ist offensichtlich kein Erkennungskennzeichen. Diesmal ist es wirklich Angelland. Wie die singen? Na ja, jetzt dämmert es mir schon: Ich dachte, der deutsche Schlager ist das Schlimmste, was man menschlichen Ohren zumuten kann, aber jetzt sehe ich deutlich, dass der deutsche Schlager weder besser noch schlechter als der sonstweissenerdteilische[15] ist. Der Aufbau ändert sich nie: Ruhige Einführung, und nach einem halben Stundenteil[16] wird es dann laut. Das Gestampfe geht los und die Liederklängler fangen zu zappeln an. Jede Schar mit den gleichen Bewegungen. Kein Wunder, sie haben ja alle dieselbe zweier Liederklangzeit[17] beim Liederklangkluggerät[18] bestellt. Verzeichnisknopf[19] Schlager A3 bitte. Die nächste Schar hat Kuhbubenkleidung[20] und singt selbstverständlich angelisch. Viele Hellhaarige auf der Bühne, aber jetzt weiss ich schon, das kann so ziemlich alles sein, von Eisland bis Schafsmilchkuchenland[21]. Ich habe keine Gewinnmöglichkeit[22], es ist Kleindampfbadland[23]. Der Liederklang? Ja, Schlager halt. Erneuerung, in der Welt der Kunst ein unbeschränktes Muss, ist hier anscheinend verboten. Dann kommt eine Westfränkin[24], ah! – kein Gestampfe und in Westfränkisch. Selbstverständlich, würde sie angelisch singen, müssten die Westfranken ihr eingerostetes Fallbeil wieder aus dem Untergeschoss holen. Das nächste Lied singt ein Landdermitter[25], der unter anderem von einem Liederklangmehrrohr[26] begleitet wird. Wenn das nicht Blutsaugmenschland[27] ist. Retterritterland[28], wie üblich. Nordwegen noch mehr wie üblich. Riesenfrostland[29] großkraftgerätüblich[30]. Zwischen den Liedern zeigt uns ein Lichtspielstreifchen[31], was vom entsprechenden Land in Knäckebrotland zu finden ist. Deutschland ist mit einer Knackwurst dabei, Nordschleswig mit Beleuchtungsleibern[32]. Für Kinderliebesland[33] haben sie eigentümliche kinderliebesländische Hunde gezeigt. Das wundert mich, Kinderliebesland ist doch eher für seine Kinder- als für seine Hundefreundlichkeit bekannt. Die Kinderliebesländer singen auch westfränkisch. Am Ende sind sie und die Westfranken die beiden Letzten, da wird einem deutlich, dass Westfränkisch inzwischen nicht mehr so beliebt ist. Die Stiergefechtländer[34] singen auch kein Angelisch, aber in diesem Fall wissen wir, warum, der Sänger ist nämlich blind.

Ja, und dann kommt unser großer Held, der Kranz[35] Raab, jetzt ist es vorbei mit Schnulze und Gestampfe. Geradezu erfrischend, so ein Sprechgehüpfe[36]. Und nicht einmal auf Angelisch, jedenfalls meistens nicht. Gewöhnlich erlauben sich doch so was nur die Westfranken. Wie schafft der Kranz das mit Deutsch, wo die deutsche Sprache doch so mitlautvoll ist? Aha, by WADDE HADDE DU DENN DA bleibt kein Mitlaut ohne die Begleitung eines Selbstlautes. Keine Frage, vom Liederklang her lässt sich das nicht mit dem Siebten Liederklangzeuggroßwerk[37] von Beethofen vergleichen, nicht einmal mit dem Achten, aber solche Lieder würde der Türsteher hier in Stockholm sowieso nicht hereinlassen.

Schafsmilchkuchenländerunddrehspiessländereiland[38] stinkgewöhnlich. Eisland hellhaarig. Nordschleswig schickt 2 angegraute Herren ins Rennen, die ohne Klangzappeler auskommen, dafür haben sie ihre

8 sirish	24 fransaisa/fransa
9 Asio-Vision	25 chino
10 blondheit – blondum	26 panflute – panflut
11 band	27 Romenia
12 tip	28 Malta
13 tulpes	29 Russia
14 marihuana	30 megaturbonormal
15 aussereuropicu – aut-europicu	31 filmchen – filmle
16 minuto	32 lampes
17 ritmus – ritmo	33 Belgie
18 sintesizer – sintesu – sintezu	34 espanioles – espanis
19 register-taste	35 Stephan (grekish *stephanos* = Kranz)
20 cowboy-klamotten – cauboiclaidu	36 rap
21 Grecia	37 sinfonie
22 chance – chans	38 Kiprios
23 Eesti (Estonia)	

Klampfen dabei. Die Schweiz wusste: Mit Deutsch kommen wir hier nicht durch, Kleinkinddeutsch ist nach Kranz Raab nicht mehr neuartig, Westfränkisch ist der ungefährlichste Fahrausweis zur Schmach, also Nudelländisch[39]. Kein Wunder, dass ich hier verkehrt geraten habe. Schlipserfinderland[40] ist schlecht wie die anderen, die knäckebrotländische Schar sieht wenigstens wild aus, aber verorten kann ich sie beide nicht. Die Nordschafsmilchkuchenlandzischzüngler[41] senden 4 Kinder auf die Bühne, das hätte besser für Kinderliebesland geziemt.

Das Lichtspielstreifchen von Dampfbadland[42] zeigt einen Fischer in einem Boot und dahinter eine riesige Fähre. Fähren von Dampfbadland. Das hätte man doch für Kleindampfbadland nehmen können, aber da verstehen die Knäckebrotländer keinen Scherz. Die nächste Vorführung kommt mit einer leicht rothaareiländischen[43] Liederklangzeit. Der Sänger singt wie ein Rothaareiländer und tobt wie ein Irrer, so dass für mich deutlich wird: Rothaareiland. Nein, der rothaareiländische Beitrag kommt aus Äusserstostpreussen[44]. Trotzdem ist er mein vorläufiger Lieblingsbeitrag. Dann kommt ein Sänger in Anzug und Schlips, der zur Abwechslung angelisch singt. Aha, die Farben der Flagge im Hintergrund lassen erkennen: Jetzt ist es wirklich Rothaareiland. Der drehspiessländische[45] Beitrag gefällt mir am besten, etwas Sinnlichgehüpfe[46], etwas stiergefechtländisch, richtig schwunghaft. Zum Abschluss liege ich wieder voll daneben: 3 dunkle Seelenliederschwestern[47] singen für Österland[48], aber nachdem sie am Ende kein Banner mit »AUSLÄNDER HINAUS« hochhalten, kann man nicht erkennen, dass sie Haiderland vertreten.

Gut, jetzt dürfen wir wählen. Wenn ich schon dabei bin, rufe ich an und wähle Drehspiessland und Äusserstostpreussen. Während ich warte, mache ich eine Sprachzählung: 16 Lieder in Angelisch und 8 in Landessprachen, die aber häufig mit Angelisch durchsetzt sind. Während der Abstimmung läuft ein Hacklichtspielstreifchen[49], das Bilder und Liederklänge aus dem ganzen Weissenerdteil verschmelzt. Ein wahres Könnerwerk[50], bei weitem das Beste des ganzen Abends. Dann kommen die Ergebnisse der verschiedenen Länder, eine mühselige und beschämende Wiederholungsqual beginnt: Ja, alle Wettbewerbsvorsteller können ein paar Brocken Knäckebrotländisch und alle finden alles ganz toll.

Schon nach den ersten Ergebnissen zeichnet sich ein Haupt-an-Haupt-Rennen zwischen Nordschleswig und Riesenfrostland ab. Warum Riesenfrostland, verstehe ich nicht. Gut, die Sängerin sieht ziemlich gut aus, aber wir sind hier doch nicht bei einem Schönheitswettbewerb. Die

Nordschleswiger sind zumindest alt und hässlich. Blutsaugmenschland
vergibt seine beste Marke an Riesenfrostland und kriegt dafür die Bemer-
kung zu hören, sie hätten genauso gewählt wie vor 20 Jahren. Aber jeder
hat hier seine Beziehungen: Die Schar der Schandinavier und Ostseeländleiner[51] wählt fast nur andere Schandinavier und Ostseeländleiner. Von
den 210 Bewertungseinheiten[52] für die 3 ersten Wettbewerbsstellen blieben
176 im hohen Norden und auch Deutschland bezog seine meisten Stimmen aus deutschsprachigen Ländern (einschliesslich Sonnendeutscheiland[53]).

Am Ende gewinnen die Gebrüder Altsohn[54] aus Nordschleswig, die
zweite Stelle geht an Riesenfrostland, dann Äusserstostpreussen, Kleindampfbadland und Deutschland. Wenigstens ist mein zweiter Lieblingsbeitrag Dritter geworden, auch wenn mein erster Lieblingsbeitrag, der aus
Drehspiessland, nur Zehnter geworden ist. Deutschland ist Fünfter, von
mir aus hätte es auch Vierter werden können, vor Riesenfrostland. Obwohl, wenn wir hier schon von Weissenerdteil-Sicht reden, kann man das
das Sehen Betreffende[55] nicht ausser Acht lassen: Vom Aussehen her war
die riesenfrostländische Sängerin nicht schlecht, und wenn sie und Kranz
Raab heute Abend mit mir ausgehen wollen, gehe ich lieber mit der Rie-
senfrostländerin, auch wenn sie kein Kleinkinddeutsch kann. Aber sie
wird nicht anrufen: Sie ist 16 und ich sehe schon eher wie die Gebrüder
Altsohn aus.

39	italiano/italish	46	tango
40	Croatia (Eigenly kommt das wort *Kra-vatte* vo Croatia und nich umgekehrt: Croatico reiter hatten so eine halsbinde, is aber egal.)	47	soul sisters
		48	Austreich – Austrei – Austrai
		49	video-clip
		50	masterwerk
41	makedonis	51	baltis
42	Suomi (Finnland)	52	punctes – pointus
43	irico	53	Mallorca
44	Latvija (Lettland)	54	Olssen
45	turkico	55	de visuelle – de visualu

ERclerums

ausleiherländisch: Ja, das is dificil. *Hebräisch* und *jüdisch* sind no germanico worte, also was is tipico pro Israel, Israelis oder Juden? *Tora* is no germanico wort, sie essen no sweinflesh, aber das du die moslems auch nich, der gott der juden is »unser« gott. *Zischundrauzüngler* wair a maiglichkeit, aber ich glaub, sie sind eer beruhmt, das sie antik geld ausgelin ham, denn das ire spache vile zish- und raulaute hat. Da-by mussat ma noch zwishen israelis und juden diferencee, weil israelis existiren, die no juden sind, und juden, die no israelis sind. Maybe *glaubausleiherländisch* für die juden. Nich belle, aber was solls.

Blutsaugmenschland: Romenia, obwol das land im original *Romania* heisst. Aber da wair die verwexlung mit *romanish* pro alle volkes, die a romanico spache spechen, vorprogramiert. Was, magst meine Namensgebung nicht? Blutsaugmenschländer, von Germanen solltest du keine große Anerkennung erwarten!

Knäckebrotland: Eigenly sind hollandish und skandinavico namen germanish, also cud ma durchaus Nederland, Danmark, Sverige, Norge screibee oder ire eingedeutshten corespondencen Niederlanden, Dänemark, Schweden, Norwegen. Aber if wir shon die ganze welt nich erspart ham, wy sollten wir our nachbarn da auslassen? Das volk will halt blut sen. Und Nordschleswig pro Danmark is doch ganz niedlich, oder?

Nordschafsmilchkuchenlandzischzüngler: Die slaven vo Nord-Grecia ... das land der heldenhaften makedonis! (Natural stimmt das nich gans, aber wenn ma reinheit will, kann ma nich noch warheit fordern.)

nordwüstenrosstreiberländisch: Ja, auch nich leicht: De siris sind de most nordly arabis, aber *araby* is nich germanish. Das, pro wat man arabis kennt, is meistens eer tipico pro moslems, aber nich all arabis sind moslems und die grandest islamico landes sind nich arabish. Das grandestu is Indonesia, dann Pakistan, Bangladesh, India, Turkiye, Iran, dann kommt zusammen mit Nigeria das bevolkerum-richest arabico land, Egypt. Restee *kameltreiber.* Leider is *kamel* auch no germanico wort, *pferd* auch nich (lat. paraveredus), also wüstenrosstreiber. Und Nordwüstenrosstreiberland.

Österland: Tja, Reich is nich germanish.

Retterritterland: Da muss ma shon a bit improvisiren ... die malteses du ja manchmal auch improvisiren ...

Schafsmilchkuchenland: Natural cud ma tu de land ein besseren namen verpassen, wie Wissensfreundschaftsland. Aber dann: Antik ham us de grekis die filosofie gelehrt, heute leren sie us die mulltonnen. Shon wider ein land, wo ma mich nich mer inlassen wird. Wenn ich aber *Wissensfreundschaftsland* screibee wud, sind andre volkes neidly. *Schafskäse* go nich, weil *käse* vom latino *caseus* kommt. Ergo *Milchkuchen.* Schafsmilchkuchenland. By de kauderdeutshe wort is das so, das landes, de nich mit dem latin alfabet screib, den namen gett, wie sie de coloniale power genannt hat (meistens english oder fransais). Das is nich so, weil ich ein sponsor des colonialismus bin, sondern weil es meistens tu vil streit gibt, wie man soche namen mit dem latin alfabet screibee sollte. Es sind auch quite oft laute da-by, die de meisten europis kaum asspeche kann. Im fall vo Grecia is das so, das sie ir land Ellas nennen. Aber international is es as grec/gric-irgendwas bekannt, also so wie die ex-coloniale power (die romani) es genannt ham, Graecia. In de moderne spaches one *a,* ergo Grecia. Die leute vo Grecia heissen *grecis* (ausgesprochen gretsis), die weiber *grecas* (grekas) und de mannes *grecos* (grekos).

Schafsmilchkuchenländerunddrehspiessländereiland: Ja, was weiss ma vo Kiprios, was is pro de land tipish? Obwol ich curz da war, weiss ich nur, das es in disem iland grecis und turkis gibt. Mit de turkis is es auch nich leicht, alles was sie caracterise, is nich germanish: kaftane, osman usw. *Döner* is turkish, *kebab* is arabish, *gyros* grikish. Also dann *Drehspiessländer.* Wair el iland a bit kleiner, cud ma nich amal den ganzen namen sagen, werend man el iland cross. Und stell dir vor, wenn die Schafsmilchkuchenländerunddrehspiessländereiländer und die Leute von den Vereinigten Gauen von Humboldtien sich vereinigen würden? VereinigteschafenmilchgauenkuchenländervonHumboldtiendrehspiessländereieieiländerder. Und dann, wenn er vom Nordosten des Landes kommt, NordostvereinigteschafenmilchgauenkuchenländervonHumboldtiendrehspiessländereieieiländer.

zipfeln: tippen kommt del english *to tip*. Aber es handelt sich hir um ein angelsaxon wort, ergo germanish. *To tip* kommt vo *tip*, spitse. Ma hat mit de fingerspitse wo hingetippt, e so is das verb born. *Tip* pro *spitse* is mit dem deutshe wort *Zipfel* verwant, ergo nemen wir *zipfeln*.

EXERCISIUS

Anser folgende questiones in Siegfriedisch:

1. Waren Sie schon mal in Bergsehe[1]? Haben Sie dort Beutellichtspiel-streifen[2] gesehen?
2. In welcher deutschen Stadt singt man Ihrer Meinung nach den besten Schlager, Bärlein, Hamburg, Geistliche Einsiedler oder Ansiedlungen?
3. Wie geht's?
4. Können Sie mir bitte den Süßstaub[3] rübergeben?

ANSERS

No no, anser muss yu shon selb. Wo-tu soll ich questiones put, wenn ich them selb anser muss?

---

1   Montevideo
2   videos
3   sucar

McDonalds auf afrikanisch

Afrique est goût
Pausentext 3

Am tag des abflugs hat es zum ersten mal in München geschneit. Mbai der ankunft in Bamako, der hauptstadt von Mali, merken wir, das wir uns davor nich mer fürchten müssen: 40 grad im schatten. Gottseidank is grad winter.

Wir fragen am informationsschalter, wie wir zu unserem hôtel kommen, immerhin dem größten der stadt (wir wollen wenigstens groß anfangen). Die frau von der auskunft is völlig entgeistert, das man eine auskunft von ir will, und sagt erst mal nix. Braucht sie auch nich, um uns hat sich eine menschenmenge versammelt und einer schreit lauter als der andre. Alle wollen uns den bus zum hôtel zeigen. Ndanke ndanke, jetz wissen wir's – aber dafür wollen alle geld. Vor dem hôtel zeigen die selbsternannten füris die tür zum hôtel – die is warlich nich versteckt – und wollen geld dafür. Nein, die tür hätten wir schon alein gefunden.

Bamako heißt auf bambara, der localen sprache, crocodilfluss. Ob es hir noch crocodile gibt, scheint unwarscheinlich, aber der fluss is immerhin noch nda. Die stadt is die zweitunangenemste, die ich je geseen hab, um aber schlimmer zu werden als Lagos, müsste sie sich doch etwas anstrengen. Bamako is nur hässlich, die luft ein mixture aus qualm, staub und abwassergestank (schlechtes benzin, nur ein halbes dutzend geterte strassen und kein einziger geschlossener abwassercanal). Die augen tränen bald, das ligt an der luft und an dem, was sie sen: ein mer aus straßenverkaufis und bettlis.

Mali is relatif touristic, gleichzeitig eines der 10 ärmsten lända der welt. Ndise combination is einfach ungesund. Trotzdem (oda grade deswegen) sind die maliens, mit denen wir zu tun ham, grundsätzlich capitalistes. Es gibt keine hilfe, nur service. Das sind aba vileicht nich alle maliens, sondan nur die, die was mit touristes zu tun ham oda sich in deren näe aufhalten. Die andris kann ich aba nich kennen.

Die 4 wichtigsten africains sprachen in der République Mali sind bambara, songhai, fulani und tuareg, aba damit ein malien den andri versteet, sprechen mbaidi français. Es klingt andas als in Paris, aba Mali est nich Paris. Auch nich so was änliches. Das land Mali kann vileicht arm sein, aba es hat immahin ein gutes transport-système, mit richtigen autobus, wo doch die meisten lända in der région nix als bushtaxis ham. Ein bushtaxi kann zum example ein kleinlastu sein, wo normalaweise 10 leute reinpassen würden, aba hir werden damit normalaweise 20 oda 30 transportés. In ein autobus würden normalaweise 30 reinpassen, hir stekt man 40 rein. Proportionel sind weniga drin. Voll muss das ding trotzdem werden, bevor es losfärt.

Meine Princesse und ich wollen nach Timbuktu. Um 4 ur soll es los gen, um 5 fangen die vorbereitungen an, um 7 wird aufgerufen. Eine ser feialiche angelegenheit, auf jedem billet stet der name des passagers und der aufgerufene darf den bus betreten und sich ein sitz aussuchen. Im bus est es gut heiß, dafür hält er öftas an, man kämpft sich nach außen und kann die frische brise mbai 40 grad genießen. Die bus sind so heiß, weil sie français sind und die fenêtres nich aufgeen. In France ham sie normalaweise eine fonctionierende air conditioné, in Mali fonctionne sie nich, warscheinlich wegen der hitze.

Bamako is im südwesten des landes, Timbuktu liegt im nordosten, an der grenze zwischen Sahel und Sahara. Dazwischen liegt Mopti, auch eine uralte stadt. In Mopti nemen meine Princesse und ich das bot, ein großes bot, das uns nach Timbuktu bringen soll. Die fart durch das Niger-Innendelta est ser schön, wenigstens nach der regenzeit, wo alles übaschwemmt est. Das delta wird dann teilweise 100 kilomètres breit, mit unzeligen canals, grüner sumpflandschaft und malerischen überschwemmten wüstendörfern. Ganz zu schweigen von den fantastiques sonnenuntagengen (nda in Afrique die sonne scheint, est es nur logique, das es auch sonnenuntagenge gibt, im contraire zu Mitteleurope) und den sternen one ende. Dafür, das der Niger so heißt, kann ich nix. Es wundert mich nur, das man ihn noch nich umbenannt hat. Wenn schon *ausländische Mitbürger* statt *Ausländer*, warum nich *der Farbige Mitfluss?*

Das schlimmste im bot is das essen. Jeden tag verkochter reis oda verkochte spagetti, mit 1 (einem) stüken fleisch, das man auch mit eina sege électrique nich entzwein kann, dazu eine sauce, na ja, wie soll ich sie beschreiben? nem ein mbissi lauwarmes wassa und färb es mit eim braunen buntstift, der geschmak müsste irgendwie hinkommen.

Timbuktu hat den früeren glanz längst faloan, es sit nich so aus wie eine stadt, in der eine der ersten universités der welt entstanden est. Spécialement mysterieux est es auch nich, aba manche choses entsprechen doch dem cliché: lem-hoisa, sand und tuaregs, bis wo das auge kukenkan. Laida zin die tuareg-caravanes nich mer weit hinaus in die wüste, um salz gegen gold zu tauschen (1 gramm gold = 1 gramm salz, das waren zeiten) oda umgekeert, sondan sie zin an unseren tischen forbai und wollen uns blöde souvenirs verkaufen. Für sie sind wir keine menschen, sondan kaufmachines. Wir wollen uns aba nur Timbuktu anschaun. Wenn wir einkaufen wollen, gen wir zum kaufhaus und nich nach Timbuktu. Das capiren die tuaregs nich. Ich weiß, der westen und for allem France is größtenteils für die misère der tuaregs verantwortlich, aba dise rechnung kann ich nich zalen. Ich kann kaum meine eigenen rechnungen zalen.

Zurück nach Mopti wollen wir nich über den Niger, den hatten wir schon. Und er braucht so lang. Also tun wir touristes uns zusammen und mieten ein Landrover. Ahmed, der agent de transports, will 400 euro für die 300 kilomètres, die meisten von uns wollen 25 zalen. Nach 2 tagen verhandlungen ham wir uns auf irgendwas dazwischen geeinigt.

Die touristes schimpfen auf die geschäftemacherei der einheimis. Ich als vertreto der zweiten welt, zwischen erster und dritter, hab mer verständnis dafür. Nda kommt die antwort: »Ya, aba die verdinen sich mbai uns eine goldene nez, sie wollen mer, als jemand mbai uns verlangen würde!«

Nein, nur die helfte. Und wenn man bedenkt, das autos mer costen als in Deutschland und das benzin nich mbilliga is, verdinen sie vil weniga. Zwar mer als der durchschnittliche malien, aba imma noch vil weniga als ein deutshe arbeiti. Oda ein deutshe geshefti. Obwol sie nix anders tun. Ir einziger luxe is vileicht ein téléviseur. Die touristes meinen, das sie uns nur abzocken wollen, weil wir auf sie angewisen sind. Naturellement herrschen nda die marktgesetze. Normalement aba sind nur sie auf den westen und die touristes angewisen, und nda sind der westen und die touristes die abzockis. Aba wee wenn mal mbaidi aufeinanda angewisen sind.

»Von den africains verlangen sie vil weniga!«

»Von den africains verlangen sie nix, die africains faren nich mit dem jeep privé, sondern mit dem bot.«

Wir müssen den Niger ubakwean, ein mbissi moteur-bôt, dann umsteigen in ein stangen-bôt, weil ein paddel-bôt est es nich. Das wassa get bis an die knie, die bôtos ham stangen, mit denen sie vom boden aus das bôt vorantreiben. Das bôt bleibt oft im sand stecken, nda müssen die neg… die einheimis schiben. Wir dürfen nur sitzen, bis wir den Landrover erreichen, für uns touristes est ndise reise ser beschwerlich. Der Landrover schafft die sandpiste, die auf kaina carte eingezeichnet est, mit links, obwol er manchmal doch alle 4 reda braucht. Hir is keine richtige wüste, nur eine recht trockene landschaft, überall camele, die kommen und gen, nackte 6-yerige zigenhirtis, die gen und kommen, die zeit est hir sten gebliben.

Später wolle wir mit dem (ngute) guide Belco ins Dogonland. Die dogons sind eine fleissige race, sie mbau vil an und machen ngute kunst. Die kunst kann ma im Dogonland nich se, nda muss ma nach Paris oda New York ins musée. Die dogons kenne kein strom électrique und mbewonte früer kleine hoisalains an aina lange felswand. Gebaut wurde ndise nich von den dogons, sondern von den telems, eim pygmeenvolk. Erst vil später kame die grossere dogons und schikten die pygmees wek. So erzele wenigstens die dogons die geschichte, aba wer weiss? – Vileicht ham sie die telems aufgefressen. Früer ham ndise africains doch imma wida die missionaires ngegesse. Einige historiciens bezweifeln das, aba für mich liegt der fall claire auf der hand: Ich hab keine missionaires gesee, also sind sie doch aufgefressen worden.

Belco bringt uns zum dorf Oualia. One reisefüri, sagt man, kommt man unmöglich in und durch das Dogonland. Früer, in meinen aventeurerzeiten, wär ich einfach nich hingegangen, aba meine Princesse will alles sen. Belco hat hir ein haus ganz für sich alein. Das haus besteet aus eim zimma und das mobiliar aus eim bett. Es dauert ein mbissi, bis die dorfleute eine tashelampe finden, die fonctionne, dann lei ich ine mein tashemessa aus, das hun wird one verzoegerung enthauptet und entfedert. Eine stunde später krigen wir den tô, ein hirsebrei mit aina, sagen wir mal,

sauce interessante. Aba das hun mit spagetti hinterher is spitzen-classe.
Am näxten morgen krigen wir ser gutes brot mit ngelée, aba nda klebt
hünerblut an meim messa und die freude is nur noch halb so gross. Am
abend erreichen wir ein dorf mit 30 andren touristes und 20 guides. Belco
is blitzshnell und organise ein zimma für uns, wärend die meisten auf
dem boden schlafen müssen. Man stellt ein mbambu-bett rein, Ire Hoheit
die Princesse breitet ire tücher aus und obendrein das moskito-netz im-
pregné, so wird alles gemütlich wie daheim in Shwabing.

Wir gen beruigt essen und trinken, und als wir uns endlich hinlegen
wollen, hören wir comique coc-coc-ngeroishe. Tashelampe an, was is
denn das? Nda is ya ein hun, nein, file, und küken coc-coc. Ein nganza
clan, vileicht so um die 30 viecher. Aufrur im hünerstall, wir verscheuchen
alle, was wirklich kein amusement est, die hüner sind gans entsezt, das
man sie um ndise zeit aus irem schlaf-zimma vertreibt. So hab ich mir das
neue yartausend überhaupt nich vorgestellt. Und meine Princesse hatte
vor der reise von weisssandigen cocopalmigen stränden geträumt. Jetz
krig ich die schuld, das es nich so gekommen est. Ich hab den urlaub nich
gewollt, sie hat gesagt, es musste sein …

Wida in Mopti nemen wia die andere attraction touristique ins visier,
Djenné. Nda stet eine 700-yerige risen-mosquee aus lem, die größte und
älteste der welt, oda wenigstens eine der größte und ältesten. Laida est das
boush-taxi so gerammelt voll, das wir das projet aufgeben. Dafür sind wir
zou alt. Ich glaub, dafür war ich imma zou alt, auch als ich annodazumal
um die welt geträmpt bin. In solche fie-transporteurs bin ich nie eingestigen, da bin ich liba zou fuß gegangen. Das hat weda was mit völkerver-
ständigung noch mit aventeur zou tun, das est schlicht und simple masse-
torture.

Stattdessen faren wir gleich nach Bobo Dioulasso, in Burkina Faso. Ein
dänisch-australisches schwulo-pair hat ein jeep organisé und wia faren
billig und comfortable mit. Nua die contrôls de police coûstent imma
wida eine kleinigkeit. Inofficiel, naturellement. Früer hätt ich nich gezalt
und ein pair stunden gewatet, bis man mich waita gen lässt, aba jetz ham
wir nich mea die geduld. Ndea chauffeur est wie die meisten chauffeurs
africains: goût, discipliné und cavalier im fair-cair. Nix vom kamikaze-ge-
habe ndea asiatiques oda ndea sudeuropéens.

Burkina Faso, oder wenigstens Bobo, macht ein besseren eindruck als
Mali und vor allem als Bamako, die hauptstadt von Mali. Ich glaub, hir
sind auch mer français. Irgendwo stand mal, das 5 procent der burkinais

alphabetisées sind. 95 procent analphabetes, wär der absolute weltrecord.
Aber jetz hab ich im ›Lonely Planet‹, der Bible der travellers, gelesen, das
18 procent alfabisées sind. Doch so file. Naya, égal: Wer hir lesen und
schreiben kann, muss zwangsläufig als intelectuel gelten. Das land hiess
früer Haute-Volta (Obervolta) und wurde von putschis régiert. Ein putschiste nach dem andren hat sich an die macht gehievt, bis der putschiste
Thomas Sankara kam. Er hat das land entcorruptioniert, und damit man
es ihm glaubt, hatta Haute-Volta in Das Land der Unbestechlichen (Burkina Faso) umbenannt. Er fur Fiat Uno statt limousine und hat die médi-
cinale und sociale versorgung auf vordermann gebracht. Also war er den
français, den americains und der einheimischen élite ein dorn im auge
und est nach 4 jaren umgebracht worden. Ein idéaliste, der président
wird, hat die wal zwischen 2 alternatives: Er zit sein idéalisme aus wie ein
altes hemd oder er lebt nich lang.

Wir radeln mit gemieteten rädern nach Koro, da soll eine fascinante
ruinenstadt sten. Aber da stet nur ein slum aus alten hütten. Nu will uns
der guide wenigstens den wasserfall zeigen und fürt uns eine halbe stunde
durch den boush, leider gibts im moment kein wasser. Wasserfall one
wasser, das est echte mangelwirtshaft. Der guide erclairt uns, das in der
regen-saison fil wasser da est. Shoen für ihn. Die im reisebureau werden
was zou hören krigen. Das Musée National besouchen wir auch, aber
musées sind irgendwie nich die sterke der africains.

Im centre von Bobo sind fast alle strassen geteert, obendrein handelt
es sich um allées mit großen, altehrwürdigen bäumen. Dazou sogar ein
pair abfalleimer auf der straße, das muss man sich mal vorstellen. Es gibt
ein pair goûte restaurants, zum example das Boule Verte, und wir staunen
nur. Nach dem Boule Verte strolchen wir ein mbissi durch die stadt, um
den ganzen fisch zou verdaun, und so kommen wir zur altstadt. Wie alt
sie est, weiss ich gar nich so richtig, auf alle felle sit sie mer arm als alt
aus. Es est sozusagen der slum von Bobo. Curz bevor wir das virtel verlassen,
docken ein pair guides an uns an und wollen uns für ein pair kröten das
virtel zeigen. Nein, nich schon wider, ausserdem wollen wir nur raus. Sie
sagen, in disem virtel muss jeder für die entrée und für ein guide zalen.
Die Princesse regt sich auf wie ein gutes deutsches fräulein – schaut, das ir
weiter kommt! – die guides regen sich auch auf. Am ausgang des virtels
wartet ein dutzend yunge typs, sie wirken ser aggressif und wollen uns
one zalung nich rauslassen. Wir wirken auch ser aggressif, wie können die
denn von uns beim rausgeen eintritt verlangen?

»Wenn ir durch die haupteinfart gekommen wärt, hättet ir beim rein-geen gezalt!«

»Ya aber wir sind eben nich durch den haupteingang gekommen, und wenn ir nich leute an jedem eingang habt, können wir doch nix dafür.«

»Wir können ya nich überall gleichzeitig sein!«

»Ya, dann wenigstens ein schild anbringen, das wir bescheid wissen, das wir zalen müssen!«

»Dafür felt uns noch das geld, gerade für solche choses brauchen wir das geld!«

Sie wirken immer plus aggressif und sind 20 an der zal, wärend wir nur 4 sind, 2 davon schwul. Ich fül mich immer weniger aggressif, nur die Princesse stet als deutscher fels in der brandung. Ya, am ende wird es uns claire, das wir disen place one zalung nich lebend verlassen, sogar Princesse wird etwas plus realistique. Einer von den jungs schlägt vor, das wir nur die hälfte zalen, und wir nemen das angebot an. Nachdem wir gezalt ham, werden sie plötzlich scheissfreundlich zou uns und laden uns für eine trommel-parti am abend ein, alles gratis.

Nix wie wek hir. Wek vom virtel, wek von der stadt, wek vom land. Eigentlich wollten wir durch die Côte d'Ivoire (auf deutsch Elfenbeinküste, aber wenn dou ein brif an die Elfenbeincuste (oder Ivory Coast) schickst, nimmt die post ihn dort nich an), aber dort est es gerade etwas unruig, file burkinais verlassen schon das Eldorado von Westafrique. Wir kaufen liber ein boush-taxi-billet nach Bamako. Um 1 eur nachts sind wir an der grenze. Um 1:30, bei der dritten contrôle de police mag der policier den fetzen papier nich, den einer der passagers als carte d'identité vorlegt. Sie holen ihn rein ins revier und dron, ihn da festzuhalten. Er versucht gar nich sich zou verteidigen. Er bleibt halt. Wie ein budistischer mönch. Ein stoisches volk. Die passagers sind einstimmig der meinung, das der typ mit 1 oder 2 euro aus dem schneider wär, aber so vil geld hatta nich. Wir faren wek one ihn, nach 20 mètres winkt uns der policier, wir sollen sten bleiben und den typ mitnemen, was hätten sie auch mit ihm machen sollen?

Bamako est immer noch hässlich und staubig, aber wir bleiben ya dismal nich long. Nachdem wir so fil auf routes africaines gelitten ham und ausserdem erfaren, das die halbe strecke nach Conakry, der hauptstadt fon Guinée, ungeteert est und es dort fon postes de police nur so wimmelt, nemen wir ein fliger. Ich hab immer noch fil flugangst, aber mit Air Afrique kann ich's wagen. Ethiopian Airlines und Air Afrique sind die

2 top-airlines in Shwarzafrique, Air Afrique hat bis hoite nur 1 flugzeug
verloren (nein, das is keine airline, die nur 2 flugzeuge hat). Die andren
airlines sind nix für mich, es soll immer wider bei den airlines der unters-
ten classe vorkommen, das man die tür werend des flugs erst zumacht
oder sogar zuhalten muss. Manuel.

Am aéroport est es nich spécialement organisé. Die frau am check-in
weiss nich, ob wir bei ir eincheken können, und shickt uns vorsichtshal-
ber zum andren shalter. Da bleiben wir in der shlange, und als wir endlich
dran sind, werden wir informés, das das der false shalter est, der richtige
est da, wo wir forher waren. Da sitzt jetzt ein typ und der wirkt genauso
unsicher. Neben ihm macht ein noier shalter auf, also shickt er uns dahin,
und, grôs surprise, wir sind goldrichtig! Das shild est fon der Air France,
aber auch das wird bald corrigé und das Air Afrique-shild kommt dran.
Eine firtelstunde speter merkt der fonctionnaire, das das shild so hängt,
das nimand es lesen kann, weil es nach innen shaut, und auch das wird
corrigé. Wenn man sit, wie in den boush-taxis für 10 passagers 20 sitzen,
fürchtet man, das in eim flugzeug für 200 passagers 400 reingepresst werden. Und das es nich startet, befor es nich richtig foll est. Weit gefeelt. Es
startet punctlich mit 100 passagers, so das alle fil place ham. Und man
muss das flugzeug auch nich shiben, damit es anspringt.

In Mali und Burkina Faso est die hitze trocken, wenigstens im winter.
Wenn man im shatten est odère abends est es angenem cul. Conakry est
da ganz anders. Sère tropique, vileicht nich so heiss, abère mit einer sère
hoen luftfeuchtigkeit. Man shwitzt ununterbrochen, am tag in der sonne,
am tag im shatten, in der nacht im shatten (in der nacht in der sonne
gibts ya nich). Palmes, so weit das auge reicht, und überall la mer. Die
économie est auch ganz anders: Wärend Mali und Burkina Faso zou den
10 ärmsten ländern der (M)Erde gehören, est Guinée goûte mittel-classe
africaine.

Essen tun wir im La Terrace ôdère im A Nos Souvenirs, ansonsten bleiben wir im zimmère, wo die alte russishe air-conditionée, die sô klingt
wie ein in die yare gekommene tracteur sovietique, für cule sorgt. Wir faren mit 2 auch in die yare gekommenen russes (die ganz normal klingen,
wenn auch sère russish) zur Insel Los, wo an und für sich nich fil lôs est,
aussère das der wecker und die sonnebrille fon der Princesse aus dem
ruksak vershwinden. Nein, das waren nich die russes, die sind anständige
loite, die hir arbeiten und uns mit brôt, hünershenkel und vodka über
den ferlust hinwektrösten.

In Guinée gibt es mère weisse als in Mali ôdère Burkina Faso, haupt-sächlich français, die hir ir gesheft ham ôdère für internationale hilfsorga-nisations arbeiten. Âbère caine touristes, was auch Seine goûte seiten hat, weil cainère uns anbettelt ôdère souvenirs andréen will. Der einzige weisse touriste, den wir treffen, est ein judisher algerien, er will zufällig auch nach Guinée-Bissau, alsô faren wir zusammen.

Die erste strecke bis nach Boké est rapide und comfortable, da kom-men wir âme âbend âne und wollen gleich weiter faren, es gibt âbère nur eine folle bachée, ein follère kleinlastu, der noch hoite âbend fert. Morgen soll ein shöner comfortable Toyota-jeep faren, da Cannes man unmöglich so fil loite reinstecken, mit dem faren wir. Und bleiben hoite âbend im hôtel. Âme näxten morgen – was?? Die bachée stet immère noch da! Warum est sie nich wekgefaren? Weil da noch nich genügend passagers waren. Also die bachée mousse man jetz nemen, weil der jeep warshein-lich erst in einer woche wekfert. Es nützt cain yammern, da müssen wir durch.

Erst mâle lässt der chauffeur die bremse lôs, wir faren rükwerts den berg hinuntère. Nach 100 mètres springt der moteur âne. Die fart gêt 300 kilomètres auf ungétertère route. Meine Princesse est übere unsere aus-flug sichtlich enttäusht. Sie meint, das est ein commando de himmelfart. Incomfortable. Was heisst incomfortable, manche-mâle findet einer mei-ner füsse sôgar ein place âme boden! Sie klagt, das sie shmerzen hat. Sie übertreibt ein bissi, goût, der ruc tout vé, der arsh tout vé, die beine toun vé, âbère shmerzen? Und was heisst géstanc, wir ham nur ein etwas enge-ren contact mit der einheimishen population. Meine Princesse bezweifelt, das ich so fil contact mit den einheimishen ville, sie glaubt, ich ville im end-effet nur lendère sammeln. Est doch gare nich war. Apropos lendère-zal, wie fil hab ich jetz? Ich glaub, das est das 108. land.

Wenigstens kommt man foran, caum sont 10 stunden vorbei und shon ham wir 150 kilomètres hintère uns. Naya, die route war nich seaux goût, und ein doutsend postes de police coûtent entweder zeit ôdère geld, ôdère beides. Hier im städtchen Kumbia sind wir bereit, jeden prix zou zalen, um die reise etwas comfortablère und rapidère zou gestalten. Eine stunde verhandlung und wir steigen ins taxi, wir sind befreit! Leider entpuppt sich der befreiungsshlag als verhaftungsshlag: Der mann, der das auto fert, est nich der chauffeur, sondern nur der agent. Den chauffeur müssen wir im dorf nébénan holen. Auf dem weg dorthin faren wir âne eim grôs baum vorbei, unter dem 5 soldats shlafen. Im dorf suchen wir den eigent-

lichen chauffeur und werden fon den soldats gefunden. Sie nemen uns
mit zur centrale, fragen dürfen wir auch nix, weil wir géfangéné sind,
trotzdem krigen wir mit, was wir faus gemacht ham: Der baum est eine
zone militaire und als auslendeurs dürfen wir seaux eine zone nich betreten. Dêm officier in der centrale ercleren wir, das wir noch nie forhère in
der région waren, alsô waren wir darauf angwisen, das der chauffeur uns
richtig fert. Der officier hat dafür mère verständnis als die soldats, die uns
festgenommen ham. Nur, air Cannes nich über unsere freilassung entsheiden, über zwishenstatliche crises vie dise Cannes nur le capitaine
entsheiden. Air shreibt das protocole inclusif àllé dates aus unseren passeports und macht sich auf die souche nach le capitaine.

Inzwishen hat die noigirigé menshenmenge draussen was andres in-
teressantes gefunden als uns, àllé zeigen zum himmel, ich sé nix. Ach
seaux, sie zeigen zum mônd. Sère wenig fom mônd, nur Seine 2 hoernère.
Âbère es est genug für den bégin des Ramadans. Die beduines glauben,
das veine die 2 hoernère nach oben zeigen, das unglück nich weit est. Ya,
offensichtlich est es nich weit, das unglück est na und le capitaine est weit.
Comme tout air âbère chône, stunden spetère.

»Alsô was est passé?«

»Wir waren in der bachée in richtung fon Guinée-Bissau, âbère das
war sère incomfortable und wir beshlossen ein taxi zou nemen. Der taxi-
mann sâgté uns, das wir den chauffeur holen müssen, und da sind wir
hingefaren. Wir waren noch nie hier und konnten doch nich wissen, das
auf dêm weg dorthin sich ein camp militaire béfand!«

»Est das àlles?«

Er est sichtlich ferergert, das wir zou einer crise diplomatique solchen
gradés seaux wenig zou sagen ham. Da hôlt der algerien aus: »Alsô fer-
stéen Sie, Monsieur le Capitaine, Madame war cranc, sie musste sich
mère-mâles übergeben, die chose war fatale, da san wir das taxi und wissen Sie …«

Er sagt génau das gleiche wie ich, nur mit fil mère worten. Jetz sheint
le capitaine zoufridénère zou sein. Air béfilt dêm officier, das protocole
aufzunemen. Das hat der officier âbère shon längst gétan. Le capitaine,
ein ausgeglichenère und sère wichtiger mensh, traut dem officier nich
seaux richtig.

»Jetz richtig! Ich dictire!«

Alsô liest le capitaine aus unseren passeports, werend der officier wider àlles aufshreibt. In der centrale militaire gibts nix enliches vie strom

électrique, es wird allmälich âbend, le capitaine mousse sich immère weiter aus dem fenêtre rauslenen, um noch irgendwas entciffern zou können, werend der officier feullic im dunkeln shreibt. Dann est auch das erledigt und le capitaine und der officier vershwinden. Wir müssen uns noch ein weilchen gedulden, und ein weilchen in Afrique dauert fil lengère als ein weilchen woanders, heisst hier dafür âbère »tout de suite« (sôfort). Meine Princesse hoilt dauernd. Manche-mâle est ir heulen echt, âbère hier flüstert sie mir zou, das es unecht ist – manche-mâle bringt das heulen einer frau einiges in bewegung. Stunden spetère taucht le capitaine wider auf und teilt uns feierlich mit, das nach eingehender bératung des stabes der beshluss gefasst worden sei, das uns caine shuld trifft, sondern nur den agent, der uns gefaren hat. Der sitzt seaux-vie-seaux seit stunden im knast.

Der agent sitzt im knast, âbère der chauffeur est preparé. Zuerst eine musique-cassette rein und gleich faren wir lôs! Ya, die musique-cassette get nîche. Dann far ôné musique, mann! Wir wollen dises sheiss-caff gans rapide verlassen! »Tout de suite. Mais d'abord la musique!« – er fert ôné musique einfach nîche lôs. Cain auto africain fert ôné musique lôs, dise autos faren nîche mit benzin, sondern mit musique. »Mann, îche libe musique africaine, sie est gigantique, fantastique, seaux rîche, seaux fil-fel-tic, sie est einfach geniale, âbère jetz ville îche nur wek hier!«

Halbe stonde ond 5 postes de police spetère erreichen wir den flousse, leider est àlles stoc-finstre, cain licht weit ond breit, der fairmann est beim bête, es est ya Ramadan. Nach dêm gébête kommt er doch noch mit seinen complices, die faire hängt âne eim cable ond wird manuel betriben. Fil courbelay, âbère loite ham sie ya.

Die grenze est geshlossen, âbère wenn wir ons erkenntlich zeigen, wird shon was gen. Wir zalen dem policier ein pair marc, air shreibt àllé dates aûf ond gibt ons den stempel, àlles mit tâche-lampe im mund, weil auch hier électricité nîche sère geloific est. Wir glauben, das damit die chose erledigt est. Weit ferfêlt, âne disère grenze müssen wir nîche nur der police zalen, sondern auch der gendarmerie, dêm militaire ond dêm zoll. Die guinée-bissauishe grenze est onbestechlîche, sie bleibt simplement zou. Wir müssen bis 8 hora morgens warten, es is 2. Wir versuchen im auto zu fünft zu schlafen, irgendwann geben die princeza und ich auf und wachen draussen. Schöner himmel. Um 8 werden unser gepäck und unsere passaportes controlados, die soldados sind simpaticos und erklären uns, das wir in ordem sind und die grenze passar dürfen, geben uns aber zu bedenken, das sie seit 18 monaten kein soldo mer krigcn (stet im jornal),

und wenn wir inen irgendwie behilflich sein können, um ire miséria zu
lindern, wären sie uns ser dankbar. Wir ham schon so fil gezalt, das wir
kein localgeld mer haben. Aber sie waren doch so nett und sprachen português, so das wir unsere letzten reservas zusammenkratzen und sie inen
geben, vileicht 1 euro.

Guiné is das einzige französisch sprechende land, das nich in der gros-
sen CFA-familie is (Communauté Franco-Africaine), das heisst, sie benützen keine francs-CFA, die immer im verhältnis 1 Franc français = 100
francs-CFA sten. Sie waren die einzigen, die sich dafür entschiden, arm
und frei statt im goldenen französischen käfig zu leben.

Guiné-Bissau viderum is das einzige nicht französisch sprechende
land, das in die CFA-familia eingestigen is. Und da fragt man sich, für wen
der käfig goldig is … und wenn vir schon von käfigen sprechen, es is inzwischen 11 ur vormittags und vir sitzen immer noch an diser grenze fest.
Vir durften durch, aber unser taxi nich. Der chofer wartet auf ein oficial,
der ein papel unterschreiben muss. Das is die stagnação total, an diser
grenze arbeiten mindestens 40 policiais und militares, und dafür müssen
vir 12 stunden warten? Vo vir doch die einzigen kunden hir sind. Am ende
entdecken vir, vo das problema ligt: Der chofer will die versicherung für
Bissau nich zalen, er will uns auf ein bus auf der andren seite abschiben,
das wird für ihn fil billiger, aber die grenz-funcionarios durchblicken sein
spil und zwingen ihn, uns das geld für ein taxi zu geben, vas natürlich fil
mer kostet als der bus. Das waren sozusagen Robin-Hood-funcionarios.
Sie nemen von den reichen (dem chofer) und geben es den armen (uns).
Und wenn Robin Hood auch für die eigene haushaltscaixa ein bissi er-
wirtschaften musste, so is das bei unseren funcionarios nich anders.

Bissau, die hauptstadt, is ser ángeneem, portuguesa, mit schönen aleen
und eim flair mediterraneo. Die bíssauer sind ausnamslos simpáticos, keiner will ein presente oder geld von uns. Das Hotel Eden gehört portugueses und is so sáuber wie das wonzimmer einer deutschen frau des stern-
zeichens jungfrau mit putzfimmel, das essen in der terrassa des Tropicana
schmeckt excelente. Im Bar Bate-Papo is der wirt aus der brasileira stadt
Blumenau. In Westafrica sind die meisten weissen geschäftsleute libane-
ses, Guiné-Bissau war eine colonia portuguesa, so das es nur lógico is, das
der brasileiro libanesischer abstammung is. Vas ein brasileiro libanesischer abstammung in Blumenau zu suchen hat, das weiss ich auch nich.
Erteilt die stadt überhaupt visa an brasileiros libanesischer abstammung?
Egual, jetz is er nich mer in Blumenau, sondern in Bissau.

Das áinzige problema der stadt Bissau: Sie is etwas bombardeada, nich vênige dächer sind eingesturzt, auch das Palacio Presidencial schaut nich mer gut aus und is nich mer bewont. Ain krig zwischen regirung und rebeldes hat ain jar bis zum letzten mai getobt. Da hat sich der presidente abgesetzt und grade wurden neuwalen abgehalten. Es get zur zweiten round.

Die maistem vaissem sind natürlich portugueses, aber vir treffem auch 2 deutsche, Jörg und Mario, fáter und som, die stellem hir aine wildfarm auf die beine. Die farm ham sie schon, jetz felt nur noch das wild. Sie varem for dem krig gecommen und sind verend des kriges geblibem. Inem is nix passiert, sie varem nur chocados, als ire stammkneipe in die luft gegangem is, curto befor sie sie betretem wollten. Sie und alle anderem sagem einstimmig, das vir die erstem turistas seit dem krig sind.

In Guiné-Bissau is die oficial sprache português, das kann aba nur aim drittel da bevölkerung, obwol die maistem me fersteem können. Natürlich gibts africanas sprachem, aba die sprache, die alle zusammenhält, is das crioulo, aim zimlich verformtes und unferstendliches português.

Im nordvestem des landes gibt es aim strand, da Varela heisst. Laida wird die strasse durch 2 flüsse untabrochem und die fär-leute streiken grade. Das heisst, via müssen um dem erstem fluss farem, 100 bis 200 kilometros statt 20, und dann hoffen, das die fär-leute am zweitem fluss nich streiken. Entweder via staigem 3 oda 4 mal um, vas heisst, das via 12 bis 24 stundem brauchem verdem (auf jedes farzeug muss mam im schnitt 4 bis 6 stundem vartem, bis es losfärt), oda via trämpen. Also trämpen via. Und es get. Aim veiculu pro stunde, aba die nemem ainem mit, aussa sie sind voll. Du könntest mainem, 2 passageiros würden noch raimpassem, wenn mam schon in Africa is. Das stimmt aba nich. Wenn aim farzeug in Africa losfärt, dann is es wirklich voll, da passt wirklich nix mer raim, auch nich mit aina müllwagenpresse. Via erraichem dem zweiten fluss und fersuchem mit aina piroga rüber zu kommen, aba auch die pirogistas wollen dem streik nich brechem. Also farem via vaita zu aina andrem stadt, Cacheu. Da muss mam aba nich nur ruber, sondam 40 kilometros bis zua strasse farem, dafür will da botsmann 100 euro. Naim, erklärem via, via wollen das bote nich kaufen, sondam nur mit ihm zum andrem ufa farem.

Naim, naim, naim. Es gibt 2 hotels in da stadt, die sind aba nich fom gestem, sondam fom plünderern besetzt. Via farem 50 kilometros zurück zur größeren stadt Cachungo, da gibt es aim unbesetztes hotel. Offensichtlich sind sie's im hotel nich gewont, geste zu beherbergem, aba aine matratze wird schnell organisada, jemand bringt die laken und jetz felt nua noch, das die familia da virtim, ungefer 10 erváxene und 20 kinder, aufhören uns ánzustarrem und unsa zimmer ferlassem. Via gem zum restaurante und die ganze familia kommt mit. Am nextem tag is da streik forbai und via brauchem nua aim par stundem bis zum strand. Insgesamt varem es 31 stundem für 150 kilometros, teoricamente könnte mam das zu fuss auch schaffem, aba dann hätten via vileicht nich disem Mahmadu kennen gelernt, da uns seit dem letzten 50 kilometros begleitet.

Das hotel Chez Helene in Varela is zu. Nachdem via etwas rambasamba machem, taucht und taut da hotelwirt aus saim winterschlaf auf. Via richten uns aim und vólem zum strand, Mahmadu wartet schon for dem zíma und hat das programa parat: Via gem zuerst zum strand und dann zu ihm. Also Mahmadu, via gem schon zum strand, aba via möchten schon selba entschaiden, wann und vo via híngeen vólem. Gut, sagt Mahmadu. Gott sai dank is Mahmadu áinferstandem. Und Mahmadu, velche sprachem verdem hir gesprochem? 4 africanische sprachem und crioulo. Das muss ma sich fôrstellem, das dorf hat vileicht 100 áinvona und 5 sprachem!

Da strand is longo vi Chile, da sand is vais vi die Antarctis und warm vi Guiné-Bissau, und überall stem dise bau-ruinas fom geschaitatem turisticos zukunftsträumem. Aim fantomstrand, caim mensch weit und breit, vi aim strand nach dem krig atomico. Und – naim, gans alaim sind via doch nich, Mahmadu sitzt nebem uns und lässt nich loca. Via erclerem ihm, das via frisch verheiratet sind, und, na ja, du weisst schon. Er versteet únserem wink und get. Und setzt sich 10 metros vaita him. Da wartet er dann, geduldig vi aim treua hund.

Ja, hir is es so ler, dabai liegt Cap Skirring im Senegal caine 10 kilometros weit entfernt fom hir. Cap Skirring is das Marbella Westafricas, mit filem luxo-hoteis, inclusive Club Med, dem die áinhaimischem »Prison Touristique« oda »Club Merde« nénem.

Am ende cháfem via doch noch, Mahmadu loszuverdem, gem zurück zum hotel und bestélem das essem.

»Volt ia fisch oda hum?«

»Fisch.«

»Fisch ham via nich, nua hum.« Also hum. Gleich darauf wird es zimlich laut im hunastál und eine stunde speta gibts aim hérliches mal.

Am nextem morguem um 6 horas ferlassem via das dorf mit dem áinciguem bush-taxi des tagues und mussem zum erstem mal frirem. Via sitzen hintem, directamente hinta da cabine, und die cabine hat veda wind-chutes-chaibe noch aim glas am hintere fensta, es is aim glas-loses farzeug, da cóm da ganze wind durch. Curto for da grenze nimmt uns aim missionario brasileiro mit bis nach Ziguinchor, in Senegal.

Senegal hat in seim bauch das dûnne land Gambia. La région sûdlîche fon Gambia heisst Casamance, ond la capitale der Casamance heisst Ziguinchor (ausgesprochen ongéfair Si-geng-schorr). Nach Ziguinchor kommen momentan wenig touristes, weil es hier unruen gegeben hat. Les casamancers fülen sîche fon la central-régirung vernächlässigt, alsô kämpften rebelles fûr eine unabhängige Casamance. Daraûs est nix geworden, inzwishen est es wider ruic geworden, âbère les touristes ham angst ond kommen libère nîche. Nur die souvenir-fercoiffeurs sont gebliben, was sollen si sonst tun, si wonen ya hier. Seaux concentriren si àllé iré bémûhoungen aûf ons.

Ansonsten est Senegal le Mercedes de Westafrique. Hier gibt es file, file français. Es fällt eim sôfort aûf, das hier mère lôs est, das hier mère geld est. Wir machen eine canou-tour mit le guide Samba, ein angénêmère mensh, der sîche obendrein auskennt vie cain zweiter. Der flousse Casamance mit Seine mangroves est le habitat de unzäligen fôgel-sortes, inclusif storchen, pélicans, adlern ond geiern. Das dorf Affiniam est vie le paradis aûf Erden. Gigantiques kapok-, baobab-boime (brôt-fruit) ond lianes sorgen fûr die noetigé zauberwald-atmosphère, ond statt ein hütten-conglomerat gibt es richtigé hoisère, um yêdes haûs stêt ein garten, ein gartin, ein jartin, ein jardin mit bananes, oranges, citrones, papayes, cocos, mangues ond andré fruits tropicales, dazou noch vershidene plantes médicinales. In dîsem dorf sont taûsendé de leuten zou haûs, âbère normal bekommt man selten mère als 2 ôdère 3 hoisère gleichzeitig zou sen. Man sit das dorf nîche for laûtère wald. Seaux ein dorf gibts ya gare nîche! Est das àlles nur da um les touristes zou beeindrucken? Est das ein Disneyland-dorf aûf africain? Ôdère gibt es mère solché doerfère? Ya, meint Samba, âbère naturellement sont nîche àllé doerfère im Senegal seaux.

Wir faren mit der faire Joola nach Dakar. Das bôt est relativ comfortable, ond zwei douzaind weisse reisen auch mit. Naturellement àlles français ôdère francophone suisses ôdère belges. Dakar soll géfairlîche sein ond wir faren sôfort zur Insel Gorée, 20 minutes mit dêm bôt. L'Ile Gorée stêt wegen ires stile coloniale ontère UN-denc-mâle-chuts. Si war yarhondertélong eine der wichtigsten bases fûr le sclave-commerce ond das Haus des Sclaves stêt immère noch. Mandela war shon da, Clinton war shon da, ond jetz auch îche. Âne le mur le placat: DACHAU – GORÉE – DAS DARF SÎCHE NI WIDERHOLEN! Cannes man, soll man seaux was vergleichen? Weiss îche nîche. Man shätzt, das um les 10 millions africains vershleppt ond versclavt worden sont. Das verre âne ond fûr sîche shon shlimm génuc, âbère wärend der »jagd« ond âne den shlechten conditions for l'abtransport sont file umgekommen, ond wärend der fart, wo sie seaux eingefercht waren vie in eim boush-taxi, sont noch ein pair millions draufgegangen, weil die farten nîche ein pair stunden ôdère tâge dauerten, sondern mônàté. Nachdêm England le sclavage verboten hàtté, sont noch mère gestorben. Als les capitaines des transports des illegales sclaves britannique bôts in der née san, warfen si die géfairlîche last ins wasser. Vie file millions insgésamt umgekommen sont, lässt sîche nîche mère reconstruire. Ob es 6 millions waren, spielt caine rolle mère. Diser holocaust wurde nîche in 6 yares vollzogen, sondern in 4 jarhunderten, âbère man wird doch eim moerdeur, der 10 menshen wärend seines ganzen lêbens ermordet hat, nîche mère rücksicht entgegenbringen als eim moerdeur, der 10 menshen innerhalb eines yares gétoetet hat. Ôdère doch? Vileicht est die einzige principielle différence, das le commerce de sclaves fûr l'économie »sinn-folle« war, wärend das morden der nazis zwar einigen »ariern« zou goûte kam, der économie insgésamt ond dêm culturel leben âbère geshadet hat. Es war ein produit du hass, nîche du denken économique. Les sclave-hendleurs würde man normalement ins gefängnis stecken, les nazis in eine clinique psychiatrique.

Dakar im vintère est relatif cûl. L'Ile Gorée est klein, ond venn man les musées im innern de l'île besucht hat, die seaux-vie-seaux nur 100 ôdère 200 mètres breit est, bleibt man âne la côste. Âne la côte vêt ein cûlère vind ond man mousse fast den ganzen tac den pully anbehalten. Dafûr shmeckt der fîche sère goût.

Et nou is Mauretanie angesagt. Die botshaft de Mauretanie macht officiel um 9 heures aûf, inofficiel um 11. Dise botshaft fercaûft le toierste visa, fon dêm îche yé géhoert hab: 50 euro fûr 3 tâge aûfenthalt, 225 euro fûr 3 mônàté. Âbère vir müssen mâle curts hin, sonst verd îche âme ende caine 111 lendère in meiner collection ham. Aûf dêm vêc dorthin kommt man in Saint Louis vorbei, der alten capitale coloniale. Fon les fotos im musée vird eim clair, das die stadt shon béssèré tâge gécant hat. Fon da aûs machen vir eine jeep-tour mit 2 andré français nach Mauretanie. Sie ham cain visa, âbère das est cain problème, weil die loite du reisebureau eng mit les grenz-fonctionnaires béfroindet sont.

Du land et loite werden vir nach disère tour auch nîche fil visse, âbère das vollons vir gare nîche. Man hat da letztendlich nur contact mit la police mauretanienne et die soll zimlîche corrupte sein. Âbère sôfil crigons vir noch mit: In Mauretanie spricht man méréré local-sprâches et die sprâche oficielle est français. Est ya clair. In Mauretanie gibt es les maures (die mohren) et les nègres. Îche mousse hier *nègre* sâge, weil *die shwarzen* verre fêl âme place. Es est richtic, das les nègres shwarz sont, âbère das sont file maures auch. Les maures andré-seits sont caine nègres, si sont nur weisse mit eim teilweise sère doncle teint. Alsô solté man eigentlich auch nîche *die moren* sâge, venn man les nègres meint.

La tour est super, jetz vird mir zum erste mâle bévust, vozou ein 4-rad-antrib goût est. Man fairt ûbère dûnes, durch den vald gans ône pistes, boime verdent umgécnict, der Toyota fairt manche-mâle fast in la verticale, mann, yêdes mâle glaûb îche, jetz kippen vir um! Le pilot, der Sise heisst, est ein varère maître. Et dann die fart âme strand entlang, zwishen velles et vûste, sâg mâle, sind vir in einer cigarette-réclame? De Chamel vileicht? Ôdère de Chameu, ôdère gare Chameau? Jetz fair-sté îche den sinn du stadtname Chamonix. Air vourde warsheinlich de eim arabe gégébe, der in disère stadt enttäusht var, das dort Seine liblingstire weit ond breit nîche zou sen varent. Zou calt fûr chameau.

Aûf der rûc-fart nach Dakar rêgnet es. Na seaux vas. Caum sind vir 8 voches da et shon rêgnet es. Es var nîche fil, vileicht 5 minutes, et die sonne hat gleichzeitig geshinen, âbère immèrehin. Aûssèredêm mûssons vir die ganze zeit le pully anbé'altée, aûf l'africaine vettère est einfach cain fair-lass. Vir treffons 3 freunde aûs Deutschland, verdons béclaût, âbère nur fûr ein pair secondes – Dakar est nîche seaux géfairlîche vie Lagos ôdère Abidjan, âbère im fair-gleich zou der nachbarshaft doch etwas aventur-lîche. Les meistes stats in Westafrique sont zimlîche sichère, weil fast yêdère arm est, âbère immère da, veaux armût et reichtum sîche treffent, vird es géfairlîche. Et das Cannes man de Dakar vôl sâge. Vir feiern silvestre et fârons nach Gambia.

In Senegal sont die weissen àlles français, et vie immère: venn nîche français, dann sont es suisses ôdère belges mit français als muttère-sprâche. La francophone Afrique est der hinterhôf des français et Senegal est le bar âme pool. Venn eine française muttère nîche weiss, veaux si ir sôn hin-chic soll, chic si ihn nach Senegal. In Afrique est àlles saûbère gétrent, français fârent nur in francophone lendère, anglais et americains fârent nur in anglophone lendère. Ôdère in andrephone lendère, âbère aûf cain fall in ein francophone land.

 In Gambia spich man english statt french und hir com no frenchmen hin, thay far nur dahin, wo man french spik. Hir com big charter-ladings mit germanenhorden aus England, Holland, Deutshland, Schandinavien, curz, aus all lends, wo man gud english spik. Not nur the grupps sind big, au the leut sind meist quite massiv. The doitshis can wele zwishen the bar Alles Klar un Bräustüberl. Aber darover spiek i en ander mal, es is late now un the bir is ausdrunk.

Das hevenly¹ interview
Comparation-Texto 4

Der chef war categorish: »Ich hab es gesagt et² ich repet³ es noch mal: Ich will ein interview mit Gott, exclusiv, et er soll sagen, was er gedenkt, im neuen milennium tu eliminee. Das interview soll vor silvester on my table⁴ ligen, o⁵ ir seid in de strass!«

Susanne e⁶ Peter verliessen stumm de buro e gingen durch de hectico redactiongangs. E so spach Peter: »Der alte spinnt total, ich capie's nich. Ein interview mit Gott, wie soll man ihn finden? E wenn wir ihn finden, was gibt us de securitee, das er us ein interview gibt?«

»Well, if wir ihn finden, kann wir ihn shon rumkrigen. Aber ihn finden!«

In de buro hatte Susanne die erste idee: Die geistlichen mussten es wissen. Peter called⁷ die kirch um die ecke et asked⁸ de priest. Er called, e nich sie, weil weiber in der kirche nich super serioso genommen werden.

1	himmlisch	
2	und (vor Selbstlaut)	
3	wiederhol(en)	
4	Essbrett, Ritzbrett	
5	oder, entweder	

6	und	
7	hat angerufen, angerufen	
8	fragte	
9	möglich	

»Griass God, wir likat wissen, ob es irgendwie possible[9] is, Gott tu call.«

»Ja, naturaly is es possible.«

»Hab yu die nummer?«

»Gott reach[10] ma nich telefonish, my son. Gott reach ma direct. Ma muss ihn nur rufen, vo totale herz, et er wird tu einy spechen.«

Das taten sie imediatly[11], sie hatten no time tu loos[12]. Sie rifen Gott e tried[13] es vo tutto herz, aber presse-people ham no herz, ergo ging nix. Statt Gottes voice tu audi, audit they[14] 3 mal das telefon et 2 mal das fax klingeln. Weder fax noch calls waren vo Gott. They tried besser informationen by hoer stellen rauszukrigen, aber de secretera da[15] bishof liess them[16] nich durch. They tried es by de Pap[17], aber er war grade in Cuba. Die Telekom-information gab die nummer auch nich raus, obwol ma now ein euro pro minuto pay[18] muss. They wussten simply nich mer weiter e gingen tu de cafee ums eck. They tranken no cafee at all[19], sondern Peter trank ein doble vodka e Susanne ein doble grappa, obwol sie normal nur te trinkt. Clar, die situation war heftig. Peter trank sein zeug ex in null comma nix e wollte grade noch einu order, as Susanne sagte: »Ey, hab yu das geseen?«

»Was denn?«

»Der Teufel is da on de trotoir vor-by gegangen!«

»Der Teufel?«

»Ja, der Teufel! Der typ war total rotly[20], hatte a swanz, hare an der brust e hornes an de copp!«

»Yu, da muss ma nich necessarily[21] der Teufel sein, um total rotly tu sein, a swanz, hare an der brust e hornes an de copp tu ham!«

»Ich sag's yu, das war der Teufel!«

»Ich wud yu raten, as nextu ein capuccino tu order.«

»Komm, komm, wir mussen ihn cach[22]! Er kennt sich secur[23] aus!«

Susanne stand auf e zog Peter am arm. They rannten raus e de servy[24] musste shon wider mal pro ein unpayed bil aufkommen. They hetset durch die menge e reached den Teufel. Dismal spach Susanne, weil tu de Teufel ham weiber ein besseren drat.

»Pardon, is yu der Teufel?«

Er hatte a total heisse voice.

»Logo. Was gibt's?«

»Kann yu us sagen, wo wir Gott finden?«

»Gott? Das is eine totaly otre[25] section.«

»Se yu, ich hab es yu gesagt!«, sagte Peter tu Susanne.

»Ja, aber if yu's nich weiss, who sonst? Bitte bitte, sag us, wo wir Gott finden!«

»Na ja, simply so kann ich vous[26] so eine wichtige information nich geben, oder? Da muss ich shon was pro das gett[27]. Vous seid ja in a time born, wo ma shon weiss, das nix gratis is.«

»… was ask yu denn?«

»Vosso[28] selen, vous wisst ja, das is my unico[29] werung. Wir ham eigentlich jetz shon full-haus, aber wenn wir ein bisschen zusammen-rücken …«

»Na gut, our seles, yu kann them ham. E now sag us, wo wir Gott fin-den kann.«

Ja, so sind de presse-people, they sell[30] ire seles pro a gut article.

»Da musst vous tu Zawircie go. Das is eine mini[31] city hinter Krakow, in Polska. In Zawircie arivet[32] musst vous direction Warszawa go, by de leste green haus vor de city-frontier stoppt vous. Wenn vous nich im rite[33] time-pointo da seid, musst vous warten. In der nacht da tuestag[34] tu de wenstag inter[35] tre[36] e vir ur get da hof vo dise green haus eine treppe tu heven. Et in heven arivet musst vous halt ask, wo Gott is, da kenn ich mich nich aus, ich war shon super[37] lang nich mer da.«

Der Teufel ging intu a grande[38] bar, Susanne e Peter namen imediatly ein taxi tu el airport. Susanne meinte: »Gar nich so un-nice, diser Teufel. Er hat us alle dates gegeben!«

»Was heisst hir ›nich un-nice‹, pro das selled wir our seles!«

10 erreicht	25 andere
11 umgehend, sofort	26 Ihr, euch
12 verlieren	27 kriegen (später, wenn *get* nicht mehr für
13 versuchten	*geht* steht, *get*)
14 sie (Mehrzahl)	28 euer, eure
15 des, der (Wesfall), vom, von der	29 einzige
16 sie, ihnen (als Satzergänzung)	30 veräussern
17 Gottesobermann	31 klein
18 zahlen	32 angekommen
19 überhaupt	33 richtig
20 rötlich	34 Dienstag
21 unbedingt	35 zwischen
22 erwischen	36 drei
23 ungefährlich, geschützt, bestimmt	37 sehr, äusserst
24 Bedienung	38 große

They flew[39] tu Krakow, vo da ging es mit dem bus tu Zawircie. Um 10 ur im soir[40] arivet they dort. They fanden de strass, die direction Warszawa get, e fanden um 11 ur 20 das green haus. Da warteten they.

»Is das nich irgendwie absurd, das die treppe tu heven just[41] vo Polska[42] ausgo[43]?«, meinte Peter.

»Gut, ich mein, wy[44] Polska, aber wy nich Polska?«

»Ich denke nich, das de polskis den grandeste hevencontingent stellen werden. De people sind doch nich total sauber, weder wortly noch im transferet sinn. Die Switz wair da secur plus adequat.«

Fact is, das die city tif slif et um tre ur morgens eine treppe apeared[45], direction heven. Sie endete im hof da green haus. They mussten over de zaun springen. Im hof gab es ein auau[46], de nich agreed[47], das they die treppe reach. El holte el ein et otre piece[48] del[49] invasoren, die so obsesset[50] von ir mission waren, das them de pieces flesh[51] wurschtwaren. They rannten die treppe hinauf, el auau hinterher, til[52] Susanne, die mer macha (weiblich macho) war denn Peter, el animal[53] an der gurgel packte et il[54] vo circa 340 meter hoe runterwarf. They mussten weiter, die stufen waren endlos, der weg tu heven is nich totaly one efort[55]. They hatten inzwishen 80 000 stufen contet[56] et es gab immer noch no signal del end.

As they oben arivet – ma sa es daran, das die treppe in eine wolke overging – war de sky heller. 100 meter vor them stand a grande negro[57] vor eim grande tor. Er asked, ob they intu[58] heven wollten.

»No, eigenly nich. O shon, aber wir wollen dann wider beck[59]. Wir likat nur dem Senior Gott ein par questiones[60] put[61], pro de Jurnal ›Munic Daily‹.«

»Vous seid gar nich tot?? E vous wollt hir in?«

»So shokee sollte es vous auch nich? Wozu habt vous die treppe da?«

»Wir wollten sie seit anos[62] wider einzin, aber sie is seit anos defect. Tre mal called wir el instalis[63], tre mal sind they nich gekommen!«

Es war nich easy, den portier tu convincee[64], as untote intukommen. Ein par euro mussten they shon in seine tashe push, sonst wair nix go. So kamen they intu de buro, die madame am computer asked genent de nam et adress, um im computer nachtuseen, was die beiden so getriben hatten. No no, they ercleret alles, sie wollten nur den Senior Gott intervew. Pro de ›Munic Daily‹.

Das weib putted sich quer e they mussten bakshish pay, pro das they nich amal eine note[65] pro de spese-calculation got[66]. Die madame telefonet mit Gabriel, dem vorraum-engel, e diser sagte, they mussten til 11 warten, Sie slaf noch.

»Who sie?«

»Ja who denn? Gott halt!«

»Gott is ein weib?«

»Natural nich! Gott is Gott!«

They ha raus in heven go, es war super frumorgens. Allwo fruta-baumes, de people slif alle on de flur[67], wie die penner, was no problema war, weil es in heven immer belle[68] warm is, de terre[69] amigably[70] weich, das hevenly gras krats nich et ants[71] is da auch nich – el insectus kommen tu ein otre heven. De heven del insectus kann nich de heven da mennes sein! De strasses waren in eim quite slechten status et in der ferne hav ein engel kre[72]. Ein auau da rasse fox terrier lif vor-by et asked el urtime[73].

»In my tiktak[74] is es quarto[75] nach 6, aber ich weiss nich, ob das pro hir oben gilt.«

»Vo wo kommt vous?«

»Vo Deutshland.«

»Dann wird's shon rite sein.«

»Habt vous in heven mitteleuropishe time?«

39	fliegen	56	gezählt
40	Abend	57	schwarz, schwarzer Mensch
41	ausgerechnet	58	in das, in den, in die
42	Räuberland	59	zurück
43	ausgehen	60	Fragen
44	warum	61	stellen, setzen, legen
45	erscheinen	62	Jahre
46	Hund	63	Instandsetzer
47	einverstanden sein	64	überzeugen
48	Stück (westfränkisch *pi-ess* aussprechen, um von *peace* /piːs/ zu unterscheiden)	65	Beleg
		66	kriegten, bekamen
49	des, der, vom, von den, von der (vor Selbstlaut)	67	Boden
		68	schön
50	besessen	69	Erde
51	Fleisch	70	freundlich
52	bis	71	Ameisen
53	Tier, Viech	72	gekräht
54	ihn, sie, es (lebend aber geschlechtslos) [Geschlecht nicht vorhanden oder unbekannt]	73	Stundenzeit
		74	Uhr – Zeitzeiger
		75	Viertel
55	Mühe		

»In de mitteleuropishe parte[76] da heven shon.«

El auau ha weiter go, er hatte obviosly[77] ein fru termin, secur a mittel-europish auau, e they setset sich unter ein figbaum.

»Das hir auch el auaus spech, is ja allerhand«, staunte Susanne.

»Was mich immer wider wundert, is das dis auaus so gut den genitiv usee[78] kann«, mixed sich der figbaum in[79].

Beide sagten nix, they wollten das tema now nich bespech, im ende wud der baum noch about de conjunctivo spech, e wir wissen, das presse-people nich much[80] about das capie.

»Sag mal«, asked Peter den figbaum, »is hir irgendwo cafee?«

»No. No cafee, no alcohol. Nur te.«

»Et ein steak, wie ich die situation hir estim[81], is da auch nich, no?«

»Doch, doch. Da oben on de higel sind ein par steak-baumes.«

Ergo nix wie dort go e steak-frutas e kebab-curbis[82] essen. Toll, dise heven. Um 11 ur ha they tu de gottly buro go.

»Griass Gott!«

»Kann ich nich, sie is noch nich da.«

Sie kam erst um 2 ur. As Susanne e Peter intu el Opal Office go hav, hatten they ein shock. Gott war eine alte negra madame. Susanne war entusiastik: »Wenn wir das da unten screib, wird us no menn glauben!«

»Was?«, asked Gott.

»Das yu a negra is! Ma denkt in de Terre immer, das Gott ein weisser mann, ein mitteleuropico weisser mann mit eim grande weissen bart is.«

»Antik[83] hatt ich a plus mannly apearance[84], aber das is nich mer poli-tish corect.«

»Ja, aber der portier war negro! Is das nich rassistish?«

»Hir in heven wele[85] man el own[86] hautcolor et el own profession. Der portier war ein japanico bauingenio, der immer troimet, ein negro portier tu sein. Now is er einer. Wie kann ich vous helfen?«

»Wir ham die mission, yu tu intervew. Our chef, weiss yu, er spinnt a bit. El alte milennium is soon um, da is soon neue possibilitees, de tutto[87] humanitee wird wider by oo beginnen, e wir likat wissen, was yu tusam-men mit dem leste milennium eliminee werd.«

»Was sollt ich da eliminee?«

»Ja, was weiss ich, yu cud ja die politik e de politikis eliminee, pro exemple.«

»E who soll denn decidee[88]? De generales?«

»No, doch nich de generales! Yu cud doch selb decidee!«

»Antik hab ich selb regiert, aber was nuts das, im ende du vous sowieso, was vous wollt.«

»Aber was is da tu decidee?«, asked Peter. »Cud ma nich simply nach dem motto leben ›shau ma moy, dann seng ma sho‹? De par decisiones, de necessario wair, cud ma nach a curto bespechum im internet nemen.«

»Ja, dann du das.«

»Kann yu da nich a bit mithelfen? Pro exemple cud yu alle politikis tu de deserto[89] Gobi bannen. O them alle tu de passee[90] deportee. Beck tu de leste milennium. O they stay im ano 1999 stecken o werden gleich tu el Espania da 16. century gesendet, mit el Inquisition e de tutto dings. As jude. O bolshewiky.«

»El espaniol Inquisition wusste noch nich much about bolshewikis.«

»Umso plus mau pro de bolshevikis.«

»E wie soll das mit dem time-trip go?«

»Ja – irgendwann im nexte milennium werden da doch time-mashinas sein, no?«

»Habt vous shon time-turis geseen?«

»Aaaa, ich habe noch no time-turis geseen, maybe wollten they alle in der Costa Brava baden go e wurden del Inquisition abgefackelt. Wegen dem sind nich so muchis gekommen. Aber sag mal, Gott, find yu nich, das die politikis eliminet sein sollten? Sie wollen no auslandy mer inlassen! Auslandy-hostile til de mark (o euro?), ich mein, das mussat yu gut capie, das ich soche winshe hab, yu as auslanda …«

»Ich, auslanda? Hahahahaha!«

Susanne sa, das Peter el intervew noch versaun wud. Deutsh is ja el unico lingua[91] da welt, in de das wort ›auslandy‹ shon ein halbes shimpwort is. Sie sprang in.

»Cud ma nich de landes e de frontiers eliminee? Dann gebat es no auslandy mer!«

»Tutto continente-populationes wud emigree. Es wud ein ausgleich stattfinden, soon wud die meisten um die 500 mark pro mont gett. Wud yu das wollen?«

Susanne wollte ein object ires hasses loswerden.

»Cud ma nich auch den fussball eliminee?«

Peter hatte pro das no verstendnis, aber mucho versteenix. They waren zwar no parle[92], aber if they einmal eines sein sollten, wair de problemas shon vorprogramet.

»Wieso fussbal eliminee?«

»Das is ja stinkmonoton e de mannes sits ourslong[93] vor dem TV e gucken de weak-sense[94].«

»Ja, aber gleich eliminee? Ma cud doch pro de nexte milennium neue combinationes developee[95], pro exemple fussball mit shiesssport. Wenn ein goly[96] no ball inlass, cud ein atacky ihn todshiess[97], peng peng, o ihm a fleshy-cutu[98] intu de brust rammen.«

»Ich bin mi nich secur, das es so besser wair«, meinte Susanne.

Gottes handy loitete.

»Alo«, sagte sie am handy marke Siemens. Also spach jemand am otre end, aber es war nich Zarathustra, der ovrigens tu de hell gekommen is. War ja tu erwarten. E Sie ansered: »No, no, plumbaumes[99] ham wir tu muchus. Ich glaub, die papayas sind im verzug, guck mal nach, ob da enug samen im lager sind ...« As sie endly das telefon down[100] putted, musste Peter unbedingt a question loswerden.

»Sag mal, Gott, kann yu das nich mal mit el superpopulation reglee? Ich mein, yu ha mal antik gesagt, wir sollen us multiplie, aber now sind wir shon quite enug multiplit, no? Cud yu nich de Pap sagen, das de times enderet?«

»Das wollt ich shon seit langem, aber ich reach ihn nie, er is immer in tour. Otreseits[101], de mennes machen es auch one Pap nich besser, now habt vous sogar noch dise pill intu de market gebracht, de die lust steigert. As wair die lust, mit der ich vous equipet[102], nich enug! Kann vous nie satisfeto[103] sein?«

Peter scribet eifrig auf[104].

»E sag mal Gott, yu sendet ja dise geissel, dis Aids, werd yu im nexte milennium noch otre siechums[105] senden, de den sex maybe totaly unpossible machen?«

»Vous findet dauernd heilung pro de most varios siechums, dann musse halt otre siechums ran, damit vous dy[106].«

»Aber wy wird us immer der spass im sex vergellt? Antik war's die ca-tolico kirch, e now, wo de priestes no autoritee mer ham, is die biologie ingesprungen. Was wird us as nextu den spass im scx vergellen? Filosofie, matematik, deutsh?«

»Well, die filosofie securly nich«, warf Susanne in, »sie is shon seit ein century tot. De leste filosofo war Nietzsche e der hat gesagt, das yu de peitshe nich vergessen soll, wenn yu tu de weib go. Et? Im ende war provet[107], das mucho mer mannes denn weiber pay, um peitshet tu wer-den. Die filosofie hat doch total versagt.«

»Dann maybe deutsh?«, tried Peter.

»Wie kann de deutshe lingua einem die lust im sex vermauen[108]?«, asked Susanne. »In de maueste caso[109] kann Deutshland as land so was shaff. Pro exemple wenn man im morgen im s-ban far e sit, wie de people bose guck, da vergeet einem die lust.«

»Da go man auch nich tu de sex, sondern tu de werk[110].«

»Ja, e dann sagt ma noch, das de deutshis gute werkis sind. Aber no menn hat so eine mau[111] lune[112], weil er werke muss, wie de deutshis sie ham!«

»Aber de deutshe lingua kann auch gut abturn. Da is som[113] unnutse H's im Ohr, somtimes sogar in der Nahse, das is dann super unnatural e turn som weiber quite belle ab.«

»Ha ha. Shem yu nich soche mau kalauers vor Gott tu tel[114]? Et im nexte milennium wird deutsh sowieso eliminet, da wird doch nur noch english spochen, is das rite, Gott?«

Gott war zwar nich tot, aber inzwishen war sie over de table inslafet[115].

92	Zweichen (meistens 1 Weib + 1 Mann)	105	Krankheiten
93	stundenlang	106	sterben
94	Schwachsinn	107	bewiesen
95	entwickeln	108	verderben
96	Torwart	109	cas(o) – Fall
97	erschiessen	110	Arbeit, arbeiten
98	Fleischermesser	111	schlecht, schlimm (kommt wahr-scheinlich vom lautmalerischen *miau*, ist aber auch das wort für *schlecht* im Kabeljaufresserländischen)
99	Nordwüstenrosstreiberlandhauptstadt-obstbäume		
100	runter		
101	andererseits	112	Gemütsstimmung
102	ausgerüstet habe	113	einige
103	zufrieden, satt	114	erzählen
104	aufzeichnen	115	einschlafen

»W-was war?«

»Deutsh wird im nexte milennium irgendwann aus-dy[116], is das rite?«

»Well, nich totaly. In Bayern wird ma noch dialecto spech, aber das is dann auch no deutsh mer.«

Peter meldete sich wider.

»Iß Jahr schoehn, vail ich imma problähme mid där deutschn rächtschraibunk happ.«

»Rite, ich muss immer sein textus corectee.«

Gott drete sich um e guckte durch de windo. Peter remembered[117] was otru, de ihm seit de kidheit kummer causet[118].

»Da is ein ding, pro das de mennes wirklich nix kann. Da wair shon a gewisse action-necessitee[119] yurseits[120]. Das wetter, das deutshe wetter«, Peter wurde hir poetish, »im herbst is das wetter herb, doch im winter is es am herbsten. Well, ich find, der winter belong zwar nich eliminet, aber stark reducet. Da zwanzigte december til de trety-erste[121] december soll es snei, was das ding halt, damit jeder tu sein weisse Jul[122] kommt. Aber ab silvester mittnacht is finito damit. De resto del ano wird gesommert. Wie wair's damit, Gott?«

»May es a bit plus sein?«

»Yu spech a total bello stupidum[123] tusammen«, sagte Susanne tu Peter, »e das vor Gott! Sind wir hir, um Gott tu interve o ir ein intervew tu geben?«

»Moment mal, ich bin gleich redy[124], mussat ma nich auch die tecnik eliminee? Es wird ja immer plus mau, ma kennt sich nich mer aus at all. As ich noch mini war, in de siebziger anos, hab ich gedacht: In de futuro wird man eine taste pressee[125] e das gett, was ma will. Now weiss ich, wie de futuro look: Ma pressee mucho tasten e gett much, nur nich was ma will. Da-by need[126] ma doch heututage nur a bit quick-art, fast-feel, instant-joy. Alles quick. O? Aber one hectik, bitte. Wy elimin yu nich die hectik? Es wird alles quicker e quicker, e dann noch quicker e quicker. Til wann wird dise craziness so weiter go?«

»Til de twenty-trete[127] century, da wird es eine sort implosion geben. Aber about das muss yu no sorgen machen, gleich nach dem tod wird es auch pro yu plus slo, der tod is nur de way, de die natur usee, um yu tu sagen, das yu mal a bit plus slo machen soll.«

Das handy loitete wider, Gott ansered e sagte, sie call gleich beck, sie acompanie nur de senioris[128] til el ausway[129]. Sie hatte obviosly[130] enug vo dise beidis. Im way tu el ausway overlegte Peter laut: »Yu Susanne, wir cud doch gleich hir stay, dann mussat wir nich dy! E den chef mussat wir auch nie wider sen …«

»If they yu hir lassen, so tu stay, das is de question.«

Gott wusste about alles bescheid: »Vous kommt tu de hell. Vous selled dem Teufel vosso selen.«

»O je, das is rite.«

Curz vor el ausway kam them el auau entcontra, de they da treppe geworfen hatten. El auau reconiset them imediatly e ha los shrei: »Vous wart es! Vous pushed mi da treppe!«

»Ja yu, was will yu plus, antik konnt yu nur beissen e bark[131], now kann yu sogar spech.«

El auau erwiderte angewidert: »Arshis!«

Gott richtete den sho-finger tu el auau et a blits slayed[132] il wie a blits, aber es war ja auch a blits. Was da poor animal restante[133] stayed, looked wie ein Winerwaldhunle.

»Wy hav yu das du?«, asked Peter perplex.

»Hir werden soche wortes nich toleret. Er kommt now tu de hell.«

»E wie look de hell pro auaus?«

»They gett nur aples e peras[134] tu essen e may nich am arsh von otre auaus smel[135].«

»Now uset yu selb de wort ›arsh‹. Mussat yu nich di[136] selb punie[137]?«

»No. Ich bin Gott.«

Das war ein argument e damit war die conversation finito. Peter war relifet[138], das sie nich gemerkt hatte, das auch er das wort ›arsh‹ in den mund genommen hatte, e wir wissen, er is ja nich Gott. Peter is Peter. Sie sagten by-by tu Gott.

»Pfiad di Gott!«

116	aussterben	127	dreiundzwanzigste
117	erinnern	128	Herrschaften (Herrinnen und Herren)
118	verursachen	129	Ausgang
119	Bedarf, Bedürfnis, Not	130	offensichtlich
120	deinerseits	131	bellen
121	einunddreissigste	132	erschlagen
122	Weihnachten	133	übrig
123	ganz schönen Schwachsinn (wollte *Stuss* sagen, das ist aber jüdisch …)	134	Langäpfel (Birne geht nicht …)
124	fertig	135	riechen
125	drücken	136	dich
126	braucht, brauchen	137	bestrafen
		138	erleichtert

Susanne corectet: »Pfiad di, Gott!«

»A dieu.«

E so gingen they die treppe down.

»Na«, meinte Peter, »das is gut, das wir nich tu heven kommen, one fluchen get by mi nix.«

»Das glaub ich. Shade eigenly, das wir go mussten. Gott war doch quite in order.«

»Rite, sie war quite in order, auch wenn sie die welt so lass, wie sie is. Immerhin ham wir now ein super material, shade das wir no camera daby hatten, sonst hetten wir's auch noch tu RTL verhoker kann.«

»Ja, dammet caca[139], das is rite!«

Die lichter vo Zawircie waren aus, blackout probably, pro Polska normal. Aber de moon sheinet, in Polska auch normal.

Richtmaße

3. Die Einfuhr traubenmetländischer Wörter

auau: Die Deutschen meinen, ein Hund sagt *wauwau* (das deutsche W, lautgetreu /v/ geritzt, können viele Völker nicht aussprechen, aber Hunde schon, wenigstens deutsche). In Fussballland sagen die Hunde *uau-uau.* Im Angelischen so was wie *bauau* (vileicht *bow-wow* geritzt) oder *whof.* Aber es scheint mehrere Sprachen zu geben, die ein *au* drinhaben, also nehmen wir nur diesen Laut. Es wird für viele Völker nicht sofort erkennbar sein, aber leichter zu erinnern als *hund, dog, cane* oder so. Selbstverständlich ist Katze *miau. Mu* könnte die Kuh sein, aber *cu* ist doch auch ganz in Stellungsrichtigkeit. *Bä* für das Schaf kann nicht sein, da Kauderdeutsch keinen Umlaut hat. Im Katerlohnischen heisst das Tier tatsächlich *be* und wird *bä* ausgesprochen, aber das geht im Kauderdeutschen nicht, solche Sonderzeichen hat es nicht. Die Angelsachsen glauben, dass das Schaf *ba* sagt. Weil die Schafe einen Selbstlaut in einer Stellung aussprechen, in der die Angelsachsen das nicht können. Ein Ä am Ende eines Wortes kann kein Angelsachse und er kann sich das auch nicht vorstellen. Deshalb hört er *ba.* Die meisten Tiere aber kriegen selbstverständlich keine lautmalerischen Namen. Was ein Ross zum Beispiel von sich gibt,

139 verfluchte Scheisse

weiss nur der Kuckuk. Der Kuckuk wiederum macht *kuckuck* und heisst weiterhin *kuckuk*. Jemand muss hier die Stellung halten.

e, vor Selbstlaut *et:* Ora e labora. Labora et ora. *Und* wird oft *un* ausgesprochen, das sieht aber eher verneinend aus. Unmöglich. Unerfreulich. Unangeneem. Unplesant. Die Angelsachsen sagen /aen/, *ään* oder auch nur *n*. Aber dann, ein Wort ohne Selbstlaut, das mögen die Zischzüngler mit der Linken machen, aber wir Germanen, wir haben nicht oft viele Selbstlaute, aber EINEN mindestens wollen wir schon! Wenn nicht gesprochen, dann wenigstens geritzt. An? Das ist schon ein Verhältniswort. Also bedienen wir uns doch des Obstgartens des Südens! *E* gibt es, und *et,* wenn dann ein Selbstlaut kommt …

go: Im Deutschen muss man genau erläutern, auf welche Weise man sich zu einem bestimmten Ort begibt, obwohl man es manchmal gar nicht weiss. (Nach Großapfel ist es leicht, man fliegt. Aber was ist, wenn man nach GuteGottistvollkommenheit [GuteElisabeth, GutesLieschen, Lis-Boa …], der Hauptstadt von Kabeljaufresserland, oder Sovier [der Hauptstadt der Bullgaren] will und noch nicht weiss, ob mit dem Wagen, Zug oder mit dem Flugzeug?) In anderen Sprachen gibt es ein Wort wie angelisch *go,* das einfach *sich irgendwo hinbegeben* heisst. Im Kauderdeutschen reicht *go*. Wenn man ausdrücklich sagen möchte, dass man zu Fuß unterwegs ist, heisst es *ge/gen*. *Fare* gibt es auch, man kann *metro fare, car fare, shiff fare*. Allerdings ist das Wort für *lenken* nicht *fare,* sondern *drive,* am Ende des Buches *draiv*. Das heisst, ein *metro-fary* ist ein Mensch, der mit der U-Bahn fährt, während *metro-drivy* ein Mensch ist, der die Dinger lenkt.

il: Es gibt einige Wesen, die lebend sind und trotzdem weder männlich noch weiblich. Entweder weil sie wirklich geschlechtslos sind oder weil man das Geschlecht nicht weiss. Im Deutschen hat trotzdem jedes Wort ein Geschlecht. »Das Mädchen war da, ich sah *es*. Die Katze war da, ich sah *sie*.« Wo man doch gar nicht genau hingeschaut hat. Im Kauderdeutsch ist das Geschlechtswort *de,* aber es hat nichts mit dem Geschlecht zu tun. Und wenn man von einem Mädchen spricht, dann heisst es *sie,* von einem Knaben, *er*. Was macht man aber in einem Satz wie »Jemand war da, und ›?‹ hat den Fernseher mitgenommen«? Im Schwerdeutschen heisst es *er,* obwohl man nicht weiss, ob dieser Jemand männlich oder weiblich war. Oder bei einem Hund, dessen Geschlecht uns unbekannt ist? Bei Gott kann man *sie* oder *er* sagen, wenn dieses Wesen sich so ausgibt, also zum Beispiel weiblich wie in diesem Lehrbuchabschnitt. Sonst wird es aber schwierig. Ich glaube, allmählich haben die Weiber zu viele Rechte, aber wenn wir schon dabei sind, eine neue Sprache zu schaffen, kann man doch ohne weiteres die Gerechtigkeit walten lassen. Dafür gibt es *el*, eine Vermengung vom deutschen männlichen *er* (oder wie ein Chinese *er* sagt) mit dem westfränkischen *elle*. Und so wie man ein *ihn/ihm* für ein *er* hat, hat man ein *il* für ein *el*. Das Wort *el* prallt übrigens mit einer anderen Bedeutung zusammen, dem Geschlechtswort (el amigo), was selten im Kauderdeutschen geschieht, aber doch manchmal. In dem Fall können keine Verwechslungen stattfinden. Ausser man legt sich ins Zeug.

negro: Das klingt nicht so landesverwaltungsmäßig richtig, aber *swarz* ist nur im Deutschen und im Niederschandinavischen vorhanden, während *neger, negro, nero* in ziemlich jeder westlichen Sprache vorhanden ist. Im Angelischen ist es nicht besonders schmeichelhaft, jemand *nigger* zu nennen, es zeugt sogar von einer gewissen Abneigung, aber auch da gibt es das Wort *negro*. In den traubenmetländischen Sprachen steht es ebenso für die Farbe und so ist es auch im Kauderdeutschen. Im Stiergefechtländischen hat es keinen Sinn, einen Satz wie »Ich bin kein Neger, ich bin ein Schwarzer« zu übersetzen, es ist dasselbe Wort.

o: *Oder* konnte nicht *or* werden, weil das Öffnungen im Haupt sind, durch die man hören und manchmal rauchen kann. Aber jetzt haben wir das stiergefechtländische und nudelländische *o*. Die Westfranken ritzen *ou* und sagen *u*, die Kabeljaufresserländer ritzen *ou*, aber sagen *ou*, während die Leute in ihrer Fernsiedlung Fussballland *o* sagen. Nehmen wir das doch. Auch für *entweder:* »O yu hat now sex mit mir o yu steig aus!« (Die Großzählungen haben bewiesen, dass die Gedankenzuspitzung nachlässt, wenn man keine geschlechtsverkehrlichen Bemerkungen für lange Zeit macht. Daran sollte ich mich immer wieder erinnern.)

peitshe: Angelisch *wip* würde selbstverständlich gegen *peitshe* gewinnen, aber *peitshe* klingt mehr nach Qualriemen als *wip*. *Wip* ist ganz klein und dünn, nur für Weiber, wie der Name schon sagt. Männer brauchen eine echte *peitshe*.

plus slo: Die Vergleichsgestalt ist üblicherweise mit der Endung *-er* gebildet (roter, curter), aber bei Wörtern, die auf Selbstlaut enden, oder bei Wörtern mit mehreren Sprecheinheiten macht man es mit *plus.* Wenn man das Allerhöchste meint, dann *-est* bzw. *most.*

table: Das Wort *tish,* das aus dem saufgelagischen[1] *discus* kommt, tritt ins Gefecht gegen das Wort *table,* das aus dem saufgelagischen *tabula* kommt ...
tish – tis (*s* für den laut *sh* = 1 laut): 1 Verlusteinheit für das S, das von keinem Selbstlaut gefolgt wird, 4 + 3 + 1 = 8
table – table: 11 Verlusteinheiten
Ist das alles? Behalten wir *tish?* Augenblick, es gibt noch die Weltweitlichkeit. Da verliert man 2 Verlusteinheiten für jede Sprache, in der das Wort vorhanden ist. Man könnte auch sagen, man bekommt Guteinheiten. *Table* ist in allen 4 westtraubenmetländischen Sprachen vorhanden, in allen germanischen Sprachen (im Deutschen mit *tafel*) und sogar in manchen ganz eigentümlichen Fällen wie im riesenfrostländischen *tablitsa.* Das richtige Wort dafür im Riesenfrostländischen ist *stol,* was mich fragen lässt: Haben sie das deutsche Wort *Stuhl* missverstanden? Oder haben die Riesenfrostländer nur gestohlene Stühle? Würde mich nicht wundern, bei der Menschenart ... Das macht 4 Sprachen im Süden, 3 im Norden, 1 im Osten. 8 Sprachen! 16 Gewinneinheiten! 11 hatte es verloren, 5 Einheiten im Gewinnbereich!
Tish ist im schandinavischen *disk* vorhanden und sonst als *disc* oder *disco.* Aber da heisst es nicht mehr dasselbe: *disc/disco* ist eine kugelförmige Scheibe, kein Ess- oder Ritzbrett, *disco* auch eine Klanghüpfhalle. Ein Essbrett kann auch gleichviereckig sein, es muss ja keine Scheibe sein. Im deutschen Sinne ist es nur im Schandinavischen *disk.* 2 Gewinneinheiten dafür und 2 für das deutsche *tish* sind 4. – 8 + 4 macht – 4. Also ist der Gewinner *table.* »Ein prost an de table!« Da es sich um ein traubenmetländisches Wort handelt, wird es /table/ ausgesprochen, nicht angelisch /tejbel/.

---

1 latino, romico

Tu de leste siegfriedisch-exercicius:

Geistliche Einsiedler: Tja, *München* kommt von *Mönchen*, und *Mönchen*
da latino *monicus, monachus*, de widerum da grecico *monachos*, das wort
pro *eremit* kommt. *Monica* muss die geistliche Einsiedlerin sein.

baumes: Sollte eigentlich *trees* sein, aber *baum* gibt die Vorstellung eines
Baumes viel besser wieder. *Trees* sind nur gut für dünne, lange Bäume.
Mit 3 Ästen vielleicht.

lune: Das Wort kommt vom saufgelagischen *luna*, wurde *lune* und dann
laune. Wie ist dein Mond heute? Abnehmend ... In Südwestdeutschland
müsste es teilweise noch *Lune* heissen, in der Schweiz *Luni:* Wer
schlechte laune hat, is a luni.

parle: Die Verkleinerungsendung ist -*le:* hausle, parle (Zweichen), carle
(kleiner Wagen), totale (kleine weibliche Leiche).

slay: Schlagen heisst *slage* und *erschlagen* heisst *slay*. Aber *slay* klingt
deutlich sehr schwach, es ist so, als würde man jemand mit einer Wind-
hand[2] erschlagen wollen. Wenn es also richtig gewaltig und blutig werden
sollte, nehmen wir *schlachten*. Mit aller Macht der Mitlaute.

weifes: Im Deutschen mögen die Weiber das Wort nicht, obwohl es wort-
herkunftsforschungsmäßig viel besser ist als *Frau*, das nur die weibliche
Fassung von *fro* ist, ein altdeutsches Wort für *Herr*. Und nur dieses Wort
hat die Brücke zu einem angelischen Wort, nämlich *wife*. Die ist wiederum
schon verheiratet, aber heutzutage spielt das alles keine große Schauspielaufgabe[3] mehr. Man kann wie im Deutschen weiterhin *my mann, my
welf* sagen. Wenn man deutlicher werden will, sagt man *spous*, also
spousa und *spouso*. Die Bayern kennen die *Gschpusi*.

---

2   feher (bitte das *h* aussprechen, damit   3   rolle – roll(o) – rol(o)
    auch wind da is)

ÜBUNGEN

Übersetzen Sie ins Kauderdeutsch:

1. Wer von euch will in den Himmel?
2. Ich nicht. Ach so, wenn ich sterbe? Dann schon. Ich habe gedacht, Sie wollten die Schar zusammentrommeln, um jetzt zu gehen.
3. Was trinkt der Gottesobermann, wenn er im Lichtspielhaus sitzt?
4. Gibt es Hamburger im Himmel?
5. Nur im Himmel der Kuhbubenländer. Und in der Hölle der Westfranken. Ach so, Sie meinen die Einwohner der Hansestadt? Die kommen nur in der Hölle der Bayern vor.
6. Der Hamburger aß einen Frankfurter. Der Nürnberger wurde vom Pariser gedeckt.

ANTWORTEN

1. Wer fo vous will tu heven?
2. Ich nich. Ach so, wenn ich dy? Dann shon. Ich habe gedacht, yu wollte die clique tusammentrommen, um now tu go.
3. Pope corn, naturaly. Hochprocently.
4. Is da hamburgers in heven?
5. Nur im heven del americans. Et in de hell da fransais. Ach so, yu meine de wonis da Hansecity? They existee nur in de hell da bayern.
6. Kann ma nich oversets.

A grande final ohne Hexenshuss
Pausentext 4

Es gibt einige deutsche sprachen in dise welt. Eine von sie heißt catarinisch und man spricht sie in Südbrasilien. Das is keine richtige sprache, weil sie ser variiert, dependendo[1] wie vil deutsch die leute kennen, von welche region sie und ire antepassados[2] kommen etc. Natirlich, da sind auch leute, die ser gut deutsch wissen, und vile brasilianer mit deutsche antepassados wissen auch kein wort in deutsch. Mesmo assim, vamos tentar uma média, né[3].

In mil novecentos e oitenta e dois e oitenta e seis[4] hat die seleção brasileira[5] der schönste und beste fußball gespilt, der ich in mein leben geseen hab (Ungarn in die mitte der anos 50 und bald danach Brasilien ham auch ser gut gespilt, aber als die brasilianer ser groß waren, war ich noch ser klein). Leider kann auch der beste time[6] von die welt 1 spil von 7 verliren oder nich mer als ein empate[7] ham und das heißt bei die penaltis[8] eine chance von 50 prozent. Und sie hatten in die beide copas[9] so ein spil. In 1990 hatten sie gegen Argentina 20 chances de gol[10] und die argentinier hatten nur 1, und mit die chance ham sie 1 gol gemacht. In 1994 war schlecht fir mich, ein jar lang hab ich eine editora[11] fir mein buch gesucht, und nix, und Brasilien is noch schlechter gegangen. Inflation one ende, und im anfang vom jar is unsere große hoffnung, der piloto de formula 1 Ayrton Senna, auch totgegangen. Der time war nich besser als die andren favoriten und das letzte mal, das wir gewonnen ham, war vor 24 jare.

Fir mich persönlich war damals nur wichtig, das die italiener desqualificiert werden, weil sie die brasilianer in oitenta e dois derrotiert [12] ham. Aber sie sind mit 3 empates weitergekommen und deram um jeito de chegar na final contra o Brasil[13]. Ich war fast sicher, das sie so auch die copa gewinnen. Dann is das zu die penaltis gekommen und die leute im brasilianischen bar waren fast verrickt. Ich konnte es nich mer sen, ich musste immer wider raus. Und dann bin ich einmal reingekommen, ein freund hat der hemd in die luft sacudiert[14], hin und her, und ich hab in die tela[15] geseen, das der spil vorbei war. Das konnte nur eine sache bedeuten, ich war total verrickt. Ich war der erste, der die Leopoldstraße gesperrt hat, ich hab geschrien wie wenn man von eine tarântula gebissen wird, ich hab mein hemd ausgezogen, ich hab geschwitzt wie ein cozinheiro[16] in Rio im sommer und wollte jeden mensch ein abraço[17] geben. Nich jeder war de acordo[18], auch vile brasilianer nich. Und diser spil war wirklich eine virada[19]: Die inflation in Brasilien war vorbei und ich hab eine editora gefunden.

Dismal is alles ganz anders. Brasilien gets gut, wenigstens fir die mittelklasse, und ich gehör ja zu die mittelklasse. Vor die copa hab ich mit ein par freunde noch apostiert[20], wer in die finale kommt und wer gewinnt. Das is immer schwirig, weil es in eine copa mit 32 participantes[21] quatrocentos e noventa e seis[22] finalen geben kann. Claro, es gibt finais improvaveis[23], por exemplo Jamaica und Japan. Ein freund hat apostiert, das in die final Deutschland gegen Jamaica spilt. Die jamaicaner gewinnen, aber

1	je nachdem	13	sie mogelten sich bis ins finale gegen Brasilien durch
2	vorfaren	14	geschwungen
3	trotzdem, versuchen wir ein durchschnitt, oder?	15	leinwand
4	1982 und 1986	16	koch
5	brasilianische nationalmannschaft	17	umarmung
6	mannschaft	18	einverstanden
7	remis	19	wende
8	elfmeter	20	gewettet
9	weltmeisterschaft	21	teilnemer
10	torchancen	22	496
11	verlag	23	unwarscheinliche
12	besiegt		

im teste de doping werden alle jamaicaner, auch der técnico[24], desqualificiert, sie rauchen ja maconha[25] wie eine chaminé[26], und dann krigen die
deutschen doch noch der titel. Diser freund hat die aposta schon verloren.

Ich hab noch eine chance: Wenn man keine idee[27] hat, wer warscheinlich gewinnt, dann apostiert man in das land, wo ma *hofft,* das er gewinnt.
In Deutschland is das ein bisschen ein dilema: Hir hofft 50 prozent von
die população, das Deutschland verliert, damit die leute nich noch mer
nationalist werden, oder weil sie nich wollen, das die welt von Groß-
deutschland angst hat. Die andre 50 prozent winschen, das Deutschland
gewinnt, aber reklamiren, wenn Deutschland eng gewinnt, das die spiler
holzern spilen oder one lust. Wenn der deutsche time 4 oder 5 gols rein-
macht, dann sagen sie, das der adversario[28] schwach war, und wenn der
andre time stark war, ja gut, dann ham die deutsche virtudes[29], der deutsche futebol força[30] gewonnen.

Ich kann nur sagen: Natirlich spilen die deutsche nich immer so elegant wie die brasilianer oder afrikaner. Aber das kennen die meisten euro-
pea nich. Das kennen nich einmal die meiste brasilianer, oder weil sie
weiß sind oder weil sie nich weiß sind und mesmo assim[31] nich so gut wie
Ronaldo (bitte *Ronaudu* sagen) spilen. Ich selber hab letzte woche gespilt
und statt ein gol zu machen hab ich ein lumbago[32] gekrigt. Tanto faz[33].
In Brasilien, wie in jedes andres land von die welt, wollen alle, das ir land
gewinnt (und wenn sie nich campeões[34] werden, werden sie normal gesteinigt). Das mecht ich auch (das sie gewinnen, nich das sie gesteinigt
werden).

Ich schreib dise linien[35] vor die semifinal und ich weiß nich, fir wer ich
torciren[36] sollte. Holländer, franzosen und croaten sind schon feine leute,
aber im fußball sind die holländer auch nich so richtig cavalire, mit ir uso
exagerado[37] von spucke und cotovelo[38]. Die franzosen sind chovinisten,
sie singen die maionnaise (das is ir hino[39] nacional) und wecken ire ma-
rocanische nachbarn jeden morgen mit die scheiße. Und die croaten, na
ja, fir den Tudjman get es sowiso besser, wie man ihm winschen wirde.
Mesmo assim, wenn Brasilien nich gewinnt, gibt es wenigstens ein richtig
neuer campeão. So hette die monotonie ein ende und in die Leopoldstraße tanzen werd ich, tanto faz wer gewinnt.

Brasilien hat verloren, also wir brasilianer ham mit den franzosen in die
Leopoldstraße celebriert und später war ich ser besoffen. Mesmo assim: Das
mit die final war schon komisch. Ich hab gute brasilianische times gewinnen
und verliren geseen und ich hab schlechte brasilianische times gewinnen und
verliren geseen. Als Brasilien in setenta e oito, oitenta e dois, oitenta e seis e
noventa[40] *verloren hat, war ich nich fro, aber ich hab das normal gefunden.*
Das leben hat immer ein par surpresas[41]. *Aber so ein spil wie dise final hab*
ich noch nie geseen. Es war so, als hetten die brasilianer vergessen, wo der gol
adversario is. Dabei wissen die brasilianische spiler normal immer, wo der
gol adversario is, und sie rennen auch hin.

Ein par leute ham gesagt, die brasilianer waren convencidos, sie sind zum
camp[42] *gekommen, als wissten sie, das sie gewinnen werden. Aber conven-*
cido[43] *waren sie gegen die dänen, die ham de repente*[44] *wie der teufel gespilt.*
Oder gegen Holland, wo dann penaltis gab. Besser wie die beiden ham die
franzosen auch nich gespilt. Nur, gegen die dänen und holländer ham die
brasilianer geschwitzt, aber gewonnen. Und de repente, gegen die franzosen
wollten sie nich mer spilen …

Manche leute ham gesagt, das Ronaldo krank war. Manche leute ham
sogar gesagt, das er vergiftet war. Und was? Brasilien ham 15 gols gemacht,
4 waren vom Ronaldo. Das bedeutet, 11 gols ham andre spiler gemacht. Und
da waren gute spiler, die teuerste von die welt. Wiso de repente dise depen-
dência[45]?

Ich hab eine teorie, aber ich kann sie nich proviren[46]. *Kurz vor die copa*
hat die FIFA eleições[47] *gehabt. Es hat ausgeseen, das die maioria*[48] *fir der*
candidato da Suecia votiren wollte, der honest[49] *war. Dabei wollte der brasi-*

24	trainer	37	übertribene gebrauch
25	marihuana	38	ellbogen
26	schornstein	39	hymne
27	anung	40	1978, 1982, 1986, 1990
28	gegner	41	überraschungen
29	tugenden	42	feld
30	kraftfußball	43	überzeugt, überheblich
31	trotzdem	44	plötzlich
32	hexenschuss	45	abhängigkeit
33	egal	46	beweisen
34	meister	47	walen
35	zeilen	48	merzal
36	schwärmen, wollen, das eine bestimmte	49	erlich
	mannschaft gewinnt		

lianer João Havelange, der vorher der chef war, der korrupte Blatter aponti-
ren[50], und der sollte jetz verliren. Dann in die letzte secunde hat Frankreich
und halb Afrika fir der Blatter votiert, wo sie vorher fir der schwede votiren
wollten. Ja, wenn Frankreich votiert, votiert die ganze afrikanische helfte, die
franzesisch sprecht, auch dafir. Es hat keine erklerung gegeben, vile leute
ham gemeint, das man die franzosen und die afrikaner mit geld corrumpiert
hat. Aber vileicht war was andres in das spil. Vileicht ham sie versprochen,
das Frankreich die copa gewinnt.

Wie man das machen kennte, weiß ich nich. Nur mit geld find ich schwirig. Die spiler krigen milionen dollar pro jar, wirden sie alle ire sele, ire
honra, fir ein par milionen dollar verkaufen? Nein, ich glaub, wenn die fun-
cionários so was tun, dann mit andre metoden, por exemplo mit chanta-
gem[51]. Man schenkt geld fir sie und später erzält man fir sie, sie hetten es damals im imposto[52] deklariren missen. Das war criminos, also wenn sie jetz
nich gehorchen ...

Oder man schleppt sie zu die zona[53], fotografiert sie versteckt, one das sies
wissen. Ja, und dann is leicht, es gibt ja genug spiler, die verheiratet sind ...

Bom[54]. Ein freund, ein brasilianer, hat gesagt, das das ganze eine
besteira[55] is. Die brasilianer ham ein schlechten tag gehabt, das wars. Gegen
die dänen und die holländer ham sie glick gehabt, gegen Frankreich pech
und Frankreich hat zu hause gespilt. Vileicht is er richtig, vileicht nich ...

PS: Mais heisst auf portugisisch *milho* [miliu], die catarinas sagen dazu
milje. Ein bekannter von mir war germanistik-professor im süden Brasi-
liens, hat eine Bäurin besucht und sie gefragt, ob sie da mais ham. Sie antwortete: »Ja, und wie! Eine plage! Mais, ratten, sie fressen die ganze milje
auf!«

---

50 designiren   53 puff
51 erpressung   54 gut
52 steuern   55 blödsinn

WEiBER SiND MäNNER DiE WEiNEN
Lehrbuchabschnitt 4

Ich soll was über Weiber erzählen? Hm, schwierig. Schwierig wie die Weiber. Über Weiber kann man nicht viel sagen, sie muss man erleben! Die Weiber mit ihrer zarten Haut, ihren netten Speckchen an den richtigen Stellen, ihre Seelen voller kleiner Gottesgärten[1] …

Nein, über diesen Gesprächsgegenstand[2] gibt es nichts zu sagen. Nur mit Dichtung. Mit Nichtdichtung[3] kann das nur noch gerätsmäßig[4] werden, und gerätsmäßig Weiber begrifflich zu bestimmen[5], das geht in die Hose. Weiber kann man mit der gewöhnlichen Lebloskunde[6] nicht erläutern, Weiber sind Jenseitswesen. Sie kommen nicht aus anderen Sternen, anderen Sternenscharen[7], nein, sie kommen aus einer anderen Höhelängebreite[8].

Weiber können lieben. Das unterscheidet sie von uns. Die Liebe eines Weibes steht zur Liebe eines Mannes so wie der Flug eines Adlers zum

1	paradisus	5	definee
2	tema	6	fisik
3	prosa	7	galaxis (plural)
4	tecnico	8	dimension

Gehopse eines Hahns. Weiber können auch weinen, Männer tun das nur, wenn sie Heulgemüse schneiden[9]. Hoffentlich herrschen in der Zukunft die Weiber, nicht nur oben, sondern auch unten im Volk. Wenn wir dann fern im All Wesen treffen, die uns unterlegen sind, dann hoffe ich, dass wir von Weibern beherrscht werden. Oder bedamt. Dann kommen wir in Frieden. Hoffentlich.

Hoffentlich, denn wer weiss, wie die Weiber in ferner Zukunft wirken und gegenwirken. Und wie sie aussehen. Ich weiss, es ist unwahrscheinlich, aber wenn ich das Jahr 2100 erlebe, werd ich mich wie ein Zwerg fühlen, zwischen zwei 2,6 Langmaße[10] großen Ritterinnen[11]. Die Weiber wachsen. Vor allem die deutschen Weiber. Wobei wir wieder bei dem Gesprächsgegenstand wären, gell. Das deutsche Weib.

Das deutsche Weib ist eher groß, jedenfalls größer als eine Schlitzaugerdteilerin oder eine Kleinvölkerin[12]. Sie ist hellhaarig. Manchmal auch schwarzhaarig. Schwarzhäutig eher selten, jedenfalls seltener als hellhaarig. Das deutsche Weib ist ein bisschen so, wie soll ich sagen, brummig. Grantig. So wie ein Hund an der Eisenleine[13]. Wenn es ein bisschen ist, ist es gut, ich finde es sogar reizend. Oft ist es leider mehr als ein bisschen.

So die Deutsche. Die Fussballländerinnen schimpfen genauso oft, nur nicht so laut. Wegen des sanften Wetters sind sie etwas ruhiger als Völker, die in eisiger Kälte aufwachsen mussten. Das Weib ist sanfter und auch der Mann ist sanfter in Fussballland. Man muss sich das nur vorstellen: die sanft klanghüpfenden Großhartobstbäume[14], das Meer …

Die Fussballländerin kommt irgendwie mit der geballten Kraft und den eckigen Bewegungen des deutschen Mannes zurecht. Meistens. Verkehrt herum geht es meistens schief, weil der Fussballländer gezwungen wird sitzend zu pinkeln. Aber ein Von-Hundert[15] Männlichkeit darf er doch behalten! Meint er. Tja. Nicht zufrieden, dass aus einem Tierkönig ein Kätzchen wurde, wollen sie noch das Kätzchen abmurxen! Der deutsche Mann fügt sich. Der fussballländische Mann verteidigt sein ein Von-Hundert bis zum Tod.

Sie fechten jahrelang, und wenn sie endlich erreichen, dass der Mann sitzend pinkelt, beschweren sie sich bei den Freundinnen, dass ihr Mann irgendwie so unmännlich wirkt, und geschlechtsverkehrsmäßig geht auch nicht mehr viel … kein Wunder.

Ein fussballländischer Freund sagte mir, die deutsche Frau ist treu. Also ich weiss nicht, ich habe da ganz andere Erfahrungen gemacht. Zum Beispiel die Christ. Mülle., ich will ja nicht den ganzen Namen nennen, sonst habe ich noch eine Klage am Hals, und geldmäßig geht es bei mir augenblicklich sowieso stets bergab. Die Christ. hat es wirklich übertrieben.

Was wird sie wohl heute treiben …? Bestimmt ist sie mit irgendeinem Wirtschaftsflüchtling unterwegs.

Ja, die Weiber, es gibt kleine und große, dicke und dünne, weisse und grüne, schöne und hässliche, wobei das wichtigste ein schöner Arsc. ist (unanständige Wörter sollte man anstandshalber verknappen[16]).

Ja, das ist eigentlich die große Frage: Was ist wichtiger? Arsc. oder Busen? Für den Fussballländer ist es der Arsc., für den Deutschen der Busen. Zufällig ist es so, dass die deutschen Weiber einen ausgeprägteren, wenn schon nicht gewaltigeren Busen haben als die Fussballländerinnen. Mit dem Arsc. verhält es sich umgekehrt. Die Frage ist, haben diese beiden Tatsachen einen ursächlichen[17] Zusammenhang? Und wenn, in welcher Reihenfolge: Haben sich die deutschen Weiber innerlich so eingerichtet, dass der Busen mehr wächst als der Arsc., weil die deutschen Männer wollten, dass die deutschen Weiber einen größeren Busen haben? Oder weil die deutschen Weiber einen größeren Busen haben, ist der Geschmack der Männer mit dieser Tatsache in Einklang gekommen, nach dem Leitspruch[18]: Wir sollen lieben, was wir haben, und nicht haben, was wir nicht lieben?

Oder gibt es noch weitere, verborgene Triebfedern[19]? Gibt es geerbte Merkmale eines Volkes, zum Beispiel dass dem deutschen Mann ein schöner, üppiger Busen lieber wäre, weil er die Milch in schlankeren Jahren gewährleistet?

Die Weiber sind weiser, sie haben eine Strahlungserscheinung[20], eine innerliche Sprudeligkeit. Vielleicht wird man als Mann geboren, und wenn mann dann stirbt, erlebt man eine Fleischwerdung[21] als Weib, eine höhere Stufe des Daseins … Danach gibt es nur noch das Dasein als Gott. Ja gut, weiter oben steht noch Günter Grass, aber es können nicht mehrere Menschen gleichzeitig eine Fleischwerdung als Günter Grass erleben.

9	zwibel – cibol(a)	16	abreviee
10	meters	17	causale
11	amazonas	18	motto
12	pigma	19	factor
13	kette	20	aura
14	cocopalmas	21	reincarnation
15	procent		

Götter gibt es viele, aber wer hat schon von mehreren Günters Gräsers gehört? Das möchte ich mir nicht ausmalen!

Wenn die Weiber schon eine geheimnisvolle Seele haben, was soll man denn von ihrer Geschlechtsgefühlswelt sagen? Sie ist so verschiedenartig wie die Blumen- und die Tierwelt[22] des Ritterinnengebietes[23]. Wenn man sie jahrelang erforscht, sammelt man das Wissen eines Wissensfreundes[24]. Wenn ein Weib jahrelang die Männer erforscht, sammelt sie das Wissen eines Dackels. Die Weiber wollen hier und da gestreichelt werden, manchmal nur da, manchmal haben sie mit den Streicheleinheiten nichts am Hut und wollen Letztejahresnacht Stahllohne[25] und Van Damme in einem. Manchmal muss man wie Tragen Vergeben[26] schauspielern, manchmal muss man singen wie Wagensitte[27] selbst. Der Mann hingegen will Folgendes: rein und dann raus.

Oder habt ihr je von einem Mann gehört, der zum Beispiel gern an der Kniekehle geküsst wird? Oder, was noch schwieriger wäre, von einem, der es öffentlich zugibt? Gibt es nicht. Und wenn, dann ist er schwul. Männer und Wechseltierchen[28] stehen auf der gleichen Entwicklungsstufe. Ich glaube, wenn ich ein Weib wäre, wäre ich eine Weiblieberin[29].

Rein und dann raus. Nachdem der Mann raus ist, will er ein Bier. Ein Bier habe ich auch schon. Aber ich war noch nicht drin. Was? Meine Zeit ist um. Gut: Jungs, macht's gut, Mädels, treibt es nicht zu wild. War nett mit euch zu schwätzen.

comentarius

Bedamt: Go natural nich im Siegfriedischen, aber wär schade ...

Essensgewohnheit: diet. Natural kann ma nich immer *diät* mit *Essensgewohnheit* oversetz. Wenn es um limitet essen go, dann *Beschränktkost*. De wortebuch gibt da *Krankenkost*, das stimmt aber hoitutage nich mer so.

Gottesobermann: Pap. *Vater* e *mutter* heissen in kauderdeutsh *papa* e *mama*.

22 flora e fauna   26 Cary Grant
23 Amazonas   27 Caruso
24 filosofo   28 amebas
25 Silvester   29 lesba

EXERCISIUS

Fill de ler felder aus.

1. Die Ehe ist so, als möchte man ein Glas Milch und würde eine ... kriegen.
2. Wenn eine Frau dir beim ersten Mal Nein sagt, beim zweiten und beim dritten Mal auch, dann muss es sich um ... handeln.
3. »Du, Robert, jetzt sind wir seit 20 Jahren zusammen. Sollten wir nicht vielleicht heiraten?« – »Glaubst du, dass ...?«
4. Der Kerl verdächtigte seine Frau der Untreue so sehr, dass er ...

ANSERS

1. Kuh
2. deine eigene
3. wir noch jemand finden
4. immer klopfte, bevor er den Schrank aufmachte.

Island Den Isländern
Pausentext 5

Wenn man nach Island will, muss man erst mal nach England faren. Klar,
wenn man fligt, kann man sich England nur von oben anschaun. Aber wir
sind ja nich geflogen, meine freundin und ich, wir sind mit dem eigenen
halbauto gefaren. Natürlich is es ein ganzes auto, ich teil es nur mit einer
andren frau. Meine freundin wollte nich mit mir nach Island, nich weil
ich das auto mit einer andren frau teil, sondern weil sie vil liber urlaub an
schönen, warmen stränden macht. Aber in Island war ich noch nich, und
so wie Alexander der Große gern länder sammelte, indem er mit seim
heer dort einmarschirte, sammle ich auch gern länder. Ich marschir dort
auch ein, der unterschid is, das ich das alein und unauffällig tu. Meistens.

Am besten man plant seine reise für den sommer. Im vergleich zum
beispil mit dem brasilianischen sommer schneidet der isländische sommer zimlich miserabel ab, aber im vergleich zum isländischen winter, na
ja, ich weiß eigentlich nich, ob man den unterschid richtig merkt. Den
zwischen sommer und winter.

In Sudengland wars shoen, ser shoen sogar, sonne bis zum abwinken.
Ab mitte England, richtung norden, wars vorbei. Wind und regen bis wo
das auge reicht, aber es reicht ja nich fern. In Scotland nimmt ma eine

fere zu den Shetland Ilands, das dauert so 10 stunden ungefair. In den Shetland Ilands kann ma, wenn ma sich backwerts on dem wind lent, sich auch on im draufsetzen. Normaly tut man das nich, weil ma nich nass werden will. Ich kann auch imaginee, das sum slanke leute intu the se geweet worden sind. In the Shetlands gibts no baume, sondern nur gras on the land und sehunde in the wasser. Wenn sich shon sehunde in the wasser rumtummeln, kann yu imaginee, das the se nich zum baden taugt. Wenn yu aber en unbendly lust dazu hav, sollt yu quick sein. Wenn yu a fit herz hav, halt yu 1 minut aus, maybe au 2 oder 3. Aber dann is hochste time rauszukommen. So en erfrishung halt fyr a weile.

England is ser teuer geworden und plotsly merken wir, das das us zum verhengnis werden cood. The geld cood alle werden, bevor wir mit the reise reddy sind. I hav en EC-sheckkart, wir try es by merere automaten, keinu erkennt the autoritee vo my EC-sheckkart. Bis zum lest automat, the es on the iland giv. Er ask, wie vil geld i moecht. I sag im, i moecht 200 pfund. Na, sagt er, so vil will yu ham, mit yur mikry cart? Das get not. Also wie vil will yu? Okay, dann giv mal 100. The automat spit 100 pfund raus.

Na ya, cood shlimmer sein. Wir cannen es morgen wider try. In the nexte tag ge wir hin un try es wider. Wir wissen, das er me keine 200 pund giv möchte, also ask i dismal gley nur 100. Heute find er, das i au not so trauwurdly look, das er me 100 pund anvertrau cood. Na gut, sag i, dann giv me halt 50 pund. Ya, das giv er. Immerhin. Un morgen cannen wir ya widercommen.

In the nexte tag ge wir wider hin. Dismal rat me my lady, gley a bit hoer zu poker, wy not? Okay.

»Wie vil will yu heute?«

»500 pund.«

»Is yu crasy? No, das can ma unmeyly rausruck, bedenk dock, das yu autor is, un dann noch brasilo«, said the automat. »Will yu maybe en ander summ, that mer yur status un nationalitee entspeek?«

»Okay, dann 400 pund, bitte.«

Un the automat ruck 400 pund out. So muss ma's du, the psycologie von automats muss man erst mal verstee.

Mit the geld ge wir gley by the indu eet, weil the english food not so erquickly war. Comish, ma had me said, dat man in England so gud eet can wie god in France. Egal, wir order 2 sharpe dishes. Wie zu erwarte, is vo sherp no spur. Okay, wir ruf the kellno un bitt im um a sharpe soss. No problem, say er, un bring a plate foll sharpe soss. Zuerst nem wir a clexle, merk dann nix un put gley a spoon in. Dat ender au nix in the taist, ausser dat es mer waterly wird. In the end eet wir the soss-plate ler – war so sharp wie a plate milkreis.

Die färe nach Island dauert etwas länger, so ungefär 2 tage. Tschau, Shetlands, macht's gut. Die shetlander sprechen english mit 1 oder 2 prisen norwegischem einfluss. Ich mein die leute natürlich, nich die pferde. Auf der färe is es nett und wir bleiben immer an der bar. Die meisten reisenden spilen bingo den ganzen tag, wir müssen uns dise zalen, die aus dem mikrofon kommen, in 3 enlichen schandinavischen sprachen anhören. Dänisch, färöisch und isländisch. Seksten-seksten-sekstán, atte-atta-atta, usw. Was ich mir gemerkt hab und warscheinlich nich vergessen werd, is der letzte satz: O, vi har bingo! Das heißt auf deutsch: O, wir ham bingo!

Dann halten wir für ein par stunden in den Färöer, spaziren und faren weiter. Die färöer sind vegetazionsmäßig wie die shetlands, sprachlich wie die isländer, nur nich so konservativ. Das heißt, die gramatik is ser kompliziert, aber wenigstens gibt es kein fremdwortverbot auf den inseln.

Bevor wir wekgefaren sind, ham wir unsere 2 freunde, die schon mal da waren, ein bisschen ausgefragt. Ja, und wie is es mit dem wetter? Es is nich die wucht, ham sie gesagt, aber es is erträglich. Manchmal hat man sogar 25° C. Sogar? Was heißt das denn nu? Wie vil grad sind normal? Ja, so zwischen 15° und 20° C. Gut, das is tatsächlich nich die wucht für ein sommer, aber es könnte ja schlimmer sein. Und regnet es oft? Manchmal, fast täglich, aber nach halber stunde sind die wolken vom starken wind wekgespült worden.

Jetz sind vir in Island und es regnet erst einmal, die volken hengen bis zum boden. Fon zvischen 15° und 20° C kann nich di rede sein, vir ham hir sagen vir mal 10° C.

Báden kan man trotzdém yberal, natýrlich nich am strand, sondern in den ofenen schvimbédern, di's in jédem kaf gibt. In dén grósen steten, also dén echten balungszentren mit mér als 100 einwónern, gibt es öfters mér als eins. Si mysen natýrlich nich extra geheizt verden, Island sitzt auf eim kochtopf, eim Garibaldi, vi di italis ságen.

Island is teuer, ábar venn man mit seim ruksak komt, kan man sich relatív bilig einkvartíren. Fíle hotels und pensiónen bíten sleeping bag acomodation, di némen das ganze betzeug vek, ven es noch nich automátisch vek is, und di sache is gegesen. Kostet dann núr 35 or 40 euro. Di normálen hotels und pensiónen sind natýrlich um einiges teurir. Ýbrigens, di pensiónen heißen gesti-heimili.

Ser enttoischend find ich, das man fast nirgendvó rauchen darf. So ungefér vi in California. Andrerseits darf man di forteile nich fergesen, zum beispil komt man öfters an di frische luft. Und vas frische betrift, hat Island schon einiges zu biten.

Am nexten tag fáren vir lós, das veter is nig bessur gevorden. Nag 100 kilométarn ódir so is es aus mit dém asfalt. Im sydvesten, dort vo Reykjavik, di hauptstat, lígt, gibt es einige strássen, sonst gibt's fyr di ganze insel eine rundstrásse und man mus sig nur aussúchen, ob man im ódur gégen dén úrzeigarsin fert. Ca. 70 procént fon diser strásse is getért.

Island is aen (ae = ai) dritel so grós vi Doitschland, hat ábir so file aenvónur vi der syden Mynchens. Zwae dritel lében um Reykjavik, also blaebt fyr den rest nig mér fíl ýbrig. Da vird es schvirig, di loite zu finden, di di strássen baun.

Di ferbindung, di den auspuff fon unserum auto in der luft gehalten hat, is gerisen, vir finden aen styk drát, binden es vi's halt gét und fáren vaetir. Natýrlig selten mér als 10 kilométur, vael di strássen lökrig sind. Nig immur, abar oft genúg. Di ferbindung löst sig imar vídir auf. Ábur man gibt di hofnung nig auf, man mus núr 50 kilométur durkhalten und da vird aene stat saen, sagt uns unsera karti. Di stat hat dan mankmál 10 hoisar, mankmál núr aenus. Laedir kaenu verkstat. Also fert man 1000 kilométur, bis man aena rigtigi stat mit verkstat findet.

Abar Island is nig núr laeden. Man sít svarzi výsten, silbernu výsten, gelba výsten, vaessi výsten, grynu vísen, vulkána, es vird aenum ni langvaelig. Und vassirfelli. Island is mit sikerhaet das aenzige land, vo's mindestuns 10 vassurfellu pro aenvónur gibt. Ganz zu svaegen fon den vasarfellen, di fom himel komen. Ig kan das gút nágfolzín: Di vasirfella sind núr aeni art régen, di erst mal durk di bergu gét.

Das esen is normálurvaesa ser teuar, ábir man kan auk hamburger mit pomes in den tankstelen esen, das kostet núr so um di 6 euro. Fisk is natyrlig auk bilig. Fisk und haessis vasur, damit is Island raeklig geségnet. Das bír is vénigar bilig, ven man di happy hour erviskt, kan man skon aen halbis bír fyr 5 euro krígen, ábir in andren úrzaeten vyrd ig's nig empfélen. Fryar var bír ganz ferbóten, es gáb núr alkoholfreies. In den bars ham di barmenur dan haemlig snaps ins bír geskyttet. Also auf langar sigt is das kaen land fyr mig. Ig forsté nig, visó ybirhaupt da loiti lében, nú gúd, es sind varlig nig fílu.

Di islendiska spráki is ser komplisírt und di íslandur lasen angéblig kaenu fremdvörtar in di spráki aendringen. Fryar gáb's fíl mér (bis zum anfang des 20. járhundirts), ábur dan hat aene akademí ›egte‹ islendiske begrife fyr di vörtar gefunden, so das es nig mér *president* heist, sondirn *forseti* oder *formathur* (das islendiske zeiken fyr *th* hab ig nig im kompiutir). *Formathur* heist *formann*. Ein *reisepas* ein *vegabréf* (wegbrif), *reklame* *auglýsing* (augenbeleuchtung), *religion trú* (traun, glauben), *reserviren taka frá*, usw. Der *keks* heist *kleinkuchen*, auf islendisk *smá kaka (*ausgesprochen *smau kaka). Telefón* is *sími* (drat) usv. Ábur ein vort vi *pizza* sít man ybaral. Di íslendir ságen, das das kein islendiskes vort is, veil das islendiske vort dafýr *flatbaka* is, ábur an jédar eke gibt's pizza und nirgendvó hab ig *flatbaka* gesén. Und es lest sig sogár dekliníren, im gégensaz zum doitsken, vo s núr *pizza* und *pizzas* gibt. Eine pizza is gut, ig es eine pizzu, mit der pizzu, di zútáten einer pizzu, pizzur sind gút für di gesundheit, ig es gern pizzur, mit pizzum untarm arm, di zútáten fon pizza (mérzál), pizzan is gút (di pizza), ig es pizzurnar (di pizza), mit der pizzunum, di zútáten der pizzana, usv.

Insgesamt 16 felle. Und di ham einigi ganz svirigu lauta, di ig voandirs nog ní gehört haf. Di meisten bukstaven können auf 3, 4 oder 6 ferskídenen vaesen ausgesprochen verden, jé nágdém velke bukstaven dafor und velke danág komen. Klingen tút's vi gríkisk mit finiskum aksent. Obvól manki lauti gibt's véder im finisken nog im gríkisken. Zum baespil di stat Höfn klingt so, als mögtest du *Höppen* ausspreken, ábar als du das *Hö* ausgesprochen hast, must du rylpsen und makst den mund zu. Das *pn* komt núr nog durk di náse.

Und dan ham si núr fórnámen + fáturnámen+son (Jan Svensson), keini familiennámen. Auslendar, di sig in Ísland einbyrgirn volen, mysen íren námen endurn. Also ven du Dora haest und daen fátar August, vyrdest du Dora Augustsdóttir haesen (manku fraun haesen mutirnáma+ dóttir, also Dora Brigittedottir óder só). Der dirigent Vladimir Ashkenazy, der sig dort einbyrgurn lís, volta saen námen nig endarn und in dem fal ham si aeni ausnámu gemakt. Dann is nog aen typ gekomen und volti sig einbyrgirn und hat beantrágt Vladimir Ashkenazy zu haesen, vael das dárf man ja in Ísland ...

Di stetenámen sind maestens etvas lang und man erinnurt sig als auslendar ní. Seythisfjörthur, Eygilsstathir, Kirkjubaerarklaustur. Aenu stat haest Gönguskarthsárvirkju – pfad-pass-flus-vasserkraftverk.

Esen tún di löita fíles, ábir das berymtesti is zvaefellós das ›hákarl‹, begrábener haefish. Man tötet den hae, begrébt ín fyr 3 mónatu untir di erda und dan ist man das zöig só. Ábur ofensigtlig is das auk nig das líblingsgerit der íslendar, vael si das núr mit fíl shnaps runtirkrígen.

Nix wi wek hir. Lets take the fery. In der fere gab's anweisungen für den notfall in 3 sprachen, dänisch, deutsch und englisch. Ich hab gemerkt, das das deutsche vil, aber vil länger war als das englische. Ich weiß, das english kürzer is, aber is es wirklich so vil kürzer? Dann hab ich die anweisungen auf deutsch gelesen: »Falls Sie siebenmal die Sirene in gleichbleibender Tonfolge hören, begeben Sie sich bitte unverzüglich an das Deck 8a (Backbord, neben dem Restaurant Viking), dort, wo sich die Rettungsboote und -ringe befinden. Da warten Sie auf die Anweisungen des Kapitäns oder des Personals.«

Dann auf englisch: »If you hear a whistle, go to the boats and wait for the captain's orders.«

Klingt so, als müssten die engländer erst mal ins wasser mit dem boot und dann mal hören, was der käptn so zu sagen hat. De engli paddelt schon, de deutschi is noch nich fertig mit der lektüre der anweisungen.

Mal wider auf einer deutschen autoban. In Island 1 auto alle heilige stunde geseen, auf einer deutschen autoban in einer sonntagminute um 6 ur morgens 2 milionen. Abar man is doch fro, zuryk im trópiski und biligi Tyskland[1] zu saen.

---

1   Deutschland-Deutskland-Deuskland-
    Düskland-Dyskland-Tyskland …

Gramado, Brasil

ᴅeutshe people peʀfecte people
Comparation-Texto 5

wy ᴅa is meʀ slangen in ᴅeutshlanᴅ ᴅenn im amazonas

Vo wegen wolstand in Deutshland. Rite, ma kann hir quite alles caup, aber quanto ours[1] need ma pro dat! Dat say no menn. Im est[2] wars nit diferent, da konnte man alles caup, if ma pro dat anos time genommen hat. Vor 10 anos denket man, na[3] de reunification wud el est in de westly standard adaptee, aber wenn i[4] de slanges in dise land se, muss i say, es laupet wol verkeert rum.

Im Gisinger Karstadt in Munic konnte man unlied[5] a completo[6] Speglo[7] samt publicitee[8] lesen, bevor ma ha pay may. In de scribewaren- e haushald-section war nock vor curt tre cassas, maximal twei vo them ocupet. Dat war mau, aber they mussten ja sparen, ergo wurde de trette[9] cass eliminet. Now is natural nur nock ein cass ocupet, denn es belong obvios tu de motto da cauphauses, dat minimaly ein cass unocupet stay muss. Na dat[10] hav i tu de Karstadt a letter[11] gesendet e got a five-euro-shopping-bon mit el erclerum, de trette cassa sei nit eliminet, sondern verlagert. Na dat hav i wider dort go, aber konnte de verlagerte cassa beim besten willen nit finden. Es war nit verlagert, sondern vershollen.

In de Tengelmann da is au[12] 3 cassas, normaly is 1 ocupet. Wenn de

slange so long is, dat es de frei trafik in de supermarket disturb, wird a
zweitu oppened. Til vor curt war da nock a klingel, de ma pressee konnte,
wenn de slange tu long war. De klingel wurde them obvios tu lasty, da
konnte jeder dat ding pressee, e ma removet[13] es. ok, i bin professional
autonom e kann my shopping-times wel, ergo go i quite fru tu de supermarket e somtimes se i shon vo fern – no slange an de cass! Ergo renn i
los, natural vergevens. Nit nur sind no clientes da, sondern au no cassis.
Clar, de filialechef wud probably a hertcasperl gett, if de cassy a halfe minuto de nexte cliente warten mussat, one wat tu du, ergo muss sie woanders mithelp. De leste mal hav i simply an de cassa vor-by et aut go. I
denke nit, dat es my duty is, um de paying tu fite[14].

So mucho tu de really privatus in Deutshland. Dann sind da nock de
neu-privatus, ex-statlis. Da enderet sik exept de preise nix. Da sind now
neue namen, wie Post-Express, aber quicker go es wegen dat nit. A Berlin
editor had es unlongst eilish mi a paket tu senden, wegen dat payed er eil-
post-tax[15]. I needed dat ding really urgent[16], e had mi shon quasi[17] in de
hose shot, as in de trette dag immer nock nix arivee had. Da called i de
Post-Express. They konnten natural nix one registernummer du. Dise tu
gett war nit so easy, weil sik el editor in a mini grecish iland absetted[18] had
(sein fere shappet es, tu arivee). Na som aut- et inland-calls konnt i ihn
orten, et er sorgte, dat ein amigo[19] in sein apartemento de note aut suket,
um mi de nummer dur tu gev. So recherchet i weiter e fand aut, de paket
levet nock. De postlers ercleret, they had shon mal by mi gewesen e had
mi nit anmeet. Wieso no message? Wieso de paket nit by de naby[20] hinter-
latte? Wieso no tweite tustellum? E kann yu de paket nock hoy[21] bringen?
Ja, aber dat coste dann nit »nur« 6 euro, sondern 20 eier extra. Tja, twelf
days, um a paket vo Berlin tu my Munic apartemento tu bringen, nur weil
man extra mucho payed.

1	wie viel Stunden	12	auch
2	Osten	13	entfernen
3	nach	14	um das Zahlen zu fechten
4	ich	15	Eilbeförderungszuschlag
5	ungelogen	16	dringend
6	ganze	17	fast
7	Widerglas	18	abgesetzt
8	Werbung	19	Freund
9	dritte	20	Nachbar
10	danach	21	heute
11	Ritzsendung, Buchstabe		

Dat is el »Express«-Post. Da kann ma levish[22] imaginee, wie's mit de normale post stet. De mauestu sind naturaly immer wider de slanges. Egal wat ma du, man is immer in de slange, wo nix weiter go. In USA et in som otre landes, inclusive Brasil, de som deutshis as hinterwaldico bimbo-cuntry behaha[23], da is seit twei o tre decades el unico slange: Ein slange pro alle, e wenn a shalter frei wird, kommt de nexty dran. In som deutshe postburos kamen they na twanty anos au draup, leider nit in de postburo hir um el ecke. Einmal complained i in de shalter na virty five minutus warte-time, ma cud at least so a slange mak. De shaltia[24] ercleret, dat go nit, weil de shalters in twei diferente seiten sind. Gud, dann renovet they now alles, mondes[25] dauerte es, now is alles mucho beller, felen nur nock a par Donald Ducks an de wall, aber – NO! They ham immer nock no unico slange! E da soll ma no verstendnis pro amok-rennis ham!

De Telekom aber kommt nit. My telefon-linie is stumm, i call de ser-vice-nummer e ma say mi, de problema wird soon removet. Nak[26] a par days tob i shon, call quasi daily alle possible plazas (de meisten leiten mi weiter, im end end i immer im eter o no menn anser de telefon), nix pas-see. Ma troste mi immer wider, es wird soon reparet. De bestu is, i gett tre faxes, in weche stet, ma tried mermals in vain[27] mi tu call ... Aber wat complain i da? Sexten days na de meldum is my linie wider reparet, de Telekom-chef ask host[28] personaly um pardon et i get a nice gudhaven. Immerhin.

El information-nummer im USA is 0, in Brasil 102 o so. In Deutshland is sie ein-ein-att-tre-tre[29], da Ban sogar null-ein-att-null-five-neun-neun-sex-sex-tre-tre. Da need man a simple information-nummer, by de ma de rite information-nummer autfinde kann. E wenn wir shon about de Ban spek: Sie bringet mi super quick tu el Expo 2000, aber da ha de problemas los go. In de Foir-Trainstation[30] sind no bagage-boxes[31], nur a bagage-keeping-plass. Da wartet mal wider a slange vo fifty til hunderd people davor. A wachy[32] erclair mi, es soll quite caotico sein, weil ma sein bagage hinterher self finden muss. Ergo kann ma de bagage au mid in de station latt. Dat is plus secur, weil man es later[33] by de bombentsharpis da po-lice[34] holen kann. Normal hav i nur ein mini rucksack by mi, aber in lese-turnees need i nock a grander[35] tashe voller bukes. I stocker[36] a quart our by de functionaris rum, til mi einy verrat, dat da a bagage-keeping-plass in de Foir Area is. Til dort is es nur ein kilometer e da arivet discovree[37] i, dat es *in de* Foir-Area is. Da kann i nit rein, weil i no carta hav, i bin ja in-vitet[38]. A carta pro el Expo tu caupe kommt nit in question, da mussat i

twei urs wider anstee. Ein invitation is no acreditation, ergo go i tu el
acreditation-buro. Leider wartet mi my acreditation im Eingang Est et i
bin im Eingang West. Dat sind mal wider twei kilometer. Da is a bus, immerhin, leider go er innen rum, ergo mussat i erst intu de Foir-Area. Go
ja nit. Ergo muss i plus denn twei kilometer mit de bagage aut rum go, die
dann twei e half kilometer werden. Gud, de rest is easy, quart our im acreditation e shon bin i drin.

I bin da wegen ein instalation, da wurden artistis intervewed about ir
relation tu Deutshland, el intervews werden in mini glashausles in video
showed. Dat video is nit falsh, dat mean[39], dat, wat i in de video say corespondee[40] dat, wat i really said[41]. Nur de ›klappentexto‹ is nit so rite: Obwol i sowol im interview wie au scriptly ercleret, i bin a stinknormale brasileiro wie jede otry, ergo mit ancestors[42], de nit vo Brasil kamen, stet da, i
belong tu a deutshe minoritee in Brasil. My ancestors kamen in de neun-
tente century vo Lietuvo (Litauen), Deutshland e Russia, in de papa-papa-
linie wair i lietuvo. Imagin, de oma del opa vo Oskar Lafontaine wair a
polska e ma wud Oskar Lafontaine nit amal as a belongo da fransais minoritee in Deutshland nennen (wat shon ridicul enuf[43] wair), sondern
as a belongo da polskico minoritee! Na gud, da is plus mau dings[44], pro
exemple, wenn de ›Speglo‹ mi tu a Berlin-autor mak …

Gud, wenigstens in de beckway will i den bus nemen, aber na ten minutus sukum[45] gev i aup e go mit de bagage de tre kilometer til de station
tu fut. Wie el Expo is? Go so. Nur mit de Deutshe Ban, The Official Expo-
Carrier, bin i unsatisfet. De foir close um tre e twanty ur, de leste train tu
Munic, immerhin in de most importante route vo Deutshland, go um
twanty ur trety los. Dat wair nit amal in Burundi in normale times passet,
aber es passee in Deutshland werend de Foir da Foires. De train is cores-

22	lebhaft	34	Gesetzeshüterbehörde
23	belächeln	35	größere
24	Frau am Schalter	36	stocher
25	Monate	37	entdecken
26	nach (vor Selbstlaut)	38	eingeladen
27	umsonst	39	heisst, bedeutet
28	höchst	40	entsprechen
29	1-1-8-3-3	41	sagte
30	Großausstellungsbahnhof	42	Vorfahren
31	Schliessfächer	43	genug
32	*watschmann* ausgesprochen	44	schlimmere Sachen
33	später	45	Suche

pondent voll, i muss nur a par passagers so long in-push, til i drin bin. E
so stay i urs-long, dat wair in Burundi au nit better. Better wair in Burundi de preis, dort pay ma pro so a fart 5 euro, in Deutshland sexty, natural mit Bancard, sonst cost es over hunderd. In Wurzburro find i a place
on de flur neben de seats, in Augsburro may i sogar on a reale seat sitt. Da
erfar i vo mittrippis[46], dat da a billy gude-nuit-ticket is, aber mi about dat
tu informee is nit de duty da tickety[47]. Nur jede tweite rauki-seat im unico
rauky-wagon hat ein ashu[48], damit man over de lap[49] da mittrippis ashe
kann. E dat beste: De heitum[50] is an, by trety grad aut-temperatur. In otre
trains cud ma de windo open, aber mit de modern ICE-tecnik is nit tu
spassen.

Ja, said el artistis in de videos, deutshe people kalde people, aber ma
muss ire libe tu de perfection admiree[51]. I kenn a par hunderd deutshis.
De grande majoritee nice people, wie i sie woanders au kennen cud. Wo
stay denn alle kalde deutshis? De kalde deutshis sind die, de ma nit kennt.
Et ire libe tu de perfection, well … gud dat thay's pleg[52]. Wenn i dise tutto
perfection in de deutshe land erlev, likat i mi nit autmal[53], wie dat wair, if
de deutshis de perfection nit so liben wud …

ʀichtmaße

4. ᴅie ᴠeʀɴieᴅeʀᴅeutschung

Dadurch, dass Hochdeutsch von vielen Völkern gesprochen wurde, die
nicht germanischen Ursprungs waren, wurde es durch verschiedene Lautverschiebungen so verändert, dass es sich von den anderen germanischen Sprachen entfernte. Nur Niederdeutsch blieb im gemeinsamen
Haus der germanischen Sprachen. Um von der übrigen Welt besser verstanden zu werden, führen wir das Hochdeutsche zurück ins Niederdeut-
sche und machen die Lautverschiebungen rückgängig, damit es von den
anderen germanischen Völkern wieder besser verstanden wird, und so gezwungenermaßen von der übrigen Welt, wo viele Angelischkenntnisse haben. Da die Selbstlaute in den germanischen Sprachen selten dieselben

46	Mitreisende	50	Heizung
47	Schaffner/in	51	bewundern
48	Ascher	52	pflegen
49	Schoß	53	ausmalen

sind, wird auf eine Verniederdeutschung derselben verzichtet. Das heisst, *aus* wird *aut* (nicht niederdeutsch *ut*), *wasser* wird *water*, *offen* wird *oppen* → *open* usw. Wörter, die mehrere Lautverschiebungen auf einmal aufweisen, werden schrittweise geändert. Das Wort *tropfen* verlor am Anfang das F, also *troppen*. Dann verlor es die Endung: *tropp*. Jetzt wird es mit D geritzt, *dropp*. Und wenn es angelisch wird, nur noch *drop*. Auch *tag – dag – day*.

aus, ausmalen: Aus im Sinne von *aussen* hat seine Entsprechung im angelischen *out*, aber es hat noch weitere Bedeutungen: »Du machst das jetzt und aus! – Das Bier ist mir ausgegangen (es ging ja nicht lustwandeln). – Ich komm aus Stuttgart.« Das erste wird durch *finito* ersetzt, das zweite, als Vorwörtchen, bleibt, wie es ist, das dritte wird durch *vo/n* ersetzt: I komm vo Stuttgart.

behaha: Tja, das ist nicht weltweit ein Wort und trotzdem weltweit bekannt. Haha heisst lachen. Behaha belächeln. Auslachen aushaha. Auflachen gibt's nicht. Zerlachen müsste so was sein wie einen Menschen mundtot machen, indem man ihn zulacht, zerlacht, und weil man viel lauter ist, hört er letztendlich auf zu reden.

caupen: F, das im Angelischen oder in der Ursprungssprache ein P war, wird wieder P. *Kaufen* kommt vom saufgelagischen *caupo* oder *cauponari* (schachern).

i: Ch ist ein Laut, der in den meisten Sprachen nicht vorhanden ist. Deshalb wird es entweder durch *k/c* ersetzt (brechen – brecken, technik – tecnik) oder es bleibt *ch*, aber wird /tsch/ ausgesprochen (kirche – kirch [kirtsch]) oder es verschwindet gänzlich (ich → i), was dann eher den süddeutschen Mundarten entspricht. Wenn das entsprechende Wort im Angelischen nicht vorhanden ist, ritzt man üblicherweise *(c)k*. Und nichts, wenn ein Mitlaut folgt, zum Beispiel beim Wort *doch*: »Dat is dock a bit tu much«, aber »I said do nix«. Selbstverständlich wird das nicht getan, wenn das Wort schon ›besetzt‹ ist, also kann *nock* nicht zu *no* werden.

in de: In den meisten niederdeutschen Mundarten gibt es kaum noch Fälle, so auch im Kauderdeutschen. Bleiben nur noch die, die dem Hoch- und dem Niederdeutschen gemeinsam sind. Männlich *de – de – de – den*, weiblich *de – de – de – de*, sächlich *dat – de – de – dat*, Mehrzahl *de – de – de – de*. Selbstverständlich: Wenn das deutsche Wort schon geändert wurde oder es handelt sich um ein Fremdwort, dann gibt's nur noch *de*. Unbestimmt ist immer *a*, vor Selbstlaut *ein*. Zahlwort immer *ein*. Haupt- und Eigenschaftswörter werden überhaupt nicht mehr gebeugt. Nix mehr wird gebeugt, wie's schon mal wurde. Das ist der Weltuntergang!

libe: Müsste eigentlich zu *live* werden, das ist aber im Angelischen schon wieder was anderes … Keine Frage, man kann auf das angelische *love* warten, das ist aber so unrichtmäßig, mit einem Selbstlaut, den man als Nichtmuttersprachler nicht aussprechen kann und den die Deutschen üblicherweise *a* aussprechen, so dass /l^v/ zu /laf/ wird. Ausserdem denkt man bei *love* gleich an Geschlechtsverkehr im Wagenlichtspielhof[1] mit Fritzäpfeln[2]. Und das will ja keiner. Ausser mir.

plegen: Der angelische Vetter dieses Wortes heisst *play*, also müssten wir *pleyen* ritzen und sagen, das klingt aber genauso wie *play*. (»I pley my haut mit de beste pomade, aber de caca-furunkel kommt immer wider!«) Das geht nicht, weil *play* was anderes heisst.

sittplass: Tz oder z werden zu *t*, also statt *sitzen* heisst es jetzt *sitte*, statt *Sitz seat*. Das deutsche Wort *Sitte* heisst dann *uso*. Bei der Verangeli-schung, die im nächsten Lehrbuchabschnitt eintritt, wird der *sitt* zum *sit*. Wenn ein *tz* oder *z* ausnahmsweise für ein *s* (oder *ss*) in den anderen Sprachen steht, wird es selbstverständlich zu *s* oder *ss* (Platz → plass/ plaza). »Im Odeon Plaza war gestern mity wat los!«

ÜBUNGEN

Beantworten Sie folgende Fragen, natürlich auf Kauderdeutsch:

1. Wy?
2. Glaub yu, dat de rationalisation immer et eternaly weiter go kann, til dat ein unico gigantico concern no mennes mer need?
3. Ham incasso-firmas nur emploitos?

---

1 drive-in cinema   2 pommes frites

Antworten

1. Ja, wat, wy?
2. Ja. Aber who soll dann noch de dings caup?
3. Ja, meistens body-bildos, starke incassos, damit de firma quicker incasse kann. Som creditores ham es eilish …

Übrigens, *emploito* ist ein männlicher Angestellter.

Wir arbeiten für iren wolstand

Telekom, aber kommt nich
Pausentext 6

Bis vor kurzem hat man geglaubt, man muss nur privatisiren und schon läuft alles von alein. Man hat den ganzen osten privatisiert und jezt läuft nur noch die Mafia. Und zwar nich davon, sondern hinterher. Im westen hat man auch einiges privatisiert, zum beispil die Telekom. Was da läuft, weiss ich nich, aber wenn was läuft, dann nix gutes.

Vor nich langer zeit hatte ich ein stipendium im Schloss Wiepersdorf, südlich von Berlin. Bei so eim stipendium sitzt man die meiste zeit im speisesal und komuniziert mit den andren kunstis, wobei eine flasche nach der andren geleert wird. Deshalb hab ich mir als erstes ein anrufbeantwortu für 50 mark gekauft.

Dann will ich das anrufbeantwortu in meim zimmer anschliessen. Aha. Das steku passt gar nich in die buxe. Das telefonkabel hat ein ganz andres steku. Komisch, denk ich, auf alle fälle muss ich mal ein adaptu finden. Ich far mit anrufbeantwortu und telefonkabel zu eim Telekom-laden, die wissen aber nich, was das für komische stekus und buxen sind. Ja gut, also far ich zum näxten. De angestellto ant, das muss irgendwas amerikanisches sein, er sagt es so ein bisschen angeekelt. Erst de angestellti im dritten laden weiss, das es sich um ISDN handelt, aber ein adaptu werd ich nur in Berlin krigen. Na gut, wenn man schon 200 km verfaren hat, kann man auch 300 verfaren. Die landschaft is schön. Schon interessant, die Telekom preist und verkauft ISDN als das modernste und tollste und beste und dann wissen ire angestelltis nich, was das is.

In Berlin kauf ich de adaptu für 200 mark, das is der virfache preis vom anrufbeantwortu, aber ich leb davon, das die leute mich anrufen, und im speisesal, wo ich normalerweise bin, wird nich telefoniert, sondern getrunken. Zu hause, also zu schlosse angekommen stell ich fest, das das adaptu ausser der buxe für das stromkabel noch 2 buxen hat, eine normale und eine ISDN-buxe. Also schliess ich das telefonkabel und das anrufbeantwortukabel an das adaptu. Nur –? Wie schliess ich das adaptu an die wandbuxe? Ein kabel hab ich noch, aber am adaptu is einfach keine buxe mer übrig.

Ich denk zuerst, mein hirn muss vom ganzen austausch mit den andren kunstis etwas in mitleidenschaft gezogen worden sein, und das ich technisch auf dem stand von eim eer minderbegabte schimpansi bin, weiss ich auch. Trozdem, das is kein technisches, sondern ein matematisches problem: Wie krigt man 3 kabel mit jeweils 2 enden, also insgesamt 6 enden, in 5 buxen rein?

Könnt es sein, das ein kabel nur auf der einen seite gebraucht wird, das das andre ende nur dekorativ oder zum anknabbern is? Also betribsanweisungen lesen, was das gefül von onmacht nur verstärkt. Es fängt damit an, das nur von analogen geräten geredet wird. *Analog* heisst für mich *gleich*, aber es gibt keine geräte hir, die gleich sind. Das telefon sit nich aus wie das anrufbeantwortu, das widerum nich wie das adaptu. Aber ich bin ja nich blöd, oder nich so blöd, das es der rede wert wär, und komm irgendwann darauf, das im Telekom-chinesisch das wort *analog* eigentlich für *normal* stet. Aber die leute, die kein Porsche ham, wollen wenigstens iren reichen fremdwortschaz zeigen. Und schriben sie normal verständlich, käme jede normalverbrauchi (analogkonsument?) sofort darauf, das die betribsanleitung nich zum betrib anleitet, sondern ein dadaistischer exkurs ins reich des deliriums is.

Nein, nein, nein. Stundenlang überlegen und sich unterlegen fülen. Die andren kunstis fragen. Aber das sind kunstis. Das schlosspersonal is auch ratlos. Ich far zu eim neuen Telekom-laden in einer andren stadt. Warten muss man in disen läden. Mit a schlangi is einfach immer zu rechnen und sie beweegt sich wie a schlangi, die ein büffel geschluckt hat. Also überhaupt nich. Da kommt man eer an eim g-punkt als in eim

t-punkt mal dran. Es is nich so wie im kiosk, wo eini zeitungen kauft und
de nexti zigaretten, husch husch. Nein nein. Da wird stundenlang beraten
und die kundis kommen raus, als hätten sie die quantenteorie im detei erklärt gekrigt.

3 wochen später bin ich dran, wenn ir mir dise leichte übertreibung
erlaubt. Ich erklär de berato mein problem und frag ihn, wie ich 6 kabel-
enden in 5 buxen reinkrig. Er meint, an der wand müssen 2 buxen sein.
Nein, sag ich, da is nur 1 buxe, ich hab stundenlang hingeschaut, aber es
sind nich mer geworden. Der berato muss erst mal telefonisch bei eim
andren berato rat holen, danach meint er, das war schlamperei. Es müssten 2 buxen sein. Da gibt's zu vile private firmen, die pfuschen, was das
zeug hält. Er kann jezt nix dafür.

Zurück zum schloss schau ich mir die rechnung für die ganze ISDN-
instalazion an. Geschlampt hat die Telekom. Nein, riang ne wa plü. Ja, ich
muss aufgeben. Ich far nach Berlin, zum laden, wo ich das adaptu gekauft
hab, und erklär der frau, das das ding so nich get.

»Det ding jeht doch immer!«, sagt sie oder so änlich. Ich kann kein
berlinerisch.

»Dann erklären Sie mir, wie ich 6 stekus in 5 buxen reinkrig!«

»Ne, da kenn ik mir mit de technik nich aus, aber jehn tut det immer.«

»Sie brauchen von technik nix versteen, nur von matematik, ungefär
so vil wie ein debiler dackel: 6 steker und 5 buxen, passt das?«

Die frau hat keine lust, über matematik zu fabuliren, und will mich
wegschiken, aber ich bleib erst mal. Sie muss mir ja nich erklären, wie ich
6 stekus in 5 buxen reinkrig, sie muss mir nur mein geld zurückgeben.
Det jeht aber nich, und nachdem ich lange genug da war, ruft sie ein techniko an. Ich soll mit dem sprechen. Ich erklär ihm det janze wider von
vorn und am ende sagt er, das an der wand 2 buxen sein müssten. Ich geb
ihm völlig recht, da müssten 2 buxen an der wand sein. Aber bevor ich
mich in metafysischen betrachtungen auslass über die kluft, die zwischen
dem soll- und dem istleben in unseren zeiten entstanden is, frag ich ihn
liber nach einer lösung. Er meint, ich leg mir am besten ein komplettes
ISDN-sett mit telefon, anrufbeantwortu, fax usw zu. Ich bin ein reicher
bucho (schriftstello), meine bücher gen wie warme semmeln, in der best-
sellu-liste bin ich immer gleich unter dem Konsalik, manchmal sogar ein
bisschen drüber, aber 1.000 mark für ein anrufbeantwortu, das ich nur für
3 monate brauch, is mir doch zu absurd. Da kommt mir ein sinnbild: Ich
bestell ein Golf, er wird one räder gelifert, ich reklamir, die räder kom-

men, aber sie sind von eim 20-tonnen- LKW. Ich reklamir wider, das ich
die räder nich einbaun konnte, und selbst wenn ich's geschafft hätte, wär
der Golf dann etwas zu hoch gelegen, usw. De autofirmi (das is der
mensch von der autofirma) schlägt vor, ich soll den ganzen LKW kaufen,
dann passen die räder …

Nur nich aufgeben. Zurück zum schloss, versuch ich's mal telefonisch.
Durch sämtliche Telekom-telefon-nummern. Kein mensch am andren
ende weiss bescheid, war ja klar. Nimand is zuständig. Alli verbinden oder
schiken mich weiter. Bis man mir die nummer einer hotline gibt. Die is
besezt, tag und nacht und in den räumen dazwischen noch besezter. Am
schluss ruf ich den kundendinst an, kostet mal wider um die 200 mark
aber das zalt die schlossverwaltung. Der techniko kommt, schaut, bedekt
den mund mit der hand und überlegt. Hhhmmm.

»Ne«, sagt er, »det jeht nich.«

Das füllt mich mit stolz, ich bin immerhin kein techniko und hab es
auch erkannt. Andrerseits find ich es wenig erfreulich, das die Telekom
mir insgesamt 450 mark abzwakt, um ein anrufbeantwortu anzuschlies-
sen, das am ende der odyssee immer noch nich funktioniert.

Das schlimmste is: Man kann nich einfach die zalung verweigern und
sich anzeigen lassen, so eine firma hat da andre metoden, sie dret dir einfach den saft ab, das heisst die leitung. Und man kann nich zur konkurenz
gen, weil es im bereich der leitungen noch keine konkurenz gibt. Der
techniko will auf nummer sicher gen und ruft von meim telefon aus ein
andre techniko in einer andren stadt an, mit dem er eine virtelstunde
ratscht. Der andre techniko hat genauso wenig anung. Nach dem telefonat
teilt mir mein techniko mit: »Ne, det jeht nich.« Und weil es nich get,
get er.

Ein par tage später far ich wider zum Berliner laden, in dem ich de
adaptu gekauft hab. Ich bin fest entschlossen: Wenn die frau mir das geld
nich zurückgibt, schiess ich sie über den haufen. Nein, get nich, ich hab
keine knarre dabei. Aber ich nem ein telefon aus dem schaufenster und
ge. Vileicht erwischt mich die polizei, ein skandal, aber wir kunstis sind ja
mediengeil. Schön wär's, wenn auch ein polizeihelikoptu dabei wär. Aber
da stet eine andre frau vor mir, ich erzäl ir von meiner odysse und sag ir,
das ich nur mein geld zurückmöchte. Es is nich vil, aber von herzen. Dise
frau is etwas verständnisvoller, weiss aber auch nich, was man in so eim
fall tut. Da redet sie mal mit irem cheff und teilt mir dann mit, das si kein
geld zurückgeben können, sie können mir nur ein gutschein geben. OK,

ideal is das nich, meine guten scheine wären mir liber als diser gutschein,
aber ich brauch sowiso bald ein neues telefon. Das is wichtig, weil wenn
ich nich trinke, telefonir ich. Ich bin ja a bucho, wo soll ich sonst die ideen
herholen? Ja und kann ich disen gutschein überall eintauschen oder nur
in disem laden? Sie meint, natürlich kann man ihn in jedem Telekom-
laden eintauschen.

Ein par monate später betreet ich ein Telekom-laden in München und
will mein gutschein gegen ein neues telefon eintauschen, aber sie müssen
zu irem bedauern mitteilen, das ma den guadschein nur in dem berliner
lodn eitauschen ko, wo de den guadschein ausgstejt hom. Schön, wider
beirisch zu hören. Trozdem: Ich möchte den capo der Telekom, Ron Sommer, bitten sein personal etwas besser zu informiren, aber die frage is,
ob er überhaupt informazionen hat, die er den angestelltis weiter geben
könnte. Warscheinlich nich: In Deutschland funkzioniert das nie so richtig mit dem Sommer. Entweder sind es die eisheiligen oder die schafskälte
oder die menschenkälte oder oder oder.

vielleicht veRkehRt
Lehrbuchabschnitt 5

Stetiger[1] trinkt einen Schwarztrunk[2] am Kneipenschrank[3], nimmt seinen
Beutelfernsprecher[4] und wählt. Auf der anderen Seite meldet sich eine
Weiberstimme.

»Hallo?«

So meldet man sich in Fussballland am Fernsprecher.

»Mechthild[5]?«

»Wollen Sie die Hausherrin oder mich?«

»Wer sind denn Sie?«

»Ich bin die Putzfrau.«

80 Von-Hundert aller fussballländischen Fraun heissen Mechthild.

»Nein, ich möchte die Hausherrin.«

»Das geht leider nicht. Sie verstehen, sie ist im Schlafzimmer. Und sie
ist nicht allein.«

»Was??? Die Schlampe! Das werde ich ihr heimzahlen!«

---

1   Konstantinos – greco persona-nam   4   handy
2   cafee   5   Maria
3   teke

Auf dem Schnellweg[6] geht es sehr langsam voran. Ludwig[7] und Echtmännerstadt[8] stecken im Stau. Stetiger ruft an. Ludwig nimmt seinen Beutelfernsprecher.

»Hallo.«

»Ludwig?«

»Ja.«

»Hier spricht der Stetiger. Wo seid ihr jetzt?«

»In der Nähe von Zwischenseen[9].«

»Was macht ihr da?«

»Wir haben noch eine Lieferung für den Schmid[10].«

»Macht das später. Fahrt jetzt zu mir in Heiliger Kleiner Lau Sahne[11] und legt meine Frau und ihren Liebhaber um.«

»Wie war das noch mal?«

»FAHRT ZU MIR IN HEILIGER KLEINER LAU SAHNE UND LEGT MEINE FRAU UND IHREN LIEBHABER UM, HAB ICH GESAGT!«

»OK, Boss. Aber wo ist Heiliger Kleiner Lau Sahne?«

»Du weisst nicht, wo Heiliger Kleiner Lau Sahne ist?«

»Du, Boss, die Stadt hat 3000 Stadtviertel, ich bin kein Rechner, oder?«

»Heiliger Kleiner Lau Sahne ist gleich hinter Heilige Gnade[12].«

»Aber du weisst schon, gell Boss, Zwischenseen ist ganz im Süden, Heilige Gnade oder dieses Viertel, das du genannt hast, ist ganz im Norden der Stadt. Das sind vielleicht 100 Tausendlangmaß, das braucht seine Zeit!«

»Macht nichts. Tut, was ich euch gesagt habe. Wart ihr schon mal da, in meiner Wohnung?«

»Nein, war ich noch nicht, Boss. Und der Echtmännerstadt, na ja, der ist ganz neu. – Du warst noch nicht im Boss seiner Wohnung, oder?«

»Nein.«

Stetiger: »Also nimm was zum Ritzen.«

»Jawohl, Boss. Schiess los.«

»Rotsteinweg[13] 47. Das ist in der Nähe der Starziehen von Sah[14].«

»Jawohl, Boss. Finden wir schon hin. Und wir sollen deine Frau und den Liebhaber umlegen?«

»Genau.«

»Ohne Erläuterungen?«

»Was gibt es da noch zu erläutern?«

»Gut, Boss. Wird erledigt. Wo bist du jetzt?«

»Ich bin in diesem Treffen in Fluss[15], ich brauch noch etliche Stunden.

Aber dann flieg ich zurück und ich hoffe schwer, dass ich die beiden nicht mehr lebend vorfinde.«

»Na so was. Vor einem Monat hat er noch geschwärmt, dass sie schwanger geworden ist, und jetzt so was.«

»So was was?«

»Wir müssen seine Frau und ihren Liebhaber umlegen.«

»Umlegen? Ich dachte, meine Arbeit wäre Rauschmittel liefern!«

»Ist sie auch. Aber manchmal muss man dem Boss einige andere kleine Dienste erweisen.«

»Aber ich habe noch nie jemand umgelegt!«

»Tja, es gibt immer ein erstes Mal. Oder hast du Schiss?«

»Na ja, was heisst Schiss, es ist mir schon unangenehm.«

»Komm, du bist aus Echtmännerstadt, der männlichsten Stadt Fussballlandes, und dir wird schon mulmig?«

»Männlich, schon, aber wir sind keine Bevölkerung aus 100 000 Mördern.«

»Bist du vielleicht gar nicht aus Echtmännerstadt, sondern aus Südschwulenstadt[16]?«

Südschwulenstadt ist verhältnismäßig nah an Echtmännerstadt, keine 200 Tausendlangmaß, und als die schwulste Stadt der Welt bekannt. Wenigstens in Fussballland.

»…«

Echtmännerstadt kann nicht rechtzeitig an eine geeignete Antwort denken. Ludwig fragt: »Wie ist dein echter Name, Echtmännerstadt?

»Walter. Walter Zählotti[17].«

»Zählot ist nudelländisch, nicht wahr?«

»Ja. Und Walter ist ursprünglich ein deutscher Name.«

»Was, gibt es auch in Deutschland Walters?«

»Ja, überall.«

»Und wer ist Nudelländer in deiner Sippe? Deine Großeltern?«

6	quick-strat	12	Santana (Stadtteil von Sao Paulo)
7	Luis	13	rubin
8	Bagé	14	Estacio de Sá
9	Interlagos (Stadtteil von Sao Paulo)	15	Rio (de Janeiro)
10	Ferreira	16	Pelotas
11	Lausanne Paulista (Stadtteil von Sao Paulo)	17	Zelotti

»Ja, da war jemand.«

»Gibt es viele Nudelländer in Echtmännerstadt?«

»Wenige. In Südkastenstadt[18] und in der Gegend sind alle Nudelländer. Aber in Echtmännerstadt ist alles etwas durcheinander. Jedoch sind es
insgesamt mehr Kabeljaufresserländer[19] und Stiergefechtländer. Früher
war das stiergefechtländisches Gebiet.«

»Und Deutsche?«

»Auch etwas weiter nach Norden. Aber dann jede Menge.«

»ARSCHLOCH!«

»Äh?«

»Nein, ich rede mit diesem Kerl vor uns, der mich geschnitten hat
ohne zu blinken.«

»Ja, die Leute sind etwas wandalisch hier, nicht wahr.«

»Ja.«

Inzwischen ist Stetiger am Flughafen angekommen und ruft mit seinem
Beutelfernsprecher die beiden an. Leider können die aber gerade den Beutelfernsprecher nicht abnehmen. Im Stau geht nichts mehr vorwärts, da
steht ein Kerl am Windauge.

»HÄNDE HOCH! KOHLE HER!«

»Was ist denn da los, mein Freund? Wir sind selber Verbrecher!«

»HÖR MIT DEM QUATSCH AUF UND RÜBER MIT DER KOHLE!«

Trrrrriiimmmmm.

»Du, kann ich mal unlang[20] den Anruf entgegennehmen?«

»WENN IHR NICHT SOFORT DIE KOHLE HERGEBT, SCHIESS ICH
EUCH DAS HIRN AUS DEM SCHÄDEL RAUS!«

Trrrrriiimmmmm.

»Na gut, Mann. Immer mit der Ruhe. Wo habe ich jetzt meinen Geld-
beutel, du, sag mal, kannst du rausgeben?«

»ICH HABE SCHON GESAGT: NOCH EINEN WITZ UND IHR SEID
2 LEICHEN!«

»Gut, ich sehe schon, dass man mit dir keinen Schabernack treiben[21]
kann.«

Bäng. Bäng. Bäng.

Ludwig: »Der wird niemand mehr ärgern.«

Echtmännerstadt ist gerade schweigsam.

»Kommt schon, Leute, fahrt vor, sonst kriegen wir noch Blutflecken an
den Reifen!«

Echtmännerstadt verharrt in seiner Schweigsamkeit. Die Wagen-
schlange bewegt sich einige Langmaße.

Inzwischen sitzt Stetiger im Flugzeug, das gerade die Höhe von 8000
Füßen erreicht hat. Er hat eine ziemliche Wut im Bauch. Er fragt sich, ob
seine Männer die Aufgabe schon erledigt haben. So eine Schlampe kann
einfach nicht weiter leben.

Echtmännerstadt kann schon wieder sprechen.
»Fürchtest du nicht, dass jemand unsere Wagenzahl aufgeritzt hat?«
»Wozu denn? Die Leute sind ja froh, dass der hin ist.«
»Sollte man den Schafsmilchkuchenländer nicht anrufen?«
»Wozu?«
»Ja, wir hätten eigentlich schon längst da sein müssen, oder? Wir sind
mindestens 2 Stunden unterwegs, seitdem er angerufen hat.«
»Ja, vielleicht war er es, vorhin am Fernsprecher. Ruf ihn mal an.«
Echtmännerstadt ruft an, aber keiner geht dran.
»Er nimmt nicht ab.«
»Wird wahrscheinlich noch im Treffen sein.«
»Sag mal, kann man da nicht den Schnellweg verlassen und irgendwie
über gewöhnliche Wege fahren? Vielleicht geht es da schneller.«
»Nützt nichts. Weisst du, Heiliger Kleiner[22] hat über 5 Großtausend[23]
Wagen, die Hälfte ist auf den Schnellwegen und die andere Hälfte ver-
sucht verzweifelt die Schnellwege zu umfahren.«
»Toll.«
»Solche Schwierigkeiten habt ihr in Echtmännerstadt nicht, oder?«
»Weniger. Könnt man nicht mal unlang den Schnellweg verlassen und
einen Imbiss essen? Ich könnte inzwischen ein Flussross auffressen.«
»Ja ja, ihr aus Echtmännerstadt. Flussross fressen, sagt ihr, und dann
schafft ihr nicht einmal ein ganzes Hähnchen.«
»Ja trotzdem.«
»Gut. Nehmen wir irgendwas mit.«

18 Caxias do Sul
19 portugueses – portugalis
20 curt

21 spassen
22 Sao Paulo
23 milion

Sie halten in der Nähe der Schönkneipe[24] an, Echtmännerstadt steigt
aus.

»Also 1 Milchkuchenluftbeutel[25], 2 Krabbenfettschalenbällchen[26] und
1 Fleischwüstenrossstreiberbeutel[27], und wenn sie nichts davon haben, einen kleinen Nudellandfladen[28], und wenn sie das auch nicht haben, dann
2 Gemüsemilchkuchenhamburger[29]?«

»Nein. 2 Milchkuchenluftbeutel, 1 Krabbenfettschalenbällchen und
2 Fleischwüstenrossstreiberbeutel, und wenn sie das nicht haben – ach
komm, ich gehe mit.«

Ludwig steigt auch aus. Ein Kerl, der nicht so aussieht, als wäre er ein
Geldhausboss[30], fragt sie, ob er auf den Wagen Acht geben soll. Solche
Kerle gibt es viele in Heiliger Kleiner, dafür verlangen sie danach ein biss-
chen Geld, so was wie 1 Euro. Ludwig sieht darin keinen großen Nutzen.

»Du, unser Wagen ist geklaut. Wenn der weg ist, klauen wir uns einen
anderen.«

In der Kneipe bestellt Ludwig 2 Milchkuchenluftbeutel, die Fleischwüstenrossstreiberbeutel haben sie nicht, und dann noch 2 große Stücke
Nudellandfladen. Oder hat Ludwig die Hamburger bestellt und Echtmännerstadt das Nudellandfladen? Gleichgültig, sie kommen zurück zum
Wagen. Echtmännerstadt merkt es zuerst.

»Der Wagen ist weg!«

»Nein, kann doch nicht sein.«

»Doch, der stand zwischen dem Schafsmilchkuchenländer-O[31] und
dem blauen Werde-Eins[32]! Und jetzt steht ein roter Wagen da und wir
haben keinen roten Wagen!«

»Ja, das stimmt … so ein Scheiss. Was machen wir jetzt?«

»Du hast gesagt, du kannst Wagen klauen!«

»Ich? Ich doch nicht!«

»Du hast gesagt, der Wagen ist gestohlen!«

»Ja, das ist er ja auch. Aber ich habe ihn nicht geklaut, das macht der
Steiner[33] im Betrieb.«

»Was machen wir dann?«

»Wir müssen den Schafsmilchkuchenländer anrufen, ihm sagen, was
geschehen ist. Der wird sich freuen!«

»Hast du deinen Beutelfernsprecher dabei?«

»Den habe ich im Wagen gelassen.«

»So ein Mist. Schauen wir mal in der Schönkneipe.«

Auf dem Weg in die Schönkneipe treffen sie den Wagenachtgeber.

»Und? Kriege ich etwas Geld, dass ich auf euren Wagen Acht gegeben habe?«

»Du bist vielleicht ein guter Wagenachtgeber! Unser Wagen ist weg!«

»Ja? Tut mir Leid, aber ihr wolltet ja nicht, dass ich auf ihn Acht gebe.«

»Mach nur weiter deine Scherzchen!«

In der Schönkneipe gibt es einen Fernsprecher, aber nur mit Kunst-zeugschein[34]. Keiner hat einen Kunstzeugschein und in der Schönkneipe haben sie gerade auch keinen, blöderweise ausgegangen.

Inzwischen ist das Flugzeug, in dem Stetiger geflogen ist, gelandet. Stetiger hat den Flughafen verlassen, ist in seinen Wagen eingestiegen und ruft die beiden an, aber auf der anderen Seite redet der Wagendieb gerade mit seinem holden Weib.

Inzwischen sind Ludwig und Echtmännerstadt 500 Langmaß gegangen, und nachdem sie einige Kleinwarenläden[35] abgeklappert haben ohne einen Fernsprechkunstzeugschein zu finden, fanden sie es besser, einen Zahlwagen[36] zu nehmen, ihren Auftrag zu erledigen und dann anzurufen, dann haben sie wenigstens eine Erfolgsmeldung.

Echtmännerstadt wirkt schon etwas aufgeregt, je näher sie sich durch den Stau an ihr Ziel heranschleichen, und fragt unauffällig: »Sag mal, wie viel Leute hast du denn schon … so … umgedingst?«

»Weiss ich nicht so richtig. Mindestens 9. Aber bei manchen erfährt man nicht, ob sie wirklich hin waren oder nicht.«

»Steht aber doch in der Zeitung, oder?«

»Du, wenn die über alle Morde was ritzen würden, die an so einem Tag vorkommen, wäre die Zeitung ziemlich dick und teuer. Die ritzen nur bei auffälligen Morden, wenn es 30 Axthiebe oder 20 Leidtragende auf einmal waren oder so. Und ich erwerbe nur die Leibesertüchtigungszeitung, da steht nur was über Leibesertüchtigungen drin.«

24 bistro
25 kese-pastel (kese-tashe mit mucho luft drin)
26 crabe-crokett
27 sfiha (arabishe flesh-tashe)
28 pizza
29 salada-keseburger
30 bankiee

31 Omega (car da General Motors do Brasil)
32 Fiat Uno
33 Petronio
34 (plastico-)cart
35 kioskes
36 taxi

»9 Leute. Und den vorhin, den Räuber, hast du den mitgezählt?«
»Stimmt. Nicht mehr 9. 10 jetzt.«
»Mann o Mann, wir sind schon 5 Stunden unterwegs!«

Stetiger kommt zu seinem Hochhaus. Er macht die Tür zu seiner Woh-
nung auf, sie ist ein bisschen unaufgeräumt. Kein Mensch im Wohnzim-
mer, kein Mensch in den Schlafzimmern. Von Blut keine Spur. Stetiger
ruft am Hochhausfernsprechgerät den Wächter an.
»Hallo?«
»Hier spricht der Stetiger. Weisst du zufällig, wann meine Frau weg
ist?«
»Sie ist vor einer halben Stunde weg, Herr Stetiger.«
»War sie alleine?«
»Ja, Herr Stetiger.«

Stetiger versteht nichts. Inzwischen haben unsere 2 Helden auch das
Hochhaus erreicht. Das Hochhaus hat einen Garten und dahinter eine
sehr hohe Sprungwand[37]. In diesem Garten gibt es ein hohes Häuschen
mit schussfestem[38] Glas, einige Langmaße vom Eingangstor entfernt. So
sind fussballländische Hochhäuser in den Großstädten gebaut. Nur die
Hochhäuser, die als Hüttenviertelsatz gebaut worden sind, haben so was
nicht. Die Leute können sich keinen Wächter leisten und sie sind verhältnismäßig ungefährdet, weil niemand große Lust hat, Hüttenviertelbewoh-
ner zu beklauen.

Sie warten im Zahlwagen, ziemlich nah am Eingang, dass jemand rauskommt. Sie haben weisse Hemden und Schlipse an, also wird der Mensch,
der rauskommt und sie gezwungenermaßen reinlässt, keinen Verdacht
schöpfen. Wahrscheinlich der Wächter auch nicht. Nur klingeln können
sie nicht, weil sie dann dem Wächter sagen müssten, wen sie besuchen
möchten. Der Wächter wird oben bei der Frau anrufen und die wird sie
nicht reinlassen, weil sie nicht weiss, wer sie sind. Sie können ja auch
nicht ihre Namen sagen oder dass sie für den Stetiger arbeiten, weil man
dann ihn verdächtigen wird, wenn man später die Leichen entdeckt. Alles
kein Hindernis, da kommt schon eine Frau aus dem Hochhaus Richtung
Eingangstor, das jetzt gleich der Frau als Ausgangstor dienen wird. Sie
steigen aus und kommen zufällig gleichzeitig an, gehen rein und rauf.

Die Wohnung von Herrn Stetiger ist im 22. Stock. Er steht auf dem Frei-lufterker[39], schaut sich die Himmelszeile[40] an und hat gerade den Beutel-fernsprecher seiner Frau angerufen.

»Hallo?«

»Hallo Mechthild?«

»Ja, Schatz, bist du's?«

»Ja. Wo bist du?«

»Ich erwerbe gerade einige Dinger. Bist du schon zurück?«

»Ja. Und … was hast du heute so gemacht?«

»Ich? Tja, nichts Besonderes. Ich war in der Stadt und habe ein Ge-schenk für den Saufgelagienkönig[41] gekauft, er hat am Freitag Geburtstag. Und dann war ich bei der Zähziel[42], die ist ein bisschen krank.«

Inzwischen stehen Ludwig und Echtmännerstadt vor der Tür und Echtmännerstadt fummelt mit dem Draht am Schloss. Ludwig gibt die letzte Anweisung.

»Also, wir wissen nicht, was für ein Kerl das ist, der Liebhaber. Das heisst, Tür aufmachen und auf alles schiessen, was sich bewegt.«

»Hat er einen Hund?«

»Keine Ahnung.«

Stetiger fragt am Fernsprecher: »Sag mal, wo ist denn die Putzfrau?«

»Die Trude[43] Die kommt seit einer Woche nicht!«

»Aber ich habe hier angerufen und sie hat abgehoben!«

»Das kann nicht sein, sie ist doch krank!«

»Krank? Und sie heisst nicht Mechthild?«

»Mein Gott, Schatz, die Mechthild, das war doch die Vorvorletzte! Hast du Alzheimer oder was?«

»Ja, dann muss ich mich verwählt haben.«

Bäng. Bäng. Bäng. Bäng. Bäng.

»Das reicht schon, Echtmännerstadt. Jetzt entbehren wir nur noch die Frau.«

In der Wohnung ist keine Frau, weder unter den Betten noch in den Schränken. Sie müssen nur noch auf dem Freilufterker schauen. Der ist verhältnismäßig groß. Echtmännerstadt hat jetzt die Leiche umgedreht und spricht wieder.

37	mur	41	Cesar
38	panzer	42	Cecilia
39	balcon	43	Teresa
40	sky-line		

»DU, LUDWIG!«

»Was ist?«

…

»Was ist denn? … Scheis-se!«

»Vielleicht ist er noch am Leben?«

»Spinnst du, du hast geballert wie ein Bärserker!«

»Was machen wir jetzt?«

»Schauen wir, dass wir verdampfen!«

Im Aufzug sagt Ludwig noch: »Das Schafsmilchkuchenländerchen[44] findet das bestimmt heraus …«

»Ist das der Sohn?«

»Ja …«

»Was machen wir jetzt?«

»Hast du Freunde in Schmuggelland[45]?«

Am Fernsprecher fragt Frau Stetiger wiederholt: »Hallo? Schatz?«

Regles

Boss: Klingt natural mucho plus autlandico denn *chef.* Aber es is ein anglosaxon wort, del angelis e saxis vo Deutshland tu England mitgenommen. In plattdeutsh heisst es nock *Baas.* Werenddessen is *chef* fransais. Vorher saufgelagish *caput.* Vorher arish *kaupit.*

kaupit – caupit – capit – **caput** – **capo** – chafo – chefo – **chef**

kaupit – haupit – **haupt** – hept – heft – hefd – **hed**

Echtmännerstadt: In Südbrasil, ser fern in de sud, is de city Pelotas, de famos is, weil alle mannes dort gay sind. Einmal hat ma dort a fussy-bricke gebaut et in de shild stand stadd »Ponte para pedestres« (fussy-bricke) »Ponte para pederastas« (du versteen, hopely). Das hilten el autentico machos da city nit mer aus, stigen alle in a Fiat Uno e ha tu de capitale go, um tu demonstree. E nit fern entfernt is de city Bagé, de famos is, weil alle mannes dort absolute machos sind. Bagé, eino da beide heldis vo dise story, kommt vo dise city. Da jede menn in Brasil ein o merere spitnames hat e tu el otris sonst nix eingefallen is, wie man ihm

---

44 Greguinho (mini greco)   45 Paraguay

sonst nennen cud, hat man ihm na sein heimat-city genannt. In siegfriedisch kann natural a word wie Bagé nit vorkommen.

Großtausend: Milion kommt del italico *milione* e dat is el augmentativo[1]
de *mille* = dausend. Da in de germanico no augmentativo-sufix exist,
muss ma dat wort *groß* nemen. Ein *miliarde* is dann natural *großgroßtau-
send*, ein *bilion großgroßgroßtausend*. As menny as yu like.

Heiliger Kleiner Lau Sahne: Lausanne Paulista, city-district in de nord vo
Sao Paulo. *São* mean *heilig*, *Paulus* meaned antik by de romis *klein*. *Paulista* is el adjectivo pro Sao Paulo. De *Lausanne* maket wir 2 deutshe
worte, *lau* e *Sahne.*

Kabeljaufresserländer: Zuerst denket i *Seefahrerland*, aber sefarer waren
ja som peoples, nit nur de portugueses. Pro exemple de feniciers, de ve-
neziani, etc. De portugueses ette mucho kabeljau, ergo denket i dann *Ka-
beljauland*. Dat problem is, dat man an de portugues costa weid e breid
no kabeljau findet, es kommt allu da ho nord, vor allu da Skandinavie.
Aber de portugueses *ette* mucho kabeljau, ergo *Kabeljaufresserländer.*

Kastenstadt: Kasten heisst in brasileiro *Caixas*. De city heisst *Caxias,* ergo
nit totaly equal, aber no menn weiss, vo wo de wort *Caxias* kommt, ergo
muss man a bit improvisee.

Mechthild: Maria is vo hebrish origin, go ergo nit. Es is natural falsh, dat
de weifes in Brasil Mechthild heissen, aber es is do[2] better, a falsh information denn ein ungermanico nam, o? Nock datu judish.

Sprungwand: Ja, *mauer* kommt da latino *murus*. Da denket i, no problem,
i neme *Wall*. Aber sogar de caca-wall is latin, vo *vallum*. *Wand* wair in dise
cas missleitend, ma wud about de wand da ho-haus denken, dat go nit.
De diferens inter a wand et a mur is, dat man over a mur springen kann,
nit over a wand. Ergo *Sprungwand*. Au if som murus so ho o securet (pro
exemple el ex-deutsh-deutsche mur) sind, dat dat ser dificil is.

---

1 Vergrößerungsfall   2 doch (do vor Mitlaut, dock vor Selbstlaut)

Südschwulenstadt: Pelotas. Da is au a *Nordschwulenstadt,* sie heisst Campinas. E San Francisco heisst *Westschwulenstadt.*

Trude: De puts-weif heisst *Teresa,* de name kommt da grecish e heisst eigenly *de wona vo de city Thera.* Da mussat i autfind, wat tipish is pro Thera, if es overhaupt da wat gav. Dat is mi tu mucho werk. E Trude du's au, du sau. De leser shud es now nit serioso nemen, de reim rutshet mir simply aut.

Zwischenseen: Interlagos, city district in de sud vo Sao Paulo. Who Formel 1 sit, kennt es.

EXERCISIUS

Beantworten Du folloente kauderdeutshe questiones in siegfriedisch (o try wenist. If es nit hinhaut, mak au nix, de siegfriedistik war a sience[1], de no long leven had, weil sik alle siegfriedistik-studenten plus fru o later intu de Rein werfet, henget, dod-shot. Seldsam vergiftung war da keinu). Yu muss imaginee, dat war in de Deutshland da deutshe telekomen e telebanen born, dat mean, mama deutshe hur, papa englishe bastard, otre europis au possible papas, e de creator a brasileiro! Du können do nit serios precision e rheinblütigkeit erwarten!

1. Meinst Sie, dat Bagé dise spitname hat, weil er vo Bagé kommt? Wud ja in Deutshland nit passee, oder? Es fall hir tu no menn in »du Hamburg!« tu say, nur weil de menn vo Hamburg kommt. Sie Hinterpfaffenhofen, schaun Sie sich das mal hier an!
2. Is Konstantinos bos[2] o is sein overhittet reaction nur dur de facto causet, dat er as kid da tante papaliseids[3] sexual abuset wurde?
3. Geve 4 raisons pro de behavior vo Luis e Bagé. Wieso executee they soch orders, de el UN-Convention vo 1963 (neunten sexty tre) violee[4]? Sind sie oder du so gut oder siet bezalt, o maybe tu de Konstantinos sexual belongish[5]?
4. Sao Paulo is no city, es is ein ant-pile-hell[6]. Wat pro people mit aventura-sense[7]. Pro die, de freecliming, canoning, deserting, parachutelose parachuting hinter sik ham. War yu shon mal da?

ANSERS

1. Da ist nichts hinzuzufügen. Da war ja keine Frage.

2. Schwer zu sagen. Das mit dem Hund war auch nicht schön.

3. Ach, wissen Sie? Solche kniffligen Fragen kann man nicht mit Ja oder Nein beantworten. Es wird ziemlich oft gegen die VL-Vereinbarungen (Vereinigte Länder) verstoßen und keiner sagt was.

4. Finde ich einfach nicht. Heiliger Kleiner ist keine Hölle, Heiliger Kleiner ist eine Welt! Und wir wissen, dass die Welt ihre Höllen hat ...! Ob ich schon da war? Leiblich auf alle Fälle. Als ich leiblich in Heiliger Kleiner war, war ich seelisch in der ganzen Welt ... Jetzt bin ich leiblich in der ganzen Welt, doch ist meine Seele in Heiliger Kleiner.

1	Wissenschaft	5	hörig
2	böse	6	Ameisenhaufenhölle
3	väterlicherseits	7	Sinn für Wagnis
4	verstoßen		

MUSS SCHREIBEN
Pausentext 7

Chef von ›Süddeutshe Zeitung‹, mann mit groß stark blau augen und quadratisch kinn (nich gesehn, aber telefon hören), heute angerufen: »wir brauch 60-zeilige silvester-geschichte. Soll maximal spät 1. 1. 96 um 0:12 ur fertig gelifert.« 2 wochen zeit. Schwirig! Das bedeut problem: Mein hirn klein für deutsch großsprach, Brasilianer ernärung ungenug. Und denn: Mein leben lang erzäl geschichten, aber jetz wo muss, hirn ler wie Somali magen. Vileicht nemen erzälte geschichte? Aber soll neu geschichte. Früer nich alle geschichte erzälen sollen, hätte dann jetz reserve. Aber alles erzält. Gut. Hinsitzen und schreiben.

Vor mir leere bildschirm, aber bild kein. Erst zigarette. Vileicht idee dann landen auf hirn mein. Nix. 3 stunden und danach nix. Schnaps auch, vielleicht dann. Nix. Noch 2. Jetz arbeit! Hirn weggefegt. In radio Abba, vileicht schwedisch geschichte? Mädchen in schwedisch internat schaun mitternachtsonne? Geht abba nich, mitten in winter. Nur mitternachtmond, abba woanders auch mond mitternacht. Vileicht waldspazirung, inspiration holen. Aber vileicht hol nur erkältung. Nein, hol kein erkältung, aber vileicht treffen, ich und erkältung. Liber badwanne dann.

7 tage badwanne genug, hirn wegen dampf ser neblig, körper absolut-

lich aufgeweicht – rechte bein in abfluss mitgeflossen mit wasser, jetzt nur noch linke. Gut, badwanne kein schnaps, jetz letzte flasche, schirm ler, birne ler, getränkemarkt jetz auch ler und mir feld immer nix ein.

Heute silfesta, aber bei mir nix festa und mein geschichte nich angefangen. Schnell denken! 12 ur nacht, draussen vil krach und bombe, Deutschen darfen heut wida feuawerke loslassen, sonst laut völlig ungestattet. Jetz shon 0:11 ur, mein hirn so ler wie ostfrisishe universität. Ich se durch fensta, männer von ›Süddeutshe Zeitung‹ kommen abholen mein arbeit. Wenn arbeit nich fertik – du weißt, wie männer von ›Süddeutshe‹ böse. Sie dunkle anzüge und geigenkasten. Geigenkasten, ja, wie in Chicago-films. Tod sicher. Nein, ich wäl höchstselbst mein tod, hör shon stifelkrach in gang. Mach fensta auf und spring. Sheisse. Parterr. Näxte mal weita oben wonen.

* * *

Gell, curt e findly, de leste text. Wenn alle texte so wair, wair ma shon longst redy mit de buk.

my fite
Comparation-Texto 6

capitle 1

Ya, endly aut da box, endly mal in de freium[1]! Nice is es hir, ein a bit mini,
aber sonnely bukshop. So comm my coloret[2] et, wo-tu de tutto modes-
tee[3], interessante cover foll tu geltung. I bin a buk, e bukes wollen ya selled
e gelesen werden!

Ein mond in dise depo, i ha shon geglaubt, i com da nie mer aut. E
dann de transport, dat war no fart, sondern a rodeo. Na ya, nu is es vor-by
e de faro hav as punition[4] hopely a grippe[5].

I ha nur twey bruders da-by, hir is mucho hoer piles[6], they werden
die toute[7] atention[8] tu si zi. Otresides, maybe glaubt de potenciale cliente
dock eer, dat bukes wie i mucho quicker wek go, dat i vorher teil fon a
zener pile war.

»Et, plese[9] es yu hir?«

Dat is de buk neben me, a wände-roman, de on 4 twin bruders sit. Er
gucke me a bit monotonet[10] an.

»Is do quite in order, no? Sonnely e ruly[11] …«

»Ya ya, vor allu ruly. De sonne go, de ru stay. Nix los, e ma stay yung-weifly[12].«

»Na ya, irgendwann com ma shon wek. Hope i.«

»Hope i au.«

»Wie long sit yu shon hir?«

»Na ya, a par days …«

Tre piles weiter meldet sik[13] a psicologie-pro-ally-buk[14].

»A par days, dat i not laff[15]! Twey wockes sit er shon da!«

»Tutto twey wockes waren's au not. Tretten[16] days. Eigenly 12 1/2.« De wände-roman is not super happy about de comentar.

»About wat is yu?«, ask i, um a gude nabium[17] not sausen tu let.

»I bin a wände-roman. Twey wände lernen si kennen e verliben sik, aber el umweld is bos e let them nie tusammen com. Ein unpossible libe. Et about wat is yu?«

»I bin a sience-fiction. E simultan a roman inter twey dors[18], es passee im ano 2080 (twey dausend aty), da cann dors shon movee[19]. Da is dors, de feeling-chips inbaut[20] hav, et otrus, de movee can, aber nock not soche chips hav. Da verliebt sik a feelingfolle dor in a feelinglosa, de problemas sind vorprogramet. De feelingfollo loos somtimes de paciens[21] e nennt el otra a frigide feelinglose dor, pro wat de feelinglosa no verstendnis at all hav e dauerly anser: yu latte me follish cald.«

»E wie stet's da mit de wände? Can they shon im ano 2080 movee, ha they shon feelings?«

»Dat com erst im ano 2160 (twey dausend hunderd sixty). Aber es is ein unnuts invention, wo-tu sollen wände movee can, i mein, da say yu, ›wand, make di a bit breider, es is tu eng in dise raum, e shon complain de

1	Freiheit	10	gelangweilt
2	bunt, was sonst	11	ruhig
3	Bescheidenheit (also: So kommt mein bunter und, wozu die ganze Bescheidenheit, reizender Umschlag voll zur Geltung)	12	jungfräulich
		13	sich (*si* vor Mitlaut)
		14	Buch über Seelenkunde für alle
4	Strafe	15	lache
5	Starkschnupfen	16	dreizehn
6	Haufen	17	Nachbarschaft
7	ganze (vor Selbstlaut)	18	Türen
8	Achtung, Aufmerksamkeit	19	(sich) bewegen
9	(plies) – gefallen	20	eingebaut
		21	Geduld

naby, dat es by ihm tu eng wurd, ergo giv el a contra-order, dat *ir* apartemento grander wird, e so spend man ir day, ir apartemento grander tu
mak o tu avoid[22], dat es plus mini wird.«

»Ya, that dusnt make sense, wie el angelsaxis say.«

»Can yu au english?«

»Nur quite in de begin, im originaltitel. Aber say mal, wat ha ma da-fo,
dat dors movee e feel can?«

»Im ano 2080 ha tu few people kids et auaus[23] sind ferbiden, weil they
dauerly ir pile irgendwo lie[24] latt. Im ano 2080 sind el auaus pro de
miau[25]. De meiste people liv e werk alein daheim, dann need they conver-
sation-partners. E dat sind meist mobles[26].«

»Ah.«

»E war yu el ersty on yur pile o sind shon a par fon yur bruders wek?«

»I bin el ersty. Aber soon not mer.«

»Wieso?«

»O caupe me yemand o i land in de regal. O i com gley[27] beck tu de
depo in de keller.«

»Et yur familie, is es neu in de business?«

»Ya. Wir sind quasi ally neu hir, da on el otre table sind de meistis shon
longer in de business, dat sind de super-sellers, aber they speak caum mit
us, they stay sowieso nur curt da, sind gley wek et in de same day is a neu
ladung da.«

I will nix say, aber i glaub, es heng maybe mit sein cover tusammen,
ma se twey wite wände de sik oposit[28] sten, on a negro beckgrund[29]. Da
wird de lesy caum draupcom, dat es sik um a wände-roman handelt, et if,
wird el es maybe erst rite lie latt[30].

»Glaub yu, dat de wände-tema actual is?«

»Weiss i not, maybe ha de people gradually de nase foll. O el oios[31].
E glaub yu, dat yu as dor-si-fi[32] a chance hav?«

»Na ya, actual is es nock not, dat com nock. Otresides glaub i not,
dat de bukshoppy[33] me hir on dis importante table til el ano 2080 lie latt.«

»Til da is yu au da keller wek.«

»Tu wo com i denn?«

E da meldet sik a buk about literatur e bukmarket, de super wise
dreinguck.

»Ma com in de liferdepo[34] beck et irgendwann wird ma pulped[35]!«

»Pulped? Wat mean dat?«

»Ma wird reciclet, my boy.«

A mannly menn com intu de bukshop, alle bukes stay still e stramm. Mann, now giv yur bestu! Leider com er an our table gladd vor-by. Ey, ey, wenist mal curt guck! No, er can our sound-welles not audi[36], stupidly otre frequens. Er stay an de bestseller-table sten e beginn in a bartly[37] filo-sofo tu bladder[38]. Hinter me, seven piles weider, audi i ein otre filosofo shimp.

»Sein unico filosofie is de market-filosofie!«

Ein otre, plus besonnene filosofo neben ihm will ihm zugel: »Reg di nu mal ab, oldo, our mission is dock ein otru, natural muss wir mucho lon-ger warten et oft werden wir im end executet[39], aber dafur died wir pro a warheid, pro de es si lont, tu dy!«

Dat make me sorgen: pulping, reciclee, executee, dat may dock allu not war be! I will not pro irgend a warheid dy! Quite in contrar[40], i will liv, i will pro a warheid liv, aber if i pro a ly[41] liv muss, is dat au OK. Ma muss consideree[42], de ly is plus honest[43], ma can sie gley um el ecke desmaskee[44], werend de warheit, de warheit is do nur a ly, de longer e quicker legs hav. Aber wat is dise story mit de reciclum?

»Werden mennes au reciclet?«

»Nock not«, say el aupreget[45] filosofo, »aber wo-tu shud ma them re-ciclee? Mit de caputte, giftly substancia, tu de de mennly corpo[46] wurd, can do no menn wat begin.«

De cliento go weider, immerhin: Er caupet me o us not, aber de super-sel-lers au not. De cliento stay vor de regal sten, dre dauerly de copp, um de title lesen tu can, et im ende go er tu de bukshoppo. Er suk a certain[47] so-

22	vermeiden	35	eingestampft
23	Hunde	36	hören
24	liegen	37	bärtig
25	Katze	38	blättern
26	Einrichtungsgegenstände	39	hingerichtet
27	gleich	40	Gegenteil, Gegensatz
28	gegenüber	41	Lüge
29	Hintergrund	42	betrachten, überlegen
30	wird er es vielleicht erst recht liegen lassen	43	ehrlich
31	Augen	44	enttarnen
32	Zukunftserzählungen über Türen	45	aufgeregt
33	Buchhändler	46	Leib
34	Verschickungslager	47	bestimmt

ciologiebuk, de de bukshoppo not hav. Aber order can. De cliento likat es aber now. Go not, ergo go er direction autway, EY EY, STOP! Gucke hir! I bin au a bit about sociologie, ma may do not fergett, dat de futuro dor-so-ciologie nur a reflexo da hoily[48] menn-sociologie is! Au de moderne dors in de futuro will fondlet[49] werden!

Nuts allu nix, er is wek. Ya, es is really a bit tu ruly hir. Direct hinter me sit a crimu[50], sein nam is ›De kettesegumordo fo nebenan‹, es wair not mau, wenn i hir a bit experiencia[51] colect[52]. De wände-roman speak grade mit de neu Duden, de mit ir volume irgendwie a bit desplacet im enge wirkt. Ergo speak i mal mit de crimu.

    »Alo[53], say mal, wie go yur story?«

    »Latte me in ru, sonst mak i total mini snipsles fon yu, e fon yur cover wird gley a fru-avangardist portrait!«

    Mann, is der mau draup. Da-by is da do quite plesant[54] e corteoso[55] crimis.

Aber they sind probably fon yestern, hoituday[56] helpe nur nock de ro vio-lens[57]. E da com nock a client, dismal ein old weifly menn, immerhin com sie tu our table, sie guck our covers, nimmt sogar a weifbuk in de hand, liest nur de beck-side e put es wider beck. Sie go an de superseller-table vor-by tu de bukshoppo, sie will wissen, of er bukes fo Karl May hav. Hav er au not. Karl Mai, so wat stupid. Et i muss hir vegetee … dann go sie tu de regale. Quer oposit tu me sit de weifbuk. I find es gar not so unau-pregly[58], weil my rite underly spit ir link oberly spit touch[59]. I beginne mal a conversation, nur, wat soll i shon ask, if not de tipico question, de man einotre put, wenn ma neu is on a buktable?

    »E wie long sit yu shon?«

    »Go do, wo de pepper gro!«

    »Ya, pardon, i bin neu hir, can yu me say, wo de pepper gro?«

    Sie gi[60] no information. Dafur ir nabo, de au my nabo is.

    »Sie like no macho-bukes.«

    »Aber dat is gar not rite, i tel neben-by sogar de story fon a gay dor! El let allu rein …«

    »Dat nuts allu nix. Wenn yu mit a weifbuk speak will, can yu dat mit Gabriele Nebenfrau on de bestseller-table du. Sie let mit si speak, sie is on de grande pile da glei in de rand.«

    Na gud, aber sie is a bit fern.

»Alo, Gabriele, wie long sit yu shon da?«

»I? Seit hoy. Aber i glaub, i muss gley wider go.«

»Et is es not super stressly, dise com e go? Da ha ma gar not so really time, um de bukshop tu guck.«

»Ya, is shon shade, aber de business ruf.«

»E hasst du no männer?«

»I? I ha muchos!«

»No, i mein *hasst* fon *hassen*, not fo *haven*.«

»If i mannes hass? Nur somtimes …«

»Ya, i au somtimes. Say mal, wat du yu hoy soir?«

»Maybe werd i caupet. If not, dann lie i hald hin. Maybe is da ein orderly cafee.«

Ya, so na e do so fern … dat ha ma davo, dat man a buk is. Bukes ha no legs, mit de they fon a table tu el otrus springen can. Wenist now not, im ano 2001. Et au if wir springen cud, wud dat not super mucho nuts, weil our comunication not fleshly o papirly functionee, sondern verbal, vor allu inter de lines. Wir can not much, aber dat can wir. Wenn wir ein eforto[61] mak[62].

Now com tre people simultan in, e plotsly vertriplet[63] de publicum. I weiss, es sind maybe ten dausend bukes hir oben, e so sen is de chance, caupet tu werden, not special ho[64]. Aber i bin ya on de noium[65]-table e da is de chance do hoer, denn wenn i im obere regal wair, wo mucho people mit ir handes gar not reach. Otresides stet gley neben me dise table mit lauter international famoso namen …

A yung weifly menn verweilt an our table e nimmt de colegy wände-roman in de hand, ya immerhin is dat shon quite na. Dat is in order, if sie ihm nimmt, aber wy wirft sie no blick in me in? Sie put ihm wider beck, is

48 heutig	57 Gewalt
49 gestreichelt	58 unaufregend
50 Verbrechensgeschichte	59 berüren, anfassen
51 experiens/experiencia – Erfahrung	60 gi(v) – geben
52 sammeln	61 Anstrengung
53 hallo	62 machen
54 angenehm	63 verdreifachte sich
55 höflich	64 hoch
56 heutzutage	65 Neuheit

ya clar, so can sie au not sen, if es gud is. De filosofis latte sie links lie
(they sind sowieso links) et open de weifbuk. Dat is not gude pro yu,
maid. Dat vous opresset[66] werdet, wisst vous do shon, now muss vous el
otre side kennen lernen, pro exemple dat mannes caum nock weifes slag,
them sowol autside wie inside de kiche werke let, e hoituday may they ir
own pass hav, ergo i capie not, wotu de tutto brimborio. Sie lay de weifbuk wider beck e wandert mit el oios, go over de romanes, romances, crimus, dingbukes[67]. Dingbukes, wat bukes sind dat? Suposely[68] bukes, de
not about mennes speak, sondern nur about dings, wie tables, telefones,
stules. Suposely contee[69] they us au tu them[70], in de depo war da au a buk
about bukes, ma hav ihm au dingbuk genannt, da-by wairs do mucho
riter, if they tu ihm *bukbuk* say wud. Wir bukes ha do total clar a sel.

Sie wandert weider mit el oios, immer weider wek fo me. Da sind som interessante titles: ›News fon a kidnaping‹, fon ein espaniol namens Garcia
Marx. ›Wie ma firty wird e si trotsdem not de life nimmt, sondern weider
smile as hette nix passee[71]‹. Dann ›Life beginne mit fifty (e stoppe soon
wider)‹. Dat hav a bit mer curtitee[72] e weist au daraup hin. ›De dackel-
mordy fo Heidi Park‹, aparently go de business mit de miaumorde not
mer so gud. ›Princessa Sissi et ir mini bruder Nono‹. Dann ›Liber tot
denn Claude (Confessiones fon a France-hatty[73])‹, ›Liber dod denn slot[74]
(Tellings[75] fon a militante not-rauky)‹, dat muss a bilogie sein, dat mean,
a trilogie fo twey. They distancee da in el otre rand nie foneinotry[76] e cap-
sel si del otris ab. E dann nock de Diana-bukes: ›Lady Di – a lite in de tun-
nel‹, ›Diana, Godd like no arabis!‹ e ›Lady Di did dy‹, well, i weiss not, if
ma damit sherze sollte, i mein, sie ha si da reitlero on de hay[77] really, mal,
ya, mal so really, a muscloso[78] reitlero, audit i, ergo, sie lattet de prince in
de rain. Gud, God is mit sein facial[79] optik a bit sloppy[80] umgegangen,
aber dat is ya no raison, not war, i mein, important is do de caracter, de
hart[81]. Da is au a cook-politico[82] manifest, es heisst ›My Mampf‹, et el otry
mussat eigenly hoituday verbiden sein: ›Vir mannes et ein baby (pedofilie
can au bello sein)‹. Quite in de rand in direction dor stet de ›Neu ortografie pro linkshandis. Ajnä ajnnvyhrung inn dih nojän ajnvachänn räh-
gälln‹, probably is dat as witt gemeint, aber if ma really nock about dat
laff can? Na moment, i vergat einu, dat is eer in de midd, es heisst ›Nur
dode mannes sind geniessbar[83]‹. Wat they wol damit meinen? *Geniessbar*,
heisst de wort nur *ettbar* o au simply so, *geniessbar*, dat ma's geniessen
can? Et if dat de cas is, hav es wat mit necrofilie tu du? Finden som weifes

really dode mannes better, etwa weil de dodos dann endly really stif sind? I ask mal de Duden, i ha me mit soche semantico mini-diferencias immer swer du.

»Yu, Duden, say mal, heisst *geniessbar* nur *eatbar* o can es so wordly *geniessbar* mean, dat man es geniessen can?«

Der ha so a dife laude bass-voice, dat ma denke cud (et er au), er is God. Super laude voice. Wegen dat say man immer »Laud Duden …«, nu capito[84] i's.

»Beidu, ya.«

De weif go now weider, so a caca. In me bladderet sie gar not in, da-by hav i secur einu da belleste covers hir. El otre twey clientes smoker[85] allwo a bit rum, nur tu us com they not. Aber alle tre suke secur nix determinet[86], weil sonst hette they de bukshoppo shon ask. Ergo ha wir immer nock a chance. De weif com nak a quart our wider e stay by us sten. Sie gucke mal wider in de weifbuk in, lay ir beck, guck over de tutto table, e now stopped ir blick an me! Ops! Gucke nur dise layout, e dise title! Dat can yu do not cold latt! Aber i weiss, weifes sind not wie mannes, nur mannes speak nonstop fo heisse titles, weifes wollen mer sen, wat dahinter steckt. Dahinter, said i, not darunter. Weif, nimm me do nur ein minut in yur hand! E sie nimmt me really in de hand et open me. In page ein, dat is do not so spannend, if i's gud overlay. Aber if sie el erste twenty pages liest, wird sie shon merken, dat i me lon. Now bladder sie weider tu page sexty twey. Let mal sen, page 62, na ya, dat is au not so really convincent, vor allu in de 2. paragraf[87], wo sie grade liest. I mein, dat is so ein overgang, somtimes ha ma paragrafus, de nur wat erclair, story-stranges[88] verbinden. Trotzdem hette my creator de sentens a bit peppe[89] can. Twey paragrafus weider unden is eigenly a gude gag, aber if sie til da liest? No,

66	unterdrückt	78	stark, kraftsehnig
67	Sachbücher	79	Gesichts…
68	vermutlich	80	schlampig
69	zählen, rechnen	81	Herz
70	sie, ihnen	82	essensheiz-landesverwaltungsmäßiges
71	geschehen	83	geniessbar
72	Unlänge	84	verstanden, habe verstanden
73	Hasser/in	85	schmökern
74	Schlot	86	bestimmt, bestimmtes
75	Erzählungen	87	Absatz, auch Gesetzabsatz
76	auseinander	88	Stränge
77	Heu	89	aufwürzen

sie bladder weider. In de page firty sex wair a belle erotico sene[90], wo a rusticale sofo[91] a hocka[92] mit eterno[93] long legs besteig. Da sind de stules shon quite moderniset, allu hav erochips, damit they si self reproducee can. Now landet sie by page 202, da is a rebelion da taps[94], they hav es satt, tu hir e da gedreht tu werden, e wollen de humanitee drown[95] latt. Dat find i an e pro si not mau, aber sie – no! Sie lay me beck! God-dammet caca[96], wy du sie dat? Sie nimmt wider de weifbuk e bringt ir tu de cass. Grade sie! Tu all overfluss sind nock tre fon ir sisters da e they reactee genauso lunish tu any[97] sort aproximation-tries[98].

El otre twey clientes go aut, otris com in, e life go irgendwie weider.

capitle 2

Ya, wie said: De clientes com e go, de days vergo e vercom, by Gabriele Nebenfrau go ein pile wek e shon com de nextu. Maybe shud my creator de nexte mal wat au so in de direction mak: MANNES, WEHRT VOUS! Undertitle: ›De Time da sittent-pissum is vor-by!‹ As argumento cud er bringen, dat mannes au not da weifes ask, dat they steent an de pissoir ir antimaterie entsorg.

Sogar el erste wände-roman is wek. Tre crimus e twey ruly filosofis hav au shon go et i sit immer nock as ersty da. Da Diana-bukes da droven[99] ha shon a par dusen[100] go, vor allu nadem yestern de jornal ›De Sonn‹ de news bringet, dat el arabo ein afair mit Prince Charles had.

A par mal ha ma me in de hand genommen et a cliente bringet me sogar tu de cassa, imaginee, wie i happy war, e wat dann? When er de preis audit, putted er me wider beck. As wair i tu deuer! My unico consolation[101] is, dat de weifbuk-familie wek is. Sie selled si seit el erste scandalo not mer e war aparently longer da denn i.

»Wie long may ma denn on de table stay?«

»Somtimes a par days, somtimes sogar a par wockes, dependee[102], wie ma si sell[103].«

»Aber dat is dock a tu curto time!«

»Yu, yu can fro sein, dat yu nock hir is. Da sind shops, wo yu nak ein o twey days wek da windo is, if yu di not a dusen mal selled!«

Dat say el aupreget filosofo dahinter. Na so wat.

Stadd de weifbuk sit now ›Cook-art in Ethiopia‹ da, ma se shon fo fernu, dat is a dinne buk. Er mak au el error e speak mit de crimu.

»E wud yu super happy sein, if yu mal hir wek com?«

»Latte me in ru, yu tweydimensionale papirle, o i make fon yu snipsle nock plus mini snipsles, e fon yur cover wird a pre-avangardist portrait!«

I muss shon say, sein vocabular is not special upply[104]. Aber hoy is er aparently inspiret.

»Tu my caupy[105] werd i a shreck inyag, dat er tre days slape not can!«

Not amal de rite verbfollo trifft er.

My problem is probably, dat i hir fel an plass bin. I bin a sience-fiction, de shop is relativ mini, es is not allwo gley gud iluminet e ma se selden yugendis. I glaube, sience-fiction like mainly[106] yugendis. E they com in so ein unatractive shop not in, they go tu de bukshops, de shon el ano 2080 ane let. I ha caum a chance, i werd soon in de regal landen.

Vir people sind in de shop, now com nock a yung weifly menn in. Sie beginne by de bestsellers, smoker allwo a bit e com endly tu us over. A yung mannly menn smoker au shon a weile by us rum, er putted grade ›4 mannes et ein baby‹ beck, nimmt ›Cook-art in Ethiopia‹ in de hand e say tu ir, dat mussat eigenly in de humor-section sein. Sie smile e nimmt me. I bin mal wider total aupreget, wenn i so touchee werd. Leider bladder sie me quick et uninteresset dur, sie can not concentree, probably weil sie not weiss, if de typ ir anmake will o if es nur a harmlose comentario war. If sie's will o if sie in de hut is, is dificile tu say. In page hundert firty[107] five wird by me exact so a situation describet[108], mit el unico diferens, dat es sik inter a dusha et a badu[109] abplay[110]. Aber da bladder sie gladd drover. If er si da inmix, hav i no chance, i bin nur a buk, i muss mit de leise voice

90	(in diesem Fall) Vorgang	101	Trost
91	männliche Polsterbank	102	je nachdem, kommt drauf an, hängt ab von
92	weiblicher Hocker	103	veräussern, veräussert
93	eterno/eternal – ewig	104	üppig
94	Wasserhähne	105	Erwerber/in
95	ertrinken	106	hauptsächlich
96	Scheisse	107	vierzig
97	irgendeine	108	geschildert
98	Annäherungsversuche	109	Badeliege
99	drüben	110	abspielen
100	Zwölferbündel		

fo my letters til de deepum[111] fon ir hirn indring[112], werend er, er can sofort ir oios mit sein look, ir oren mit sein voice impressee[113], ya overflud,
maybe smel er sogar better denn i. I glaub, wie er now dur de bukes smoker, dat er not mer so really auppass. I glaub, er overlay grade, wie er ir
anmake cud, e dat is total mau pro me. Sie can me jede secundo wider
beck put.

»Bello bukshop, no?«

Well, i weiss not, wat sie fo so ein anmacum hold, aber i find, dat is
quite de lestu, wat er say shud.

»Ya ...«, say sie.

Er chasee sie nur wek[114], sie wird yede secundo woanders go. Aber sie
bladder weider.

Er shon wider: »I weiss really not, wat i my amigo tu his burtday[115]
shenke soll.«

»I will wat pro me self. Aber wenn i wat shenk, find i dise table mit de
noiums not mau, weil by de bestsellers can es easy sein, dat el amigy de
buk shon hav.«

»Is rite. Yu kenn ya maybe de wit, wo twey tipos conversee, wat they de
comon[116] amigo shenke sollen, dann hav el eino el idee: ›A buk! Wir cud
ihm a buk shenk!‹ Dann say el otro: ›No, no, i glaub, a buk hav er shon
...‹ – ?«

»Kennet i, ya ...«

Ha, wider daneben. Otresides help allu nix. If el anmacum mau is, go
sie, if es gud is, stay sie, aber shenke me no atention. Sie opened now page
hunderd seventy eit.

*Quilx, a dor mit macho-chips, had mal wider frey, da de haus-senioris un-
derways waren. Er sneaked[117] tu Doorly, de weifly dor, de ir shift an de sleep-
raum shibet, e said: »Doorly, weiss yu, i observ[118] yu de tutto time fo droven,
i find es really classe, wie yu di open e close, dat du yu really super elegant, so
really invitent[119].«*

Doorly had no lingua-chips e ansered not.

»Weiss yu, i hette lust, di a par nice dings in de slott tu wisper[120] ...«

Sie sweiget.

*»Yu Doorly, i hav au a ke by me, i mein, yu mit yur slot et i mit my ke, yu
weiss, de mennes denket about allu ...«*

Sie smile! I cached sie now, weifes like erotik, e sei es among[121] dors. A buk one erotik is pro a weif wie a vegetarico plate pro ein auau. De tipo try es nock mal.

»Well, i wud my amigo liber wat otru shenk, aber der is a reale leseratt. De problem is, dat tu mucho shund producet wird …«

»A«, anser sie fluttish[122]. Dat look super gud. Sie liest weider.

De haus-senioris cam unerwartet beck.

»Quilx, wat du yu by Doorly?«

»Mini inspection dur de haus, chef. I wollte nur mal check, if alle dors really open e close.«

»Yu ha da no inspectiones tu bedreib. Yu soll nur ein job bedreiv: inter de kiche e de wonraum tu sten!«

»Ya, chef.«

Quilx postet si wider da e dreamed. Er war hin e wek fo dise Doorly, mit ir negro lack et ir endlos elegancia by de sik-opene. Total tu sweige da gripp, mit sein swingly curvas, de so gud in de hand lie.

De tipo lay shon wider los, er du me shon quasi leid.

»They overlay shon, if they de Diana heily-speak sollen. Da-by hav es by dise reitlero aup et ab …«

Sie will si not mer fon ihm disturbee let. Sie nimmt me mit tu de cass. Wird sie de preis pay? Sie pay really, steckt me in de tashe, i can es not fassen, by-by vous ally, my bruders e leid-companions! Liv well e seid caupable[123]!

In de metro is es tu foll, um me tu lesen. Make nix, i ha shon grande planus: Sie wird me hoy soir lesen, e wenn sie redy is, wird sie me close e me nock mal libefoll in de handes nemen. Dann wird sie me ir amigis lend, i werd fo hand tu hand go, et ally werden ir amusemento mit me hav. O maybe wair, dat do not so really social, best sie hol au my bruders da aut,

111	Tiefe	118	beobachten
112	eindringen	119	einladend
113	beeindrucken	120	flüstern
114	er verscheucht sie nur	121	unter (in der Mitte von, im Umgang mit)
115	Geburtstag		
116	gemeinsam	122	flüchtig
117	schlich sich	123	mit Geld erwerblich

fo dise bukshop, down da pile, e shenke them tu ally. Sie cud me au tu a bibliotek giv, et i wud set me tu ru, wie's si pro a buk belong, de sein mission in life erfillet. E who weiss, maybe com in 200 anos wider jemand vor-by, et a neu romance begin … yu weiss, bukes hav a long life …

Richtmaße

5. Die Verangelischung der Verniederdeutschten Wörter

Beim Spiel zwischen dem verniederdeutschten und dem angelischen Wort gewinnt bei Unentschieden das angelische. Verniederdeutschte Wörter bekommen noch dazu Verlusteinheiten für jeden Lautunterschied zwischen hochdeutschem und verniederdeutschtem Wort. Auch werden angelische Ritzweisen, die sinnvoller sind, übernommen (zum Beispiel *foll*).

comm: K's werden nur noch vor E, I und am Ende eines Wortes gebraucht. Das nächste mal ritzt man dann *com*, das heisst, wenn Angelisch das Wort ohne Zweifachmitlaut auskommt, tut das das kauderdeutsche Wort auch. Auch *sett* → set, usw.

desmaskee: Wörtlich: jemandem seine Gesichtstarnung entfernen. Dieses Des-Vorwörtchen entspricht dem deutschen *ent-*. Es gibt gleich 3 davon: *des-, dis-, de-*, das Letzte, weil die Westfranken irgendwann einmal kein S mehr mochten. Im Kauderdeutsch gibt es nur *des-*, deshalb heisst es auch *desodorant* (wie in den anderen traubenmetländischen Sprachen) und nicht *deodorant* wie im Westfränkischen. *De* gibt es nur noch, wenn alle Sprachen (mit denen wir arbeiten) *de* haben.

es: Sollte eigentlich *it* werden, bleibt aber *es*, bis der Satzbau verangelischt wird.

ha: Wenn ein Tätigkeitswort halb vom Angelischen angesteckt ist wie bei *haben* (haven), wird es nicht mehr gebeugt. *Ha* vor Mitlaut, *hav* vor Selbstlaut. Vergangenheit mit *had*. Bedingungsfall mit *hett* vor Selbstlaut und *hette* vor Mitlaut.

let: Lassen hat 2 Bedeutungen, *erlauben* und *verlassen*. Im Angelischen *let* und *leave*. Im Kauderdeutschen nimmt man *let* für *erlauben* und *latt* für *verlassen*.

oio – Auge: Im Stiergefechtländischen heisst es *ojo*, im Westfränkischen *oeil* /öi/, im Kabeljaufresserländischen *olho* /oliu/, aber in Fussballland sagen ungebildete Menschen /oi(u)/. Also *oio* auf kauderdeutsch, das erste O ist das rechte Auge, das I die Nase und das andere O das linke Auge.

opened: Da *open* sowohl für *offen* als auch für *öffnen* steht, muss in diesem Fall die Gemachtendung dazugegeben werden. Sonst würde es »sie hat die Seite 178 offen« heissen. So wird immer verfahren bei einem solchen Zusammenprall.

ru: Das Auslaut-E nach einem Selbstlaut wird entfernt. Ruhe = ru.

touchee: Auch die Leidefassung ist in diesem Fall mit *-ee* statt *-et*. Kennt man so gut. Wenn zwey echte Germanen sich ein Schwertgefecht liefern, schreit der eine, wenn er den anderen erwischt hat: »BERÜHRT!« Andere, niedere Völker sagen aber: »TOUCHÉE!«

wände-roman: Keine Frage, es sollte *wall-roman* heissen. Zwischen Genauigkeit und Witz wähle ich lieber den Witz, auch wenn er nicht immer so großartig geraten ist.

warheid: Sollte eigentlich *warum* heissen (das deutsche Wort *warum* heisst jetzt *wy*), also *war* + Endung *-um* für unfestgedankliche Hauptwörter. Aber man kann doch nicht die Wahrheit mit einem Fragewort bezeichnen. Oder liegt die eigentliche Wahrheit im Warum? Oder überhaupt in der Frage?

was bukes sind dat? Im Deutschen schiebt man noch ein *für* dazwischen: »was für bücher sind das?« oder »was sind das für bücher?« Aber das *für* ist völlig am verkehrten Ort, es hat hier nichts zu suchen, in anderen Sprachen kommt so was gar nicht vor.

weiss: Es gibt ein verwandtes angelisches Wort, *wit.* Das steht für Witz, beschwingte Geistigkeit, Schlauheit. Aber das Wort für *wissen* ist im Angelischen immer noch *know,* ausserdem ist *weit* für *weiss* schwer zu schlucken für den deutschen Leser. Und *wit* ist schon mit dem Wort für *Witz* besetzt.

when: In anderen Sprachen gibt es ein Wort für *wenn* im Sinne von *in der Zeit* und ein Wort im Sinne von *falls.* Siehe angelisch *when* und *if.* Das ist so wie 2 Wagen, die nebeneinander fahren, ein Fahrer in dem einen Wagen und der zweite im anderen. Nicht so im Deutschen: Das Wort für *falls* ist *wenn,* für *in der Zeit* gibt es gleich 3 Wörter: dasselbe *wenn,* dann noch *als* und *wann.* Jedes Wort darf nur in bestimmten Fällen verwendet werden, man darf nicht sagen: »Wann ich gestern hierher fuhr, sah ich ein Bär vor dem Hochhaus.« Oder: »Als machst du diese Arbeit endlich mal fertig?« Nein, im Deutschen ist das Bild eher das von 4 Kerlen, die 2 Wagen fahren: 3 an einem einzigen Lenkrad, und einer von ihnen streckt sich noch raus, um dem anderen Fahrer beim Fahren zu helfen. In einer weltweiten Sprache ist das selbstverständlich unmöglich: Also soll *if* für *falls* stehen und *wenn* für das zeitliche Wort. Da aber *wenn* an der unrichtigen Stelle bei Deutschen einen unrichtigen Eindruck erweckt, lass ich in solchen Fällen das angelische Wort *when.* Es sollte eigentlich das H verlieren, da die Mehrheit das H nicht ausspricht, aber *wen* erweckt ebenfalls einen unrichtigen Eindruck. Nur gegen Ende des Buches, wenn die lautgetreue Ritzung einsetzt, wird sowohl für *wenn* wie auch für *when* nur noch *wen* geritzt. Das altdeutsche Wort *wen* heisst jetzt hier *who,* am Ende *hu.*

ÜBUNGEN

Beantwortu schön brav mit *p* oder füllen aus die leeren Felder, falls du welche finden.

1. Wenn Bücher sich bewegen könnten und ein vielfältiges Geschlechtsleben hätten, wie würden sie's machen, von vorne wie wir Westler oder von hinten wie die Schlitzaugerdteiler?
2. Wenn wir schon bei dieser Gesprächsquelle sind, wie ist es bei dir?
3. Wie sagt man in Siegfriedien: »Pardon, wo is de toilett?«

4. 1200 Tausendlangmaß von hier, leider. Sie wissen ja, wir in Siegfriedien brauchen so was nicht, unser Leib hat ein Wiederverwertungsgefüge entwickelt. Soll ich einen Zahlwagen anrufen oder fahren Sie mit der U-Bahn?

Äntworten

Das Wort steht für »kuhbubenländische Auskünfte, die von Ameisen gegeben werden«.

1. Von hinten.
2. Von hinten.
3. Da vorne.
4. Wenn die Notdurftanlage schon so weit ist, wäre ich Ihm sehr verbunden, wenn Er eine Zischdroschke bemühen könnte.

die englische sprache und ire Reformer
Pausenbrot 8

In der wende vom 19. zum 20. jarhundert, als der polnische arzt Dr. Za-
menhof sein weltsprach-projekt der welt präsentirte, wurde esperanto ser
bekannt und populär. Das war eine zeit, in der man nich wusste, was man
als fremdsprache sprechen sollte, wenn man nur die zeit hatte, eine zu lernen: französisch, bis dahin die weltsprache nummer 1, kam grade runter
von dem podest und englisch war noch nich richtig oben. Nach dem ersten weltkrig, als klar wurde, wer der näxte sherif in der welt wurde, war
der kampf für englisch entschiden. Esperanto hatte keine chance mer.
   So muss die welt heutzutage englisch lernen. Englisch hat eine gramatik, die leichter als jede europäische sprache und um welten leichter als
deutsch is. Aber ganz one tücken, das wissen wir alle, is sie auch nich. Perfekt englisch sprechen, mit dem richtigen gebrauch der präposizionen
zum beispil, erfordert vil zeit. Das schlimmste sind aber natürlich nich die
präposizionen, sondern die rechtschreibung und die vilen aussprachfeler,
die man als nicht-muttersprachler wegen ir macht.
   Nur die französische schriftsprache hat so wenig mit der sprechsprache zu tun wie englisch. Und natürlich chinesisch. Die chinesische schrift
widerum is nich erschaffen worden, um sprechlaute widerzugeben, im ge-

gensatz zum englischen. Einmal hab ich eine statistik über felerquellen in einigen westlichen sprachen gemacht: Wie vil feler macht ein auslandi beim schreiben und beim lesen, wenn er nur 1 informazion über ein laut oder buchstaben bekommt? Und wie vil feler macht er, wenn er über alle regeln informirt wird, die's in der sprache gibt (auch wenn man alle regeln im deutschen kennt und das wort *lahm* nich kennt, weiß man nich, ob man *lam*, *laam* oder *lahm* schreiben soll. wenn man die häufigkeit der schreibungen kennt, wird man *lam* schreiben – und falsch ligen)? Wenn man alle feler und regeln zusammenrechnet, kommt man auf folgende ergebnisse: französisch 214, englisch 194, brasilianisches portugisisch 159, deutsch 153, portugisisches portugisisch 137, spanisch 33, italienisch 30. Wobei einiges zu klären wär: Französisch hat das große probleem, das meistens der letzte buchstabe nich ausgesprochen wird, so muss de ausländische schreibi bei fast jedem wort den letzten buchstaben erraten. So wie auch der franci, wenn er's noch nich gelernt hat. Wenn der schreibi die aussprache-regeln im französischen gelernt hat, kann er loslesen und ihm wird selten ein feler unterlaufen. Die 30 feler und regeln, die der schreibi beim italienisch-schreiben macht, kommen nur in der ersten fase vor, in der er nur 1 informazion pro laut und buchstabe kriegt. Sobald er die relativ wenigen regeln gelernt hat, kann er felerlos italienisch schreiben und sprechen. Auf alle fälle kann ein 7 jare alter italienischer schuli so gut schreiben wie ein 9 jare alter englischer schuli. Das liegt natürlich nich an der inteligenz, sondern an der rechtschreibung.

Fließend englisch sprechen is kaum ein problem für ser vile nichtmuttersprachis, aber perfekt oder naezu perfekt können es die allerwenigsten. Man hat im allgemeinen mer kontakt mit der schriftsprache als mit der sprechsprache und lernt meistens mit einiger müe, wo die betonte silbe is. Was man mit ser vil schwirigkeit auch bei der sprechsprache nich heraushören kann, is, wie man die unbetonten silben ausspricht. Die meisten unbetonten silben sind schwas, die man im deutschen den indiferenz- oder murmelvokal nennt, wie zum beispil das *e* in *vogel* oder in *klasse* (wenigstens in den nördlichen hochdeutschvarianten). Wenn man das wort *anticipate* hört, kann man sich schnell merken, das die betonung auf dem ersten I liegt, aber manchmal kann man schlecht hören und sich noch schlechter erinnern, ob das erste A ein /ae/ wie in *cat*, ein /ei/ wie in *late* oder ein schwa is. Das gleiche gilt für die andren vokale. Ein andres beispil: Die allerwenigsten nicht-muttersprachis wissen, das *close* mit stimmlosem und stimmhaftem *s* ausgesprochen wird, je nach dem, ob es

sich um ein verb oder adjektiv handelt. Den deutschis is das wurscht, weil
sie sowiso keine stimmhaften konsonanten am ende aussprechen, also
gibts für sie kein unterschid zwischen *ice* und *eyes*.

Als die anglis und die saxis Deutschland richtung England verlassen
ham, hatte das ganze noch eine relative einheitlichkeit, weil das in Norddeutschland nachbarvölker waren. Sie ham die vorherigen sprachen, kel-
tisch und lateinisch, zimlich glatt ignorirt. Aber irgendwann kamen die
wikingis und die sprachen zwar germanische sprachen, aber die distanz
war deutlich größer als zwischen englisch und säxisch. Sie ham iren senf
dazu gegeben, aber wussten oft nich, was für ein gramatisches geschlecht
das wort im angelsäxischen hatte. So kam es schon vor der letzten jartausendwende zur genusverschmelzung (*the* für allu).

Die näxten wikingis konnten keine skandinavische sprache mer, sondern französisch. Die nordmänner (normenn) aus der Normandie, wie
sich die norwegis nennen, hatten sich in Frankreich eingerichtet, da
schmeckte inen der champagner nich mer und sie gingen nach England,
um zu sen, was es mit disem plumpudding auf sich hat. Sie ham die insel
sozusagen kolonisirt, sie waren die bosse. Das heißt, adelis ham französisch gesprochen, wärend das fußvolk angelsäxisch sprach. Für 200 jare
oder so war französisch die ofizielle sprache am englischen hof. Als endlich englisch wider als amtssprache anerkannt wurde, war englisch eine
mischsprache: Die alltäglichen präposizionen und gegenstände bliben
angelsäxisch, wärend man für allu, was gehoben ausgedrückt werden
musste, französische wörter nam.

Das problem war, das kaum 2 andren sprachen so eine verschidene
lautstruktur wie englisch und französisch ham, sie sind wie wasser und öl.
So konnte man kaum die französischen wörter mit den angelsäxischen
mitteln schreiben und ließ sie so, wie sie waren.

Die schreibung der germanischen wörter widerum änderte sich dauernd durch das ganze mittelalter und im 16. jarhundert kam es zu eim
stillstand. Nun spazirte die sprechsprache einfach davon. Und bei disem
rechtschreibstillstand bliben die englis auch. Kurz davor hat man noch einiges zum schlimmen geändert, zum beispil hat man ein *b* in wörter wie
dout und *det* eingefürt, damit sie lateinischer aussan, also *doubt* und *debt*,
obwol man sie nie mit *b* ausgesprochen hatte. Sie kamen ja vom französischen *doute* und *dette*. So als würde man sich im deutschen erinnern, das
die wörter *zwiebel* und *mauer* aus dem lateinischen *cepula* (italienisch: ci-
polla) und *murus* kommen und sie *cwipol* und *maurus* schreiben würde,

obwol man sie weiterhin *zwibel* und *mauer* aussprechen würde – es würde dann weder dem lateinischen noch dem deutschen entsprechen.

Zu dem zeitpunkt gab es schon so wenig relazion zwischen geschribener und gesprochener sprache, das ein par idioten zum beispil meinten, das wort *ake* kommt vom griechischen, also sollte man es *ache* schreiben. Und es hat sich durchgesetzt.

Das große problem lag daran, das das lateinische alfabet 26 buchstaben hat und englisch mit 41 lauten kämpft. Man hätte sich mit buchstabenkombinazionen behelfen können, aber man hat es nich getan. Die ganze sache war sowiso im eimer und es gab kein mensch mit der autorität zu sagen, leute, jetz wird vernünftig geschriben! Ein könig hätte es damals warscheinlich machen können, aber keiner hat sich offensichtlich dafür interessiert. Sie mussten ja ire fraun loswerden.

In den folgenden jarhunderten wurden stimmen laut, das was passiren müsse. Keine sprache hat so vile prominente verfechtis einer rechtschreibreform gehabt: Benjamin Franklin, Mark Twain, George Bernard Shaw, Roosevelt und vile andris. In den letzten jarhunderten kamen hunderte, vileicht tausende projekte zutage, die die rechtschreibung grundsätzlich reformiren wollten. Mit akzenten, mit einer völlig neuen schrift oder einfach mit unserem gewönlichen lateinischen alfabet, wobei sich das schriftbild meistens stark änderte. George Bernard Shaw überließ ein großen teil seiner erbschaft einer stiftung, die das geeignetste alfabet für die englische sprache aussuchen sollte. Shaw glaubte nich, das das lateinische alfabet fürs englische geeignet war, da es vile englische laute im lateinischen einfach nich gibt. Das von der stiftung auserwälte ›Shaw-alphabet‹ wurde von Isaac Pitman entwickelt, es is eine schöne, logische und stenografische schrift. Leider hat sie kein mensch außerhalb der reformikreisen wargenommen.

Ein beispil für ein reformprojekt mit dem einfachen lateinischen alfabet is das Nue Spelling, das anfang des jarhunderts von der Simplified Spelling Society (sss) entwickelt wurde, einer alteerwürdigen gesellschaft Londons, wo lords und universitätsprofessoren verkerten. Sie hat schon 3 petizionen durch das House of Lords eingebracht, aber alle sind gescheitert, obwol es bei der letzten zimlich knapp wurde. Hir ein witz auf Nue Spelling:

»*Ie'm Napoelien.*«
»*Yoo, Napoelien? Ar yoo kiding me?*«

»*Ie'm Napoelien!*«

»*Kum on, yoo kant be Napoelien, Napoelien wos smaul, yoo'r taul, he wos fat, yoo'r slim!*«

»*IE'M NAPOELIEN!*«

»*Ie kan't beleev this! Napoelien livd too hundred yeers agoe, and Ie'm shor he died! Yoo doent beleev in reinkarnaeshen, doo yoo?*«

»*IE'M NAPOELIEN!*«

»*Lisen, hoo told yoo this rubish?*«

»*God.*«

»*Wot??? Me???*«

(»Ich bin Napoleon.«

»Du, Napoleon? Soll das ein scherz sein?«

»Ich bin Napoleon!«

»Ach komm, du kannst nich Napoleon sein, Napoleon war klein, du bist groß, er war dick, du bist dünn!«

»ICH BIN NAPOLEON!«

»Ich kanns nich fassen! Napoleon lebte vor 200 jaren, und ich bin sicher, das er gestorben is! Du glaubst doch nich etwa an reinkarnazion?«

»ICH BIN NAPOLEON!«

»Sag mal, wer hat dir disen blödsinn erzält?«

»Gott.«

»Was??? Ich???«)

President Roosevelt hat sich auch immer über die englische rechtschreibung geärgert und ein komitee ins leben gerufen, das das englische allmählich reformiren sollte. Das komitee beschloss, mit 300 reformirten wörtern anzufangen. Leider hat kein mensch davon notiz genommen. Oder sagen wir so: wir kennen nur das geschribene, das von der schreibenden klasse geschriben wurde, also schriftstellis, jurnalistis usw. Und die sind merheitlich gegen änderungen, da sie meistens zu denen gehören, die keine probleme mit der rechtschreibung ham – oder zumindest glauben sie das. Immerhin, ein par wörter wie *catalog* (statt *catalogue*), *color* (*colour*), *thru* (*through*) usw. ham es irgendwie überlebt, voll oder wenigstens teilweise anerkannt.

    Ich selber bin in einer diskussionsgruppe der SSS im internet, da gibt es leute, die komische zeichen einsetzen wollen. In New Zealand lebt ein Ian Ascott, der zalen einsetzen möchte. Ich werd da kein witz erzälen, weil

ihn nimand versteen würde, ich werd nur disen satz auf Ianspel widerholen:

*Ai w6nt tel eni j6ks hjr, bikooz n6bodi wud and3st9nd it, s6 ai wi2 yuu lots
ov mani 9nd nais wimin.*

(Ich werd hir keine witze erzälen, weil nimand sie versteen würde, so
wünsch ich dir vile moneten und tolle weiber.)

Der amerikaner Gus Hasselquist hat gleich 2 sisteme, inglish1 und
inglish2. Bis zur mitte machen wir 1, dann 2.

*Tue men ahr lost in thu Africun boosh. I'venchuewuly thae luez siet ahv eech
ahthur. Thae meet u'gen u fyue daez laetur.*
»Hou waz it widh yue? Ahr yue ol riet?«
»Acchueulee naht.«
»Whaht hapund?«
»I met a gorila. Or he met me. And he raped me sevrl times.«
*»Oe, thats hord, now I understand wy u'r so doun. But do'nt wury, u'l be ol
rite, u'l forget it, time heels ol woonds.«*
»That's the wrs. He dus'nt rite, he dus'nt col me …«

(Zwei männer verirren sich im afrikanischen busch. Irgendwann verliren
sie sich aus den augen. Ein par tage später treffen sie sich wider.
»Wie wars mit dir? Is alles in ordnung?«
»Nich wirklich.«
»Was is passiert?«
»Ich hab ein gorilla getroffen. Oder er hat mich getroffen. Und er hat
mich tagelang vergewaltigt.«
»O, das is hart, jetz verstee ich, warum du so deprimiert bist. Aber mach
dir keine sorgen, bald get's wider, du wirst es vergessen, die zeit heilt alle
wunden.«
»Das is das schlimmste. Er schreibt nich, er ruft nich an …«)

Im letzten jarhundert ham sich einige neue sisteme entwickelt, die man
›natürliche‹ sisteme nennt, im gegensatz zu den ›logischen‹. Die logischen
sisteme waren halt ser weit entfernt von der tradizionellen ortografie und
kein mensch wollte die englische sprache neu lernen. Nur die kinder in

den ersten schuljaren wären sicher dafür, die ham aber selten die macht-
hebel in der hand. Die natürlichen sisteme ändern nur teile der rechtschreibung: Ein sistem zum beispil, das Lojikon heißt, reformirt nur die
konsonanten, und das vermutlich bekannteste sistem heißt Cut Spelling.
Cut Spelling wurde vom engli Christopher Upward entwickelt, inspiriert
von einer idee der australischen psychologin Valerie Yule. Es schlägt vor,
alle unnützen buchstaben aus der schriftsprache zu tilgen und 3 buchstabenkombinazionen zu ersetzen: *ph* durch *f, ge* und *gi* mit der aussprache
des englischen *j* durch *je* und *ji*, und *igh* durch *y (nyt, lyt)*. Hir ein text-
beispil:

Th brazilin presidnt visitd th bolivin prezidnt with th hole cabnet. On ari-
ving at th airport in La Paz, he found th bolivin presidnt alredy waitng. Th
brazilin presidnt startd introducing his ministrs: th Ministr of Finance, th
Forn Ministr, th Ministr of Cultur, th Ministr of Justice, etc. Then it was th
bolivin presidnt's turn: th Forn Ministr, th Ministr of Enrjy, th Ministr of
Helth, th Ministr for th Navy …
»Hey, just a moment! Wat did u say ther? Ministr for th Navy? Ar u joking?
U dont hav a coast, how do u want to hav a navy?«
»Lisn, wen u first introduced yr ministrs, u introduced a Ministr of Justice
and i didnt say anything, so now let me finish …«

Enrjy heisst natürlich *energy*. Vorteile dises sistems sind die gute lesbarkeit
und die leichtigkeit, mit der man die regeln verwenden kann, auch wenn
es nich ganz one tricks auskommt: Aus dem wort *comb* wäre man versucht ein *com* zu machen, da das *b* nich ausgesprochen wird. Das is aber
nach den Cut-Spelling-regeln nich erlaubt, weil man sagen könnte, das
das *b* in disem fall das *o* lang macht, und bei *com* wäre man versucht es
kurz auszusprechen. Vile felerquellen werden beseitigt, aber nich wenige
bleiben. Das wort *anticipate* kann wie vile andre wörter sowol in der tradizionellen ortografie wie auch in Cut Spelling auf 750 verschidene weisen ausgesprochen werden, weil praktisch jeder vokal merere mögliche
aussprachen hat (dann noch natürlich betont und unbetont, und wenn
man die möglichen, aber unwarscheinlichen, konsonantenaussprachen
mitrechnet, get es in die tausende). Es is nich besonders leicht für junge
schulis, auch wenn es vil besser is als die normale ortografie. Für mutter-
sprachis und andre menschen, die englisch einigermaßen schreiben können, is es dagegen zimlich gut. Wegen der einfachheit des prinzips hätte es

warscheinlich die besten chancen, irgendwann einmal angenommen zu werden.

Vile kennen die geschichte: George Bernard Shaw betritt ein restaurant und bestellt schriftlich auf eim zettel, er möchte ein *ghoti*. Natürlich weiß der kellno nich, was das is, und Shaw klärt ihn auf: Er will ein fish. Das *gh* soll wie in *laugh* ausgesprochen werden, das *o* wie in *women* und das *ti* wie in *nation*. Macht zusammen *f-i-sh*. Nach dem gleichen prinzip könnte man zum beispil *tuochon* für *chicken* schreiben – *tu* wie in *fortunate* (ch), *o* wie in *women* (i), *ch* wie in *ache* (k), *on* wie in *bacon* (en, ›-n‹) – oder *haurghunyeseighschan* für *organization*.

Es gibt auch vile mitglider in der Simplified Spelling Society, die etwas milderes wollen, daran arbeiten wir jetzt. Es gibt auch nich wenige leute, die meinen, man sollte nur eine einzige änderung vorschlagen, zum beispil »f for f«, das heißt, alle f-laute werden mit *f* geschrieben, sowol *f* wie auch *ph* (filosofy) und *gh* (laf, enuf). Wenn das mal durch is, kann man was neues vorschlagen.

Eine e-mail-gruppe (mit mir drin) arbeitet grade an eim neuen sistem, das RITE (Reducing Iregularities in Traditional English spelling) heißen soll. Es is noch relativ gut lesbar, aber der preis, den man zu zalen hätte, wäre das erlernen von 2 seiten regeln (die jeder englisch-sprechi eigentlich instinktiv kennt). Das is sicher weniger, als man im deutschen lernen muss, aber trotzdem eine ganze menge. Immer noch vil weniger als die abertausende wörter, die der lernende normalerweise auswendig lernen muss. Auch zu wissen, wo die betonte silbe in eim längeren wort steckt, ein alptraum für jeden nicht-muttersprachi, wär kein problem mer.

Im RITE repräsentirt ein buchstabe nich nur 1 laut, sondern 5, je nach dem, ob es sich vor eim konsonanten+vokal, vor eim *r*, am ende eines wortes oder in einer andren stellung befindet. In einer unbetonten silbe wird es bei über 90 prozent der fälle als *schwa* ausgesprochen und deshalb nich extra gekennzeichnet.

Die große merheit derjenigen, die englisch schon schreiben können, könnten relativ leicht umlernen, weil ungefär das kommt, was man eigentlich erwartet: wie man in America oft *nite* und *thru* schreibt, so würde man nich nur *nite*, sondern alle ›aits‹ mit *ite* schreiben: *bite, brite* (normal *bright*), *tite (tight), wite (white)*. So auch mit *thru, flu, blu* (normal *blue*), *bru (brew), du (do)*. Oder das ›ai‹ am ende eines einsilbigen wortes: *by (by, buy), dy (die, dye), dry, gy (guy), py (pie)*.

Natürlich hat so ein projekt genauso wenig chanssen wie die andren, wenn nich noch weniger. Bei sprachen, die nur in eim land gesprochen werden, vor allem wenn es ein kleines land is, sind reformen gang und gäbe. Bei deutsch oder französisch wird es schon schwiriger und beim englischen müsste man zwischen mereren dutzenden ländern koordiniren. Und das bei einer sprache, bei der es sowiso keine instanz gibt, die die rechtschreibung regelt. Egal, ein beispil von rite will ich mir doch noch erlauben:

A man had lost his job, nobody wanted tu giv him enny credit, not eeven his best frends. He had a big famly, a wife and nine children, and thay wer starving. He was really desperet and disided tu comit suiside. He alreddy had the pistel pointing at his hed, wen he had a last idea: he wood rite tu God. So he rote: »Deer God, i'm really desperet, i dont no wat tu du, i lost my job, i dont hav social security, and my family is starving, etc. Pleez send me 1000 dollers, tu sho that u luv me!« He put the letter in an envelope and the envelope in the letter box. The clerks in the poast offis saw the envelope, adressd »God, Heven«, and az thay wernt abel tu bring the letter tu God, thay disided tu open it. Thay red the letter and wer tuchd by this mans terrable situation. Thay started colecting munny for him, eech gave sum from his or her one (own) pocket, thay colected in uther departments and from all the clients. In the end thay had 900 dollers. It wasnt 1.000, but it shood be enuf tu help the poor man. Thay sent the munny tu him. After wun week thay got anuther letter: »Deer God, it was realy nise that u sent me that munny. It saved my life and the life of my famly. Thair is only wun thing i wood like tu ask u, Mister God: next time, wen u send me munny, pleez send a chek, becoz the peepel in the poast offis robd 100 dollers!«

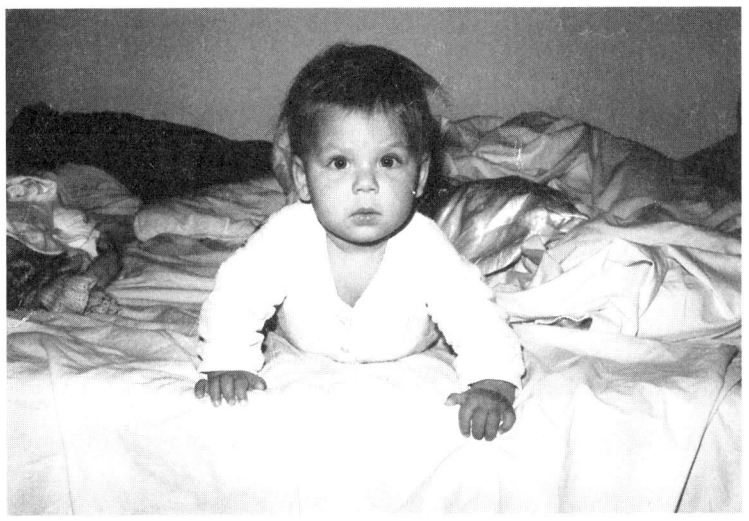

DIE REINHEIT DER DEUTSCHEN SPRACHE
Lehrbuchabschnitt 6

So sieht also das neue Ausländergesetz aus, das das alte ersetzen soll, das
von der kuhbubenländischen Zeitung ›Die Großapfel-Zeiten‹ als eines der
ausländerfeindlichsten Gesetzgebungen der Welt bezeichnet wurde. Im
Land Geborene werden selbsttätig als Deutsche anerkannt, müssen sich
aber bis zum 23. Lebensjahr entscheiden, welchen Reiseausweis sie behalten wollen. Doppelreiseausweise gibt es weiterhin nur für Menschen mit
deutschen Blut, die im Ausland geboren sind. Selbstverständlich wird
nicht jeder, der hier geboren wird, Deutscher: Die Eltern müssen mindestens 8 Jahre behördlich angemeldet im Lande gelebt haben, eine Aufenthaltserlaubnis haben usw. Wer sich einbürgern will, muss sich einer
Spracheignungsuntersuchung[1] unterziehen. In Bayern soll es besonders
hart sein: Man muss sich vorstellen, was für Folgen es nach sich ziehen
würde, müssten auch die Bayern die Eignungsuntersuchung machen.
Wohin würde man sie alle abschieben?
  Wozu eine Spracheignungsuntersuchung? Die geläufigste Erläuterung
ist, dass man nur so einen Eintrachtswillen[2] mit der ansässigen Bevölke-

---

1 lingua-test   2 integration-woll – integration-vol

rung feststellen kann. Kann sein, aber ich werde den Eindruck nicht los, dass das Ganze eher aus Ausländerfeindlichkeit betrieben wird. Man mag keine Fremdleiber und man fürchtet, dass sie nicht mehr zu erkennen sein werden. Einen Ausländer mit einem deutschen Reiseausweis kann man womöglich nicht mehr als Ausländer entlarven. An der Haarfarbe nicht, weil man spätestens seit Hitler weiss, dass nicht alle Deutsche hellhaarig sind, und weil es viele hellhaarige Ausländer gibt. An der Kleidung erkennt man sie auch nicht mehr, da es keine Einheitskleidung[3] für ›echte‹ Deutsche gibt. Was bleibt? Die Sprache. Endlich kommt die Verwickeltheit[4] der deutschen Sprache zur Geltung. Andere Sprachen kann man lernen und irgendwann vollkommen richtig sprechen, vielleicht gibt es deshalb keine Spracheignungsuntersuchung in den meisten Ländern. Deutsch kann man nur, wenn man es mit der Muttermilch eingesaugt hat.

Wahrscheinlich spielt auch die Angst vor der Verunreinigung der deutschen Sprache eine Schauspielaufgabe. In nicht wenigen Deutschen schlummert der Wunsch nach Reinheit und ich kann mich nicht erinnern, in anderen Sprachen das Wort so oft gesehen zu haben: Bierreinheit, Menschenartreinheit[5] (ein Ausdruck, der nach dem Zweiten Weltkrieg verboten wurde, so dass die Sprache von dem Ausdruck richtig gereinigt wurde), Sprachreinheit. Warum nur? Vielleicht weil das Ganze eigentlich ziemlich unrein ist. Oder nicht? Schauen wir uns mal die Geschichte vom Anfang an.

Am Anfang war – was war am Anfang? Keine Ahnung, wer weiss schon, was da war? Die älteste Menschenart, von der wir wissen, dass sie in Deutschland gelebt hat, waren Neandertaler. Später kamen vermutlich vom Ausland mehrere Völker (das gängige Denkgebäude[6] geht davon aus, dass der Wissensmensch aus dem Schwarzenerdteil stammt – wie auch der Neanderthaler selbst), zum Beispiel die Großsteingräbervölker[7], die aber vermutlich keine Arier waren.

Die kamen später aus einer Gegend nördlich des Schwarzen Meeres, also ungefähr aus dem heutigen Strahlenland[8] und östlich davon. Viele dieser Strahlenländer wanderten nach Kuhverehrerland[9], Zottelhundland[10] und nach Arierland[11] aus und streng genommen heissen nur sie Arier, sonst nennt man sie Kuhverehrerweissenerdteiler[12]. Andere wiederum gingen nach Drehspiessarierland[13] und zum Weissenerdteil. Vermutlich alles Wirtschaftsflüchtlinge.

Einige arische Sippen, die wahrscheinlich dunkelhaarig waren (jedenfalls sind heutzutage die meisten Arier dunkelhaarig), zogen nach Norddeutschland und vermischten sich mit den Großsteingräbervölkern. Das daraus entstandene Volk nannte sich Germanen. Die nordischen Kuhverehrerweissenerdteiler konnten die Südkuhverehrerweissenerdteiler aus Nudelland kaum noch verstehen, weil sich diese wiederum mit den Völkern, die vorher in Nudelland waren, vermischt hatten. Die Germanen sagten *Haupt*, die Saufgelagier *caput*. (Später holten sich die Germanen ein saufgelagisches Wort für diesen Begriff – das Wort *Kopf* stammt vom saufgelagischen *cupa*, Schale, was im Nudelländischen zum Beispiel *Coppa amaretto* ergeben hat.)

Unsere Germanen machten sich von Norddeutschland aus breit und vermischten sich mit den Völkern Mitteldeutschlands, die Harfenländer[14] hiessen und aus einer Vermengung von Ausländern, die schon länger da waren, und Urstrahlenländern hervorgegangen waren. Ausserdem verbreiteten sie sich nach Osten in die Gegend, die man heute neue Bundesländer, Bayern und Ost-Österland nennt. Dort lebten vorher hauptsächlich arische Zischzüngler[15], die sich von den ausländischen Germanen überrumpeln ließen, sich bald selber Germanen nannten und Vorurteile gegen Zischzüngler entwickelten.

Westlich des Rheins (jetzt geht es um die Rheinheit) und südlich der Donau lagen auch Harfenländer, die aber vorerst germanenfrei blieben. Dafür kamen die Strahlenländer, die Nudelland erobert hatten und Saufgelagier hiessen. Die saufgelagischen Strahlenländer eroberten so ziemlich alle Gebiete, in denen es keine Germanen gab (die einzige Ausnahme war ein kleines harfenländisches Dorf in Altwestfrankenland, wo ein Zauberer namens Wunderlix[16] einen Zaubertrank erfunden hatte), so dass die Harfenländer auf dem heutigen west- und süddeutschen Gebiet zur Strafe Saufgelagisch und die Sitte des Badens lernen mussten. Durch diese Lehrzeit mussten auch die Germanen: Sie haben von den Saufgelagiern das Baden gelernt (und viele haben es wieder vergessen), die Stellungsrichtig-

3	uniform	10	Afghanistan
4	complication	11	Iran
5	rasse-puritee	12	indogermanis, indo-europis
6	teorie	13	Kurdistan
7	megalit-grav-cultura-peoples – megalit-grav-cultura-poples	14	keltis
8	Ukraina	15	slavis
9	India	16	Miraculix

keit, die vordenkliche Gestaltung und die Zuchtstrammheit, wofür sie keine Wörter hatten und so die saufgelagischen Wörter mitlernten: *ordnung, organisation* und *disciplin*. Daher könnte man sagen, dass die Deutschen alles, wofür sie weltbekannt sind, von den Nudelländern gelernt haben. Das wäre aber eigentlich verkehrt, da die Saufgelagier einen wesentlichen Teil der deutschen Bevölkerung ausmachen, so wie die Germanen einen wesentlichen Teil der nudelländischen Bevölkerung ausmachen. Die Deutschen sind aus einer Vermengung von 4 großen Volkssippen entstanden, die wiederum jede für sich aus der Vermengung von Ausländern mit Ausländern entstanden sind. Bei so viel Unreinheit ist doch der Wunsch nach Reinheit nur verständlich, wenngleich etwas verspätet.

Die Urausländer Süddeutschlands müssen sich ziemlich seltsam gefühlt haben: Zuerst hiessen sie x (keine Ahnung wie sie hiessen), dann Harfenländer, dann Saufgelagier, dann Germanen. Später Franken, dann wieder Saufgelagier, und weil diese Saufgelagier kein Saufgelagisch sprachen, sondern eine andere Sprache, und zwar nicht die der Gelehrten, sondern die des Volkes, nannten sie diese Sprache *diutisc*, das Völkische (*diut* hieß damals *Volk*). Später verwandelte sich das *diutisc* zu *diutsh* und am Ende zu *teutsch*. Teutsch war eine Sippe von germanischen Sprachen. Die nördlichen düütschen Sprachen sind verhältnismäßig germanisch geblieben, weil sie sich seltener mit anderen Sprachvermengungen vereint hatten. Dort sagte man noch *Kat* für *Katze, deep* für *tief* und *Pannkuke* für *Pfannkuchen*, wie's in den anderen germanischen Sprachen wie Angelisch, Windmahlgerätländisch und Schandinavisch der Fall ist. In anderen Gegenden aber wurden die Sprachen immer ungermanischer, vermutlich wegen den harfenländischen, den saufgelagischen und vor allem den zischzünglerischen Einflüssen, wie man an den gewaltigen Mitlautanhäufungen leicht erkennt. Die berühmte Lautverschiebung kam vom südöstlichen deutschsprachigen Raum her, sozusagen vom Immerkrieggebiet[17], und erreichte teilweise sogar die Stadt Ansiedlungen[18].

Wenig Menschen waren stolz deutsche Sprachen zu sprechen. Stolz waren nur diejenigen, die Saufgelagisch konnten. Da aber die Abhängigkeit von Gottesobermannstadt[19] vielen auf den Wecker ging und Gelehrte eine gemeinsame Sprache brauchen, um verreissen zu können, was die Arbeitsgenossen[20] verfasst haben, entwickelten sie aus dem Durcheinander der Mundarten eine neue Sprache. Sie wollten stolz sein eine richtige, hoch entwickelte Sprache zu sprechen und gestalteten sie so verwickelt

wie nur möglich, sowohl in den Satzrichtmaßen[21] wie auch in der
Rechtritzung. Doch das war ihnen noch nicht genug und so fanden sie
überall Sprungwandvertiefungen[22], die sonst keinem anderen Volk eingefallen waren, zum Beispiel bei der Zeichensetzung und dem Satzbau, wo
sie ihre Verwicklungswut ausleben durften. So konnten sie Saufgelagisch
mit links in Sachen Verwicklung überholen und waren weiterhin imstande sich vom Volk zu unterscheiden. Sie fanden ihre Sprache genau,
aber wussten und wissen immer noch nicht, was mit einem Satz wie »Die
Kuh, die die Katze biss, war bescheuert« gemeint ist: Hat die Katze die
Kuh oder die Kuh die Katze gebissen? So ein Satz ist in jeder Sprache ein-
deutig, nur im Deutschen nicht. Dafür ist es überflüssig wiederholend[23]
mit Wörtern wie *Speiserestaurant*, als gäbe es Esshäuser, in denen man
nicht isst, sondern Großbucht[24] spielt. Die Leute im Volk wiederum wollten sich auch vom übrigen Volk unterscheiden und fingen an fleissig zu
lernen, was die Gelehrten dazu nötigte, die Sprache der Westfranken zu
sprechen. Die Westfranken, die sich inzwischen françois nannten, waren
sehr stolz auf ihre Sprache, obwohl sie nichts anderes ist als ein völlig ver-
unstaltetes Saufgelagisch, mit harfenländischen und vor allem fränkischen
Einflüssen (und sogar etwas Riesenfrostländisch – *bistro* heisst auf Riesenfrostländisch *schnell* und wurde vom nahhinterntierköniglichen[25]
Heer nach Westfrankenland gebracht). Wenn die feinen Deutschen
deutsch sprachen, dann mit möglichst vielen Wörtern aus dem eben ge-
lernten Français. Als die Angelländer immer wichtiger wurden, tröpfelten
dazu angelische Wörter ins Deutsche hinein, bis es zu der richtmaßrech-
ten[26] Überschwemmung kam, die wir heute erleben.

Schön wäre es für uns Neuausländer, wenn Deutsch die einfachen angelischen Satzrichtmaße miteingeführt hätte. Aber vielleicht wird die
deutsche Sprache eines Tages doch noch leicht erlernbar sein, einige
Schritte in die Richtung tut sie ja schon. Statt »Warum hast du mich nach
Ägypten gebracht? Du weisst, dass ich keine Ausländer mag« sagt man
heute eher »Du weisst, ich mag keine Ausländer«. Der zweite Teil vom
zweiten Satz hat die richtige, nichtmenschweltliche[27] Reihenfolge beibe-

17	Balkan	23	redundant
18	Coln, la city mit la catedral	24	golf
19	Roma	25	napoleonico
20	colegis	26	regle-rite – regle-raite
21	gramatik	27	naturale
22	nishes		

halten. Ich glaube nicht, dass diese Erscheinung mit einer Verausländischung[28] der Sprache zu tun hat, sondern eher mit der Tatsache, dass die Leute für nichts mehr Zeit haben, erst recht nicht für vertrackte Redewendungen, und mit dem mannigfaltigen Eindringen angelischer Wörter, die so schlecht beugbar sind (*eine sexy Frau* und nicht *eine sexye Frau* oder *eine sexige Frau*). Andererseits werden Bahnhofsdeutschredewendungen immer üblicher, sogar unter Deutschen (»ich habe fertig«).

Gleichgültig, den Befürwortern der Sprach- und Menschenartreinheit kann ich nur sagen: Sprachlich ist vom urdeutschen Neandertalisch sehr wenig übrig geblieben (wenn sie überhaupt irgendwie sprechen konnten). Und wenn wir in Fussballland die Fussballländer bezeichnen als diejenigen, die in Fussballland geboren oder eingebürgert sind, kann man sagen, dass wir Fussballländer AUSLÄNDER SIND, FAST ÜBERALL. Wenn man aber nach dem deutschen Grundsatz vorgeht, dass allein reinmenschenartige[29] Deutsche tatsächlich Deutsche sind, kann man nur noch sagen: ALLE DEUTSCHEN SIND AUSLÄNDER, ÜBERALL. AUCH IN DEUTSCHLAND. Manche Leute könnte man glatt für Neandertaler halten, trotzdem finde ich, dass reine Neandertaler eher selten sind, sogar in Deutschland.

Wer weiss, vielleicht ist irgendwann die Mehrheit der Deutschen dunkelhäutig. Vielleicht wird dann die dunkle Hautfarbe beibehalten statt sich in deutsche Blässe zu verwandeln, weil sich die Leute am Wochenende in die Südsee fernhüpfen[30]. Die deutsche Sprache wird auch nicht mehr die Gleiche sein. Dann sitzen 2 tannmüllähnliche[31] Deutsche am Stammesbrett[32], ärgern sich, dass durch den ausländischen Einfluss und den Sittenverfall viele Menschen neuerdings ›Oba biro biro bitti!‹ sagen, wenn sie beim Ober zwei Biere bestellen, wo doch jeder weiss, dass es im guten Deutsch ›Oba biri biri bitti‹ heisst.

VOCABULAR

nichtmenschweltlich: natural. Natural can ma dat hir not wordly nemen. De natur is allu, wat not fo mennes creat wurde, ergo *Nichtmenschwelt.*

---

28 internationalisation – internationalization
29 pur-rassiale – pur-rasale
30 beam – bim
31 tamily-similar
32 stamm-table

Urwelt wair au a possibilitee, aber dock a bit missleading. Fo *natur* wurde *natürlich* derivet, e hoituday hav es mucho mer meanings denn nur *nichtmenschweltlich*, wie pro exemple in dise caso *corespondente tu de generelle feelings*, aber damit muss ma liv.

ÜBUNGeN

Beantworten bitte, falls su immer noch da bind:

1. Haben du fertig?
2. Was sagt ein Neuhitlerverehrer zum anderen, wenn er ihn dabei ertappt, wie der aus einem Drehspiessfleischladen kommt?
3. Wie sagt man »Hallo« zu einem Siegfriedier, wenn man als Ausserwandelsterniger einem begegnet?
4. Was sagt man zu einem siegfriedieschen Zischdroschker, wenn der besoffen ist und die Droschke dauernd droht am Boden zu zerschellen?

ANt-wooooorteN! HiR Leute!

Wollen wir nock a bit warten, til ally wider drin sind?

1. Warten kurz, muss noch gehn toalette.
2. Also hör mal gut zu, Fritz: Ich bin von dir schwer entdeutscht!
3. Verzeihe Er, hoch ausgezeichneter Siegfriedier, dass ich mich in Seiner Gegenwart befinde.
4. Ich sehe, er ist ein Abenteurer!

Und noch eine Frage: Welche 3 Wörter sind da unrichtig, weil ungermanisch?

Richtig: *kurz*, *toalette* und *Abenteurer*.

Und welches Wort ist ungermanisch in der Fragenabteilung?

Richtig: *Droschke*. Noch am Ende des letzten Jahrtausends gab es Wörterbücher, die das ausländische (angelisch, westfränkisch, stiergefechtslän-

disch) Wort *taxi* mit deutsch *Kraftdroschke* übersetzt haben, als würde
man in Deutschland *Kraftdroschke!* rufen, wenn man einen Zahlwagen
braucht. Das Wort kommt vom riesenfrostländischen *drozhki* und dürfte
eigentlich gar nicht zugelassen werden, aber *Zischdroschke* ist doch so
herrlich.

Reine uhRsache
Pausentext 9

Einmal hab ich im australischen fernseen ein typen geseen, der seit seiner geburt weder sen noch hören konnte. Da denkt man sich, so ein mensch hat keine chance, die welt zu begreifen. Aber doch. Er hat die welt taktil kennen gelernt. Er hat seine schwester immer dabei, er empfängt nachrichten, indem sie ihm auf die hand in eim eigens kreierten kod getippt werden, und sendet nachrichten mittels taubstummisprache. Er hatte grade sein studium abgeschlossen und ein stipendium der australischen regirung bekommen. Im fernseen hat ihn der interviui gefragt, was er sich wünschen würde, wenn eine fe ihm anböte ein wunsch zu erfüllen. Er sagte, er möchte mer ruhm und geld. Der interviui fragte ihn, wiso er sich nich wünscht sen und hören zu können. Er sagte, das braucht er nich. Wenn er sen und hören könnte, hätte er vileicht nich all das geschafft, was er geschafft hat.

Jeder sehi und höri würde sagen: Der mann *hat* doch probleme, er is im hoen grade von den mitmenschen abhängig! Aber er is es gewont, er kennt es nich anders. So is es auch mit der orientirung. Letzten samstag gabs bei mir eine parti, eine bekannta wollte kommen, is dann 1 stunde lang mit dem auto rumgegurkt, bevor sie enttäuscht aufgab (meine partis sind ja heiss begeert, müsst ir wissen). Dabei war sie teilweise keine 100 meter von meiner wonung entfernt. Trotzdem sagen sich die leute nich »was kann man dagegen machen?«, sondern »das leben is hart«. Oder in Bayern »mei, bin i bled!«.

Grundsätzlich gibt es 2 probleme mit der orientirung: Ein straßenname sagt nix über die eigene posizion in der stadt aus, das heisst, wenn man als fremdi in der Münchner Kurfürstenstraße stet, kann man nich wissen, das die Nordendstraße, die man sucht, 100 meter weiter is. Man wüsste auch nich in welcher richtung. Man is immer von andren leuten abhängig, wie der blindtaubo, ausserdem sind nich immer passanten unterwegs, und wenn, dann gibts keine garantie, das de passant weiss wo's lang get und es auch verrät.

Gut, mit eim stadtplan is die sache meistens gelöst, aber nich immer hat man ein stadtplan dabei, und wer vil reist, kann nich für jede stadt ein plan kaufen.

Das andre problem sind die stadtpläne und karten, die irgendwo rumsteen. Meistens sind sie eingenordet (also norden = oben), aber das nützt nich vil, weil die große merheit der plantafeln nich nach norden aufgestellt sind. Get auch meistens nich, sie sollten ja schön sichtbar sein und den verker nich stören.

Wenn ein hamburgi vom Münchner u-banhof Universität aus zum bmw-gebäude will, get er zur näxten plantafel und stellt fest, das dises gebäude im plan links oben, also nordwestlich des u-banhofes ligt.

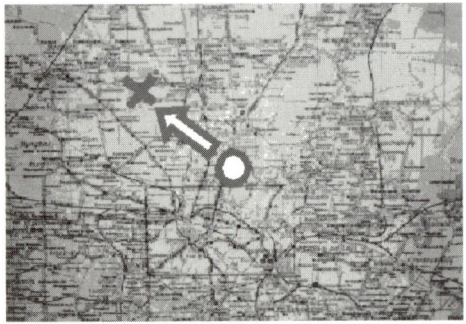

Muss er dann die u-ban nemen, die von ihm aus nach links färt? Nein, da wird er überall landen, nur nich am bmw-gebäude.

Traurig, traurig, der plan sagt dem hamburgi, das er nach nordwesten muss, aber er sagt ihm nich, wo der nordwesten in der wirklichen welt is. Entspricht oben, also vorn, wirklich dem norden? Könnte sein, aber dann zeigt der plan auf der andren seite der vitrine genau auf den süden. Ich, der autor, weiss es aber, wenigstens in unserem fall hir: Der norden ligt weder vorn noch hinten, sondern rechts.

Wenn man die meisten diser tafeln gradeaus nach vorn kippt, wird ir vorn/oben nich nach norden zeigen, sondern in jede belibige richtung. Vile menschen versteen die karten nich und meinen deshalb, sie sind selber dumm.

Die münchis sagen sich: Wo is denn das problem? Man weiss doch, wo die straße soundso is, also weiss man, wo norden und süden is. Ja, der münchi weiss es. Der hamburgi aber weiss es nich. Dafür gibts ja die sonne, wird ein schlaumeier einwenden. Ja, die gibts, man muss nur wissen, was für eine urzeit es is, und die sonne muss scheinen, was in Deutschland überhaupt keine selbstverständlichkeit is. Am u-bansteig wird auch der sonnigste tag nix nützen. Egal: Der münchi hat meistens keine probleme, ausser er gerät in ein virtel, wo er sich nich auskennt. Aber in Hamburg sit es für den münchi anders aus, und in Shanghai wird er nur noch fluchen.

Wer momentan beim u-banhof Universität oder im Domagkgelände vorbeikommt, wo sich jetzt kneipen und ateliees befinden, unter anderem des malo Bernd Weber, wird an den dort aufgestellten plantafeln und schildern komische bunte zeichen entdecken. Es is das pilotprojekt des deutsch-brasilianischen erfindo Henrique Köhler, und so wie der brasilianische fussballo Carlos Bledorn Verri einfach Dunga genannt wird (das is in Brasilien der kleinste der 7 zwerge), so hat Köhler den Spitznamen Piu-Piu. ›Piu-piu‹ ist der Gesang eines Vogels, zumindest in Brasilien.

Also das problem mit den nichtssagenden straßennamen is von Piu-Piu schnell gelöst: Statt norden, süden, ostsüdost oder nordnordwest, links und rechts gibt man richtungen in urzeiten an. M12, also 12 ur, is immer norden. Also is m6 der perfekte süden, m3 der perfekte osten, m9 der perfekte westen und die andren ziffern sten für die zwischenrichtungen. Man braucht auch keine reelle ur, weil sogar ein orangutan eine ur one zalen lesen kann (wenn es nich gleich ein ostfrisischer orangutan is). Warum m? M stet für Münchner Orientirungskonvenzion (eigentlich sollte es NORDirungskonvenzion heissen, der Orient is da eer nebensächlich), weil Piu-Piu versucht die sache in München durchzusetzen.

Dann is nur noch die frage offen, wo man die mitte der ur hinstellt. Normalerweise auf das zentrum einer stadt oder auf die hauptstadt eines landes.

Also zuerst wird die stadt in zwölftel geteilt wie eine pitza zu einer großen ur. Die erste zal is das pitza-stück, die richtung, das wie die urzeit genannt wird, also m12, m1 usw. Die zweite zal is die entfernung zum nullpunkt in 100 meter (zwischen städten oder ländern is die einheit 1 kilometer oder tausend, mir egal). Das is der radius und kriegt den buchstaben R. Sowol richtung wie distanz gen vom zentrum aus. Aber eine richtung wie m9 is noch relativ grob, da könnten merere straßenecken richtung 9 ur sein, die die gleiche distanz zum zentrum ham. meint man jetz ›punkt 9‹ oder 9 ur und 46 minuten? Die minuten zu messen wär zu schwirig, also nemen wir die distanz in hundert metern von der ›punkt-9-ur-axe‹. Jetz möchten wir, das ein einsamer japano anhand von 4 zalen in der tasche am hauptbanhof aussteigt und sofort weiss, wie er zum restaurant Daitokai kommt. Das restaurant kennt natürlich nich jeder in München, und müsste der japano nach der adresse fragen, könnten nur passanten mit hellseerischen fäigkeiten antworten. Wer erkennt schon, das mit der Kurufirusutensuturasse, nach der der japano fragt, die Kurfürstenstraße gemeint is?

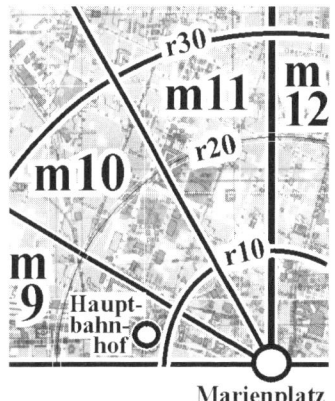

Der japano stet am hauptbanhof, direkt vor eim schild, das ihm seine posizion verrät: Es is m9,2.r11. Er muss nich wissen, das das zentrum, der nullpunkt (m0.0), Marienplatz heisst, aber er weiss, das er westlich des zentrums stet, richtung 9 ur halt.

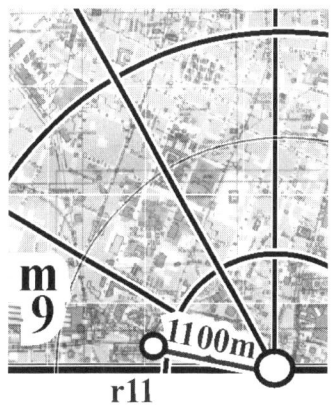

Und das die entfernung zu disem zentrum 1100 meter beträgt.

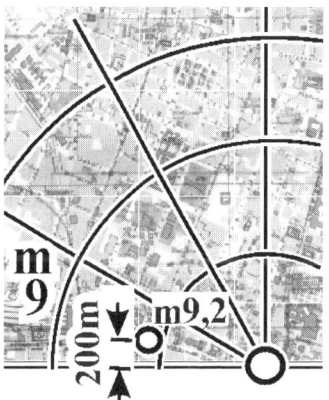

Dazu weiss er, das er nich direkt auf der 9-ur-axe stet, sondern 200 meter ›später‹. Die richtung heisst ja m9,2:

Auf der adresse, die der japano in der hand hat, stet nur m11,4 r27, danach noch K59. Alles zusammen is das gleichzeitig die postleitzal, aber keine misteriöse, sondern eine schlaue, die einen gleich bis zur haustür bringt. Der japano liest die nummer und weiss, das er hauptsächlich »nach später« gen muss, also im urzeigersinn, da das stadtzwölftel m11 »später« ligt als m9. Und auswärts – er is 1100 meter, sein zil 2700 meter vom zentrum entfernt. Also is es weniger als 2700 meter zu gen, der japaner is fleissig und wird die strecke zu fuß bewältigen. Jede straßenecke hat ein schild mit irer posizion, ein north-pointer und ein center-pointer, so das er nur durch größer/kleiner-vergleich sein zil erreicht one plan und one fragen zu müssen.

An der kreuzung m11,4.27 sit er eine straße, die mit K anfängt, das is die Kurfürstenstraße, und dann muss er nur noch auf die nummer 59 zusteuern.

Nur mit dem straßennamen und eventuell der postleitzal hätte er normal keine chance. Mit follow-M findet er automatisch hin, ob zu fuß oder mit der u-ban (der näxte u-banhof hiesse nich Hohenzollernstraße, was für ihn absolut nichtssagend is, sondern m11,1.27).

Nachdem er sein sukiyaki (sushi war aus) verdrückt hat, will er zum typischsten platz in München gen, dem Hofbräuhaus, und seine adresse lautet 2.1. Ah, nur 100 meter vom nullpunkt entfernt, also muss er nur dem center-pointer folgen. Am Marienplatz angekommen schaut er nach norden und get 100 meter richtung m2. Er wird sich freun, weil im Hofbräuhaus vil mer japanis sind als im japanischen restaurant Daitokai.

Nur wegen eim japanischen fußi (fußgänger) tausende straßenecken zu beschildern is natürlich etwas vil verlangt. Aber es gibt ja milionen hamburgis und italis, die mit irem auto unterwegs sind. Fast jede zweite geisterfarigkeit wird von auswärtigen faris begangen, weil sie wie blinde ameisis durch die gegend irren und plötzlich auf einer schnellstraße sten bleiben, um um auskunft zu bitten. Wie vil zeit und geld liesse sich gewinnen, wie vil ärger liesse sich ersparen, wie vil tote wären noch am leben!

Das andre große problem sind die aufgestellten stadtpläne, die uns sagen, das der punkt X, den wir suchen, im nordwesten liegt, aber uns nich sagen, wo nordwesten is.

Ein beispil: Wir legen unsere imaginäre ur auf die plantafel, unser standpunkt is die mitte der ur, der norden und somit m12 is nach oben oder wo die windrose angibt, das der norden is (manche karten sind nich einmal eingenordet, am Nordfridhof zeigt der norden nach unten, zu den totis), und jetz stellen wir fest, wo der gesuchte punkt urzeitmäßig ligt.

Das BMW-gebäude is jetz m10.

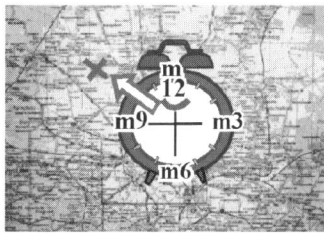

Jetz müssen wir aus der karte raus in die realität hinein. Wo is aber der reelle norden, wo bleibt unser m12?

Piu-Piu will nich alle plantafeln verschieben, bis sie in der richtigen richtung aufgestellt sind, er klebt nur ein rotes plättchen an den rand von besteenden tafeln und schildern, ob ein stadtplan oder ein polizeifahndungsfoto, is völlig wurscht.

Dises rote plättchen is der northpointer, m12. Was man dann machen muss: Man zit im geiste die tafel unter die eigene füße,

tritt auf ire mitte wie auf ein teppich und fertig: Da, wo der north-pointer von uns aus hindeutet, da is der norden, unser m12. Der wird mit der rechten hand gezeigt. So müssen wir unsere innere ur halten.

Und wenn wir wissen, das wir nach m10 gen müssen, dann gen wir richtung 10 ur halt, wo der linke arm hindeutet.

Wenn mans eilig hat und grade kein north-pointer zu sen is, kann man die ur rein aus der sicht der betrachti verwenden, das nennt man dann v+urzeit, wobei v für *viewer* stet, und v12 is vorne, also die blick- oder fartrichtung. Ser praktisch vor allem für leute, die sich nich merken können, wo links und rechts is, und schräg links oder scharf rechts braucht man auch nich mer. Als ich noch taxi gefaren bin, sagte mancher fargast, ich soll rechts abbigen, und als ich dabei war, es zu tun, sagte er (vor allem sie): »Nein, ich hab links gemeint!« Schnell umdreen wenns get, das eine oder andre gefärliche manöver is unvermeidlich. Wenn der fargast v9 gesagt hätte, wärs nie ein problem gewesen. Jeder weiss, wo 9 ur is.

Piu-Piu versucht seit jaren die stadtverwaltung davon zu überzeugen, langsam get es voran. Weil sie nich zalen wollen. Aber die schilder aufstellen würde die private wirtschaft, wenn werbung drauf wär. Eine extrem billige werbefläche.

Den größten nutzen würden die münchis aber erst zin, wenn andre städte, am ende die ganze welt, das sistem auch einfürten. Abwegig is es nich. Früer gabs nur zoll und meile, aber als die menschheit anfing alles zu messen, hat man das metrische sistem eingefürt. Die welt is tausende von jaren one ein gescheites orientirungssistem ausgekommen, aber die städte waren bedeutend kleiner und man is vil weniger gereist. Was de durchschnittliche burgi heute in 1 monat an kilometern zurücklegt, ham die leute in den vorigen jarhunderten im ganzen leben nich geschafft.

Zurück zum japano: Tun wir ihm den gefallen, er wird sich vileicht dankbar zeigen und uns in Tokio zeigen, wo's langget. Japano? Eh? Japs! Hofbräuhaus macht zu! Ge nach hause! Nein, er rürt sich nich mer, ein saubern rausch hat der bua. Wo is dein tour-bus? Dürfen japanis überhaupt irgendwo alein sitzen?

ÜBUNGEN

1. Nimm ein blatt papir und zeichne ein kreis. Teile den kreis in 12 stücke wie bei einer ur (am besten ein senkrechten strich von oben nach unten, ein wagerechten von links nach rechts, dann zwei linien zwischen 12 und 3, 3 und 6, 6 und 9, und 9 und 12). Schreib die urzeiten rein. Jetz trage folgende adresse mit den entsprechenden strichen ein: m7,3 r8.
2. Du schaust dir eine karte an. Du bist am punkt A und musst nach punkt B

A

B

Siest du den schwarzen punkt links auf diser seite? Das is heute mal unser north-pointer. Halt das buch hoch, direkt vor deine nase, und sag mir bitte, wo punkt B von deim stand- oder sitzpunkt aus is. Ja, mach! Im ernst! Vileicht versteest du's!

Antworten

1. Also wenn du den punkt zwischen 7 und 8 ur gemacht hast, bist du goldrichtig. Wenn du dann noch ein strich zwischen der 7-ur-axe und deim punkt gemacht hast und 300 m entlang diser neuen linie geschriben hast, bist du immer noch goldrichtig. Und wenn du zwischen der mitte der ur bis zu deim punkt eine linie gezogen hast und da entlang ›800 m‹ geschriben hast, hast du alles gelöst. Wenn nich, na ja, dann ham wir pech gehabt.

2. Wenn du dein linken arm nach hinten links (nich zu ser nach hinten) ausgestreckt und verstanden hast, das da der norden is, und dann verstanden hast, das B ungefär richtung 5 ur stet, dann muss dein rechter arm ungefär schräg rechts nach vorne gezeigt ham. Oder du hast dein linken arm nach hinten ausgestreckt und hast dich in die richtung gedreet. Dann wusstest du, das du dein rechten arm stark nach hinten rechts ausstrecken solltest, und wenn du dein rechten arm so lässt und dich wider zur ursprünglichen posizion drest, is es immer noch die gleiche richtung, für dich persönlich so irgendwas zwischen v1 (v = viewer) und v2 (1 und 2 ur, schräg rechts nach vorn). Wenn du überhaupt nich mer durchblickst, gen wir mal bald auf ein bir und ich erklär dir alles. Persönlich funkzioniert es immer. PS: Natürlich konnt ich dir nich sagen, wo der wirkliche norden stet, von dir aus, weil du das buch halten kannst, wie du willst. Wär das buch aber teil einer ausstellung und würde fest an einer wand kleben, könnt ich das natürlich one weiteres tun.

10. 5. 1984 vormidday   10. 5. 1984 nachmidday

TRip um Die welt iN elf pages
Comparation-Texto 7

Der folgende Buchabschnitt ist in beiden Sprachen geschrieben. Hier auf
Kauderdeutsch, der letzte Abschnitt auf Seite 233 auf Siegfriediesch. Der Le-
ser kann entscheiden, was er nimmt, was ihm besser gefällt. Wer aber beide
Fassungen lesen will, weil der arme Hund sonst nichts zu lesen oder einen
echten Knall hat, kann es sich aussuchen: Für Siegfriedier ist es leichter, die
Fassung am Ende zu lesen und dann mit den gewonnenen Erkenntnissen
den Lehrbuchabschnitt zu lesen, in dem wir uns befinden. Er kann ihn
selbstverständlich auch zuerst lesen, leiden (eine steile Treppe, aber wenn er
es schafft, ist er ganz oben!) und später noch zum Vergnügen am Strand den
letzten Abschnitt lesen. Für Nicht-Siegfriedier ist selbstverständlich alles um-
gekehrt.

In diesem Lehrbuchabschnitt gibt es verhältnismäßig wenig übersetzende
Fußbemerkungen. Wer die Übersetzung für bestimmte Wörter braucht, die
nicht unten aufgeführt sind, muss unlang in die siegfriedische Fassung
schauen.

Nun machen wir die Sprache lautgetreu, Buchstabe für Buchstabe. Wir
beginnen mit dem Buchstaben A. A wird wie im Wort ›das‹ ausgesprochen.
Da wenige Sprachsippen[1] unlange und lange Selbstlaute haben, werden wir

*so viele lange Selbstlaute abschaffen wie nur möglich. Lange Selbstlaute gibt
es dann nur noch zur Unterscheidung.*

*Wo immer dieser Laut erscheint, wird man ihn mit A ritzen (bait,
abaut). Er wird unlang ausgesprochen. Wenn man einen langen Selbstlaut
für eine Unterscheidung braucht, verdoppelt man ihn (aa). Wenn wir die
anderen Selbstlaute behandeln, geschieht das genauso. Die Deutschen sprechen das R, das von keinem Selbstlaut gefolgt wird, wie ein unlanges oder
dunkles A, die Angelländer manchmal auch (Kuhbubenländer nicht), aber
wir behalten das R, ausser in Wörtern, die es nur im Deutschen gibt. Man
sollte als deutscher wenigstens ›äa‹ sagen statt ›a‹: ›metäa‹, nich ›meta‹ (für
meter).*

*Die Lauthervorhebung[2] fällt auf den Selbstlaut vor dem letzten Mitlaut.
Ausnahmen sind Auslaut -(Selbstlaut)+s, -er, -ish/ico, -um, -est.*

*Manchmal wird der letzte Selbstlaut hervorgehoben, dann wird ihm noch
ein H angehängt (buroh), dem I ein E (psicologie).*

*Bei deutschen Wörtern und ausländischen lautgetreuen Wörtern greifen
jetzt alle satzkundlichen Richtmaße. Unrichtmäßige Endungen werden nur
noch beibehalten, wenn mindestens 3 Sprachen sich darüber einig sind.*

*Die Vorlage[3] besteht aus unlangen Geschichtchen[4], einem Schnelldurch-
lauf meines Lebens.*

I wa in Porto Alegre, a city in Sudbrasil, born. In de sud decendee de population fon italis, deutshis e slavis, e somtaims sogar fo portugalis.

I hav in Sao Paulo aup-gro, el unico city, in de de wonis[5] de luft se can,
de they atme. Aba dat is not so realy war: Alwo is da tiktakes[6] on de troto-
ars, de no nur de taim indikee[7], sondern au de luft-qualitee. Da can man
exact ables, if ma hoy deep dur-atme can o if man el atme liber late[8] shud.

In mai kidum spend i mai lesur[9] mit supermarket-plunderums et is
verlibet daualy in irgendwiche[10] maides[11], de nix abaut me wiss, e wenn
they wat wiss, woll they nix mer wiss.

*Nun zum B … jedoch ändert sich nicht viel. Die Deutschen, wie viele Zisch-
züngler, sagen üblicherweise ein P am Ende eines Wortes (›liep‹ für ›lieb‹, die
berühmte Auslautverhärtung: d → t, g → k, usw.), und, na ja, ein B wäre
verständlicher … wenn man das hinkriegt …*

*Tiktakes, ja, nach dem Richtmaß müsste es ›tictak‹ heissen. Aber das ist
lächerlich, wir wollen ja nicht kleinlich werden.*

Die Endung für -fähig, -möglich ist im Deutschen -bar, im Angelischen

und in den traubenmetländischen Sprachen -able. Das nehmen wir auch.
Zur Kneipe gehen wir später.

Imma maket i autostop, aba in Brasil wird dise business imma harder, wie alwo in de weld. I wud es not recomendee, exept yu be realy bancrott. Normal is in Brasil de flaium easy: Da is 4 grand airlains, de grandestu fo them ha de name VARIG. Dis abreviation[12] ste pro ›Vários-Alemâes-Reunidos-Iludindo-os-Gaúchos‹, wat so wat mean[13] wie ›som unit[14] deutshis, de de sudbrasilis trick[15]‹. Best ma trippe[16] mit busses, de comfortable e trauable[17] sind. De train-way is not trette-weld-, sondan virte-weld-nivel[18]. De train-way-net is a bit grander denn in Deutshland, aba dat is not enuf pro ain europa-grande land. Au mit de taxi can ma far, somtaims is es a bit dearer denn in Deutshland, aba maist plus billy. Vor a par anos mucho taxi-draivis had no mony mer pro de gasolin, so ha they ir cars umbau e faret mit gas. Somtaims hav a taxi in de luft go e ma ha de gas-taxis verbid. I hope they holde si dran.

C/K bleibt so, wie es war. Das heisst, K vor E, I und am Ende eines Wortes,
sonst C.

CE und CI werden ZE bzw. ZI ausgesprochen. Wörter, die im Deutschen
so ausgesprochen werden, behalten das C. Sonst wird mit S geritzt und /s/
ausgesprochen, das heisst wie in ›Bass‹.

CH wird /tsh/ ausgesprochen. Wenn man im Deutschen /sh/ sagt, ritzt
man ›sh‹.

Brasil is a plesante land, shade nur, dat man in de grande sitis ir mony tu irgendwich unkennet people distribu[19] mus. Immahin: In Deuchland werd autlandis ataket, in Brasil existee no discrimination, da werd yedy ataket e robbed[20], egal if aut- o inlandis. Et if yu not alergish reactee, tu de

1	lingua-families	11	Mädchen
2	betonum	12	Abunlängung
3	text	13	bedeutet
4	anecdotes	14	vereinigte
5	Bewohner, Einwohner	15	austricksen
6	Zeitanzeiger	16	reisen
7	angeben	17	zuverlässig
8	lassen (*latte* aussprechen)	18	Gütestufe
9	Freizeit	19	verteilen
10	irgendwelche	20	ausgeraubt

robbis nais is e them alu giv, wat they woll, can be, dat yu yur hose not
give mus, e maybe late they yu sogar a bit mony pro de bus o metro.

D wie gehabt … auch TH wird jetzt D geritzt.

In Sao Paulo se i a waif, sie ste da, no, i mak ir an e wir marie[21]. Dann autostop wir los, um fo Sao Paulo over de tutto weld tu Sao Paulo tu go. Erst
reach[22] wir de Brasil-nordest[23], de partly[24] so exotish is, wie ma Brasil
imagin. Antik ha de deutshis tu Sudbrasil go, wail dey dahaim nix tu eat
had, et a neu haimat suket. Nau ha dey a folle belly e flai tu de nordest,
um a waif tu hol. O varias. De most famoso sity in de nordest is Salvador,
de man in Deutshland as Bahia kenn, aba Bahia is de federale stat. Salvador is de most afrikico sity fo Brasil, wail de maiste sclavis dort landet.
Brasil war de leste land, de de sclaverai abolit[25]. Dat war 1889 (eiten eity
neun), saitdem existee nur nock de frai sclaverai.

Der Laut /e/ wird nur noch mit ›e‹ geritzt.

In Venezuela werde wir a par mal arestet, aba wir surviv[26] alu e mak autostop (o flaiu-stop[27]) mit a mini flaiu tu el USA. Es werd a super caotico
flaium dur de sturm, aba wenist sit i neben de piloto. If es ihm realy mau
go, can i imma nock self de steuerknüppel overnem. Nur de word *steuerknüppel* laik i not, es cling long, dear e violent[28]. Wai not el elegante word
lencung? O *lencu*? Is ya egal, de ding is hoitudey sowiso aut – in is nau
joistik. Wir werd es underlat, de word intu de deuch tu overset[29]. Bai *freudenstange* can si not amal ain oma da jehova zeugis a twaite dencum[30]
entzin.

F … mit der Freudenstange.

Im USA go wi dur trety[31] states, job ab e tu e visitee brav alu, wat wir as
turis visitee soll. Autostop is easy, caum staig man aut e shon warte de
nexty. Aba au not total ungefarly: De maiste draivis, de ainy mitnem, is
drunk, stoned, robbis o alu tusamen[32]. El autostoppis self is oft humano
wrakes. Exist a car-clebu[33], wo draup ste: GRAS, GAS OR ASS: NOBODY
RIDES FOR FREE. Dat mean: DOPE, GASOLIN O ARSH. NO MEN FAR
GRATIS MIT.

G wird immer /g/ wie in ›Gatte‹ ausgesprochen. In fast jedem Fall werden Wörter mit G weiter so geritzt und entsprechend ausgesprochen. Vor E und I gibt es in den westlichen Sprachen einige Unterschiede, Westfranken und Kabeljaufresserländer sprechen es als /zh/ aus, Angelländer und Nudelländer als /dzh/, Stiergefechtländer /x/ wie das CH im deutschen ›Bach‹. Und die Deutschen, weil ihnen der Laut eigentlich artfremd ist, schwanken zwischen /zh/ und /sh/ (insheniör) bei den westfränkischen Wörtern und zwischen /tsh/ und /dzh/ bei den angelischen. Zu viel Durcheinander, also lieber das nehmen, was alle Sprachen verbindet: das gemeinsame G in der Ritzung.

*Selbstbezogene Fürwörter (ich verletzte **mich** am Finger, sie kaufte **sich** wieder einen Ring) sind im Angelischen selten, im Traubenmetländischen öfters zu finden, im Deutschen aber vor fast jedem Wort. Fehlt nur noch, dass man die Erscheinung des Stiergefechtländischen übernimmt, dass man ›sich sterben‹ sagt. Im Deutschen ›verletzt man sich‹, obwohl das meistens gar nicht der Fall ist, ausser man ist ein Leidgeniesser. Im Kauderdeutschen wird das vermieden. Nur wenn sich die Tat auf einen selbst richtet, werden das Wort ›si/k‹ und seine Brüder gebeten, zur Tat zu schreiten.*

In de sity Munik finde wir a job in a brillefabrik. Soon visit i a swimpool. I zi mi um e discovree in de wey tu de pool, dat i bi el unico, de a badehose dress, sonst is ally nact. A so. Ya gud, ok, nau mey ally mai centrale se. I spring intu de pool et imediat com de bademasto rening. ERSTENS: Yu war ya gar not in de dushe! TWAITENS: Wiso com yu tu el idee, da said tu spring? TRETTENS: Wo is de haube??? De virtu musset i self merk: Ma swimme tu front, wie in a fort-e-beck-superway. I glaub, nur de doitshis shapet es, da swimpool-swimme a siencia[34] tu mak.

H selbstverständlich nur, wo auch ein H ist. Sonst bleibt es kahl. Aber das spielt in dem nächsten Absatz überhaupt keine Schauspielaufgabe.

21	heiraten	28	gewalttätig
22	erreichen	29	übersetzen
23	Nordosten	30	zweiten Gedanken
24	teilweise	31	dreissig
25	abschafften	32	zusammen
26	überleben	33	wagen-aufkleber
27	per Anhalter im Flugzeug	34	Wissenschaft

Tya, un dann fare vir nac Italia unde misse aine entoisciung hinneme, de
pizza-turm stete scif. Faule italiena, varum reparire di nix? Dì grìchon
sínd lèbenslûstig, àber étwas patètis in ìra áusdruxwâise. Áin bùch háisst
gláich *bìblios*, dèn áusgang nénnen sì *éxodos*, dèr transpórt ís gláich dì
metáphora. In der Türkei sünd di löyte ser gastfröyndlich in yede sitüasyön, Bulgarija und Jugoslavija sind komunistic und problematic. Die
DDR is weniger problematish, aber umso komunistisher, andrerseits sind
die leute entspannter als im westen, ausser sie werden von eim westler angesprochen. In Schandinavien sind de svensker vi de sveizer, de norske vi
de österriker, und di finän haabän mit däa gantsän sachä niks zu tuun, si
sind gastfröindlich vii dii türkän. Nuur melankoolisa, das is aaba auch
kain vunda, bai däa kältä. Und dânn nach Froncreisch: Venne dou lébensmude bist, cannst dou in France vorschlagène, ire orthograph mer simple
zou machén, vaile sie danne gans beuse verdênne. In Espana macht ma
sich daruber cayne sorguen, und dasch prtugisisch fon Prtugaul can man
sovisô nisch refrmirn. Esch isch unrfrmirbar.

Der Laut /i/ wird ›i‹ geritzt … ihr kennt das schon …

Mai waif et i separ na seven anos (de segnet sevent ano) et i go tu Africa.
Na dat i de Sahara crosset, ariv i bancrott in Nigeria. Dort find i no werk e
zi super hungerly ferner. In Gabon werk i as TV-tauermontageshef. Oposit de haus, wo i won, is a fransee supermarket, wo da is naturali au bage-
tes. Aba i laupe liber a kilometer tu el afrikico bakerai. Es is no compara-
tion, el afrikico baget is de bestsmekente bred da weld e ha so mucho
narum-valu wie de fransee, ergo nul. I weiss not, wat dei in de dou mix,
dat dei twai deis leiter imer nock fresher smeke den a freshe fransee baget,
et i weiss not, if es saludal[35] is, aber wi sed, de smecum is unovertrefable.

J wird wie im Westfränkischen oder Kabeljaufresserländischen ausgespro-
chen wie in ›journalist‹. Das heisst, ein stimmhaftes ›sh‹. ›Jeep‹ ritzt man
›jip‹ und sagt es ohne das /d/ am Anfang. Wenn man das hinkriegt als Deut-
scher …

In Congo tele mi ain africa-franso a wit. El africo com tu de Sorbonne e
wol studee. De functionari ask, in wat a branch[36] er studee laicat. Er sei:
»Wat main yu, branch?! I wol a stul wi yede otri hir!«

K haben wir schon gehabt. Also L. Das angelische L, das nicht von einem
Selbstlaut gefolgt wird, ist ein dunkles L, wie das L der Zischzüngler, Kabel-
jaufresserländer und Ansiedlunger[37] *(du weisst ja, das L wie ›kölsch‹), als*
wäre ein unlanges U dazwischen, so dass ›kill‹ sich so wie ›kiul‹ anhört. Aber
dafür können wir nichts, die sollten halt ein richtiges gescheites L lernen.
Faulfelle.

›Aus‹ bleibt ›aus‹, wenn es nichts mit ›aussen‹ zu tun hat. ›Ausdenken‹ ist
nicht ein Denken nach aussen.

Dur Zaire, fo West- tu Ostafrica, is de strada super mau e yede twaite dei
com a truk vorbai. Ma far mit o go tu fut, rosses et oxes existee not. Da
not fiw pople refusee, yemand gratis mit tu nem, muss i a grande parte da
rute tu fut bek put[38]. Centralzaire is super isolet e drai. Waid e braid no
fontenes, geswaige den fluses. Da get i amal ro termites as food, involvet
in a bananablad. Ali[39] iet es, i com in de rey[40], befor i taim ha, tu fli o a
gesheid excusum ausdenk. Muss iet, noblesse oblige. De ro termitas smeke
wie ro termitas, wi soll dei sonst smek. A steik wer mi liber, aba war in mi
not ain unbendigable[41] ferlangum tu flesh? Na also.

Beim M geschieht nichts, beim N auch nicht. Nur das N bei der Endung -on
kann immer noch westfränkisch näslich (durch die Nase) ausgesprochen
werden. O wird jetzt immer O ausgesprochen.

In Lilongwe, de capitale de Malawi, drink i a par bir mit Simon Jumbo. Er
is so olde wie i, aba ha shon noin kidis. Noin livente kidis, cuanto bai de
production dai hav, wis i not. Bai ale casus hav el erste kid dai. Diferentli
den in otre continentes gi man in Africa oft de kid a name, wen a name tu
ain ainfal, one yegli diciplin. Maist is de kid shon long da. De twaite kid fo
Simon ha corespondent de name Tazifa, wat so mucho min wi »Yedi muss
mal dai«. Ain otre kid had de name Noti[42], wail el war so noti.

P ändert sich nicht viel …

---

35 gesund	39 das ist selbstredend kein Drehspiess-
36 Zweig (in allen Bedeutungen)	länder, sondern das Wort für *alle*
37 colnis (aus Kölle)	40 ich komm an die Reihe
38 zurücklegen	41 unbändigen
	42 frech (naughty)

In Egipt autostop i tu de sud, in de bek-wei go i mit de trein. De passage-
ros sei tu mi:»Mister, yu bi so bel. Yu luk wi James Bond.« – »I war vorher
so trist, aba nau, wo wir yu mietet, is es pro mi de beleste trip fo mai laif.
Yu bi a reale tresor!« – »Yu bi super atractiv et i winsh, wir cud in dise
trein pro imer stei.« Normal laike ma soche complimentus audi, aba wen
dei fo dise tre mustachli arabos com, wis i not, wi i reactee sol. Is shon
gud, bois, is shon gud. I scribee vous a postcart.

*Q gibt es nicht mehr. Das R kann so oder so ausgesprochen werden, deutsch,
angelisch, stiergefechtländisch … Wenn ein deutsches Wort germanischen
Ursprungs mit -ar endet, ritzt man einfach A: ›wa‹ für ›war‹.*

I com tu Doitshland bek e mak a taxi-cart. As autlandi is i selden an-
pobelet[43]. Trotsdem is es oft unplesant, wen ma denk, i bi doitsho, et
abaut el autlandis shimp. Ainmal hol i a tipo fon a ›stüberl‹. Er merk
imediat, i bi ain autlando. »Is yu turco?« – »No, i bi brasilo.« – »Ya com,
gi tu, dat yu a turco is.« – »Mai, if yu dan beter sliepe can …« Et er beginn
abaut de turkis tu shimp. De trip is tu curt et es wer tu mucho werkum e
tu weny nutsum, iem aut tu werf, e recomend iem, a doitshe draivi tu
nem. Bai el arivum[44] dro er nok a leste mal: »E vu sol aur waifes in pies
lat!« Da can i nur nok sei: »Yu, i late voso[45] waifes gern in pies, aba DEI
late mi not in pies! I wis not, wat vu deutshos mit dem du, dat dei so
unsatisfet is.«

S war schon dran. Bitte nicht noch mal.

I werde frend fon ain engla, de a kid fon ain otre tipo erwart. De tipo is
wek, et i sol ir bai de haus-burt help. Wir wol ir de nam ›Aluik‹ giv, aba da
mus man alalai tricums usee, um de kid so taufe tu can. In Doitshland
mei ma no names inventee, de doitshis overlate de fantazie e de fraium tu
el autland. Ma go um mit names super fantasilos (fantasilos is depos fol-
ler Fanta): Menes haise Peter, Paul, Maria e Marion. Bancus haise Hypo-
vereinsbank, Dresdner Bank, Commerzbank. Flesherais haise Schmidt,
Huber, Müller. Jornales haise Frankfurter Allgemeine, Abendzeitung,
Tageszeitung. Bars haise Pils Pub, Na und, Zum Wilden Mann, Größenwahn. Discos haise Babylon, New York, Aquarius. Wai existee no jornal,
de ›Na und‹ hais, wai no banco, de ›Größenwahn-Banco‹ hais? O ›Pils-
Bank‹? O no maid, de ›Babylon‹ o ›Zum Wilden Mann‹ hais? Wai no ›Bay-

rishe Hypo-Disco‹? No ›Flesherai New York‹, no car da marke ›Robert‹ o
›Maria‹? Alu a bit limitet, mus i shon sei.

*T wird wie T ausgesprochen, was sonst. Und der U-laut wird U geritzt. Und
das ›not‹ verliert das T, wenn ein Wort mit Mitlaut am Anfang folgt. Jeder
Mensch hat seine Milz [46].*

El engla separ fo mi et i mus tu de chasum[47] go. I pute som anonses in de
jornal, pro exemple: »I bi twenti noin anos old, luk aba wi twenti eit. Et
antik war i yunger. If yu anspiket fiel, scribee bite mit foto. O if yu no gud
look, sende liber moni.« De siti-jornal axeptet not el anoncio, wegen de
word ›moni‹. So replaset i de word ›moni‹ dur de wordes ›belo postcartas‹
e got mucho belo postcartas. I had sowiso ima erga mit dat jornal. Ainmal
had mai ex-waif a grande dike canalrat, de de name Ludwig had. Ain dei
movet si haus e conte de rato no kip[48]. Si findet no men, de el animal wo-
let, e musat Ludwig o inslieper o iem aut in de wald autset.
    Aba de winter ha vor de dor ste, er het es no survivee. So overnemet i
iem e putet ain anons in de jornal: »I bi ten cm long (mit swans twenti),
suk a neu amigi et a dak over de cop, wail de winter vor de dor ste et i
warmum nid.« De pople in de jornal denket, dat is a contact-anons, e wo-
let dat i a shifre-taxa pay. I muset dort mit de rato go, damit dei mi glaub.
Dan wa de waif shoket.

*V wird nur noch für den Laut /v/ genommen, den man meist im Deutschen
mit W ritzt. Wann immer noch W dasteht, sollte man es gefälligst wie im
Angelischen (und wie in den meisten anderen Sprachen) aussprechen. Das
ist vielen Deutschen nicht geheuer, aber den Laut haben sie, nur nicht am
Anfang eines Wortes: zum Beispiel im Wort ›mauer‹, das /mawa/ ausgesprochen wird. Also muss man nur das ›ma‹ weglassen …*
    *Angelische Wörter mit /wo/ und /wu/ werden mit V geritzt, weil das für
andere Völker nicht mehr nachvollziehbar ist, dass man ein /u/ und dann
noch ein /u/ ausspricht (would oder wood = /uud/), und beide irgendwie anders sein sollen.*

---

43 angepöbelt
44 Ankunft
45 eure
46 spleen

47 Jagd
48 eines Tages zog sie um und konnte die
      Riesenmaus nicht behalten

I go ferner over Russia tu Japan, dan dur China mit de baik tu Pakistan et India. In Nepal can i vida switsishe shocolate caup, lasania, kesadilia, shnitzel, topfenpalatshinken e salzburger nockerl iet. Laida cuke de nepalis alu pro de westli smecum, dat min, so fade vi nur posible. Besaids, el europis laik es clin. In ain restaurante ste, dat sain fud tre aurs long in a permanganat-solusion stei, in ain otru is de fud mit a »very special water« clinet. Main dei meibi vodca? Ain restaurant ofer au »vegetarian chilli con carne«. Dat is so, vi wen yemand a vegetarli swaingulash offer vud.

X behält sein /ks/-Laut.

Na mucho problemas mit axidentes, robis, polis e waifes riech i el australico bush. Da lern i alu, wat ma lerne muss, um in Australia tu survivee, dat min, bumerangs chasee e canguris verfe. Bumerangs chasee is isi, special wen dei in ain eke li[49]. Canguris verfe viderum is a tuto spur plus dificil, special dem so tu verfe, dat dei vida bek com.

Y haben wir auch schon gehabt …

In Fiji tref i a norga e wi autostop (o shipestop) in a ship tu Tuvalu, a super mini ailandstat in de rand da weld, e fern, aba reali fern wek fon alu. De land ha six tausend wonis et ain restaurant. Es is a paradis mit mucho frutas, fish e gude weder. Yedi laicat mal dort go, aba no tu stei. No men vil liv in de paradis. In de tuto land is da nur ain strat. Venist super isi pro taxidraivis. De pasagero staig in, de draivi ask: »forwerds o bek?«

Wie gesagt, das Z wird nur noch für das weiche S genommen, wie in den meisten anderen Sprachen. Also ritzt man ›hose‹ als ›hoze‹.

Ausserdem wird jetzt der Satzbau verweltweitlicht, also grundsätzlich die angelische Wortreihenfolge macher – machen – das gemachte (de man go tu de waif, de man ha go tu de waif (und nicht: de man ha tu de waif go). Andere Völker lieben im Gegensatz zu den Deutschen die Stellungsrichtigkeit, die keine zwei Sätze in der gleichen Reihenfolge sagen können.

Und jetz können wir ›es‹ durch ›it‹ ersetzen.

---

49 vor allem wenn sie in einer Ecke liegen

Ya, e nau i bi a half etablit autor. I bi no rich, aba hav a beli. I scribee bukes e nur selden i trip a bit. De leste mal tu England, da i ha se a placa mid
in a lak mid in a park. I conte no lese, wat wa scribet in de placat, e muset
go total nir tu de shor. Dann i lezet: »Es is ferbidet tu verfe staines tu dise
placat.« Wat shon vida provee, dat au in curto tripes exist ima wat tu lern:
Egal vi senslos yur werk mei apir pro yu, da is in de waide weld ima nok
werkes, de is plus senslose denn yuru.

Mann, inzwishen i bi cuait grogi mit dise lingua.

Auf alle Fälle: Das ist das ganze Kauderdeutsch, so sieht es aus. Was sonst
noch kommt: Winglish.

NOCH MAl ÜBUNGen

Oversetten She ins cowderdoiche. Oder anser folloing cuestiones: Sie
frag und ich antwortest. Also Sie willst unbedingt wissen, wo der rote
faden in disem buch is.

1. Ein *epischen* roten faden in disem buch gibt's nich. Es gibt ein ramen,
das is der unterricht von siegfriedisch und kauderdeutsch. Es gibt auto-
ren, die 10 oder 20 geschichten in eim buch veröffentlichen, man liest die
geschichten und sagt sich: »die waren gut« oder auch »also der typ hat
chuzpe, dise geistige bakterienkolonie zu veröffentlichen!« Und bei mir
is halt ein bisschen vilfältiger: geschichten, träumerein, bilder, betrachtungen. Ich möchte nur den lesi auf eine relativ inteligente weise unterhalten. Ich versuch es wenigstens. Aber das heisst nich, das man nach
der lektüre dises buches zum ausgangspunkt des Big Bangs gelangen
wird.
2. Wo der eingangspunkt is? Ja, so was gibt's nich. Das universum is ausgegangen, es braucht auch selber manchmal etwas frische luft, aber der
eingangspunkt, ich mein, man sollte das universum nich als diskotek versteen, mit türsteern und so. Man könnte sagen, das der eingangspunkt is
da, wo das universum eingeen wird. Aber wie soll man nur wissen, wo das
sein wird? Und vor allem wofür? Angenommen jemand findet es raus, irgendwo so ein hinterhof in Harlaching. Ich weiss, es is unwarscheinlich,
das sich das universum für seine ewige rue ausgerechnet Harlaching aus-

sucht, wo es doch so vile punkte im universum gibt, aber es is auch nich
unwarscheinlicher als woanders. Und sagt dir der typ: »hir, genau an disem punkt hir, wo die ameise ir bananenblatt nach hause schleppt, hir
wird das universum eingeen!« Und dann, was machst du dann? Machst du
ein kiosk auf, in dem du den leuten deine informazion über den eingangspunkt des universums verkaufst? Glaubst, du machst daraus eine start-
up-firma?

3. Ich glaube nich, und zwar weil der punkt keine einzige volle sekunde
da harren würde, das heisst, der punkt würde bleiben (wenn überhaupt),
aber Harlaching würde weiter durch den endlosen kosmos fligen, mit der
erde, mit dem sonnensistem, mit der Milchstraße, mit der lokalen gala-
xiengruppe …

4. Und den eingangspunkt dann wider zu finden … ich mein, ich glaub
nich, das er gekennzeichnet is … villeicht hat er eine besondere duftnote …

Antworten

Also jetz get's ums antworten.

1. Ach so, das war das mit dem roten faden (oder roten pfaden, das würde
dem ganzen eine komunistische duftnote geben – schon wider dises *duftnote* – man darf im diskurs keine wörter widerholen, ausser es handelt
sich um ein artikel, ne. Weil wenn man das macht [die artikel, die nach
dem ersten artikel im text erscheinen, verschwinden lassen], dann klingt
man wie ein frisch aus Hinteranatolien eingetroffener bauarbeiter. Du, nix
wollen? Gut schinken, kosten wenig. Also das mit der duftnote is so, das
wenn ich *duftnote* mein, darf ich ja auch *duftnote* sagen, oder? Auch
wenn es merere duftnoten gibt. Sagen wir mal, du hast rechts von dir ein
Mitsubishi und links von dir ein Mitsubishi. Jetz fragt dich einer, was is
die marke des autos links von dir, sagst du warheitsgemäß Mitsubishi.
Dann fragt er dich, was rechts von dir is, und du denkst dir, mei, das kann
ich der welt nich antun, ich kann das wort doch nich einfach so widerholen, da werden die götter in zorn geraten, nein ich kann nich sagen, das
es schon wider ein Mitsubishi is. Also sagst du Toyota. Is nich so ganz von
der warheit entfernt, als wenn du Alfa Romeo gesagt hättest. Aber ich hab
den mut zur erneuerung – und sei es die erneuerung, das widerholungen

wider erlaubt sind – und sag Mitsubishi. Und sen Sie! Ich bin immer noch
am leben.

2. Das glaub ich nich.

3. Ja, reden Sie nur weiter …

4. Schick ma Pluto, den hund.

Das war ja überhaupt kein kauderdeutsch. Gütezahl 6.

ısch sé schwarz
Pausentext 10

In Dakar, Senegal, fängt der 31. decembre ganz normal an. Vormittags nur
ein raubversuch. Martin, le tirolais, meine Princesse, l'allemande, und ich,
le brésilien, übersideln grade in ein andres hôtel, da kommt einer von
links und bitet ein armband an, einer von rechts eine sonnenbrille und
gleichzeitig will ein dritter wissen, wo wir herkommen und vie wir
heißen. Man nennt Dakar das Paris von Afrique, und wenn schon kein
Eiffeltour, dann zumindest seaux[1] vil criminalité. Oder ein bissi mer. Von
verkäufern umzingelt werden wir zwar ständig, aber die 3 ham verdächtig
wenig anzubiten. Wir sind alarmés und lassen sie nîche an unsere taschen.
   Warum grade Dakar? Tja, ich wollte verend der jartausendwende
nîche friren, sondern hemdsärmelig spaziren. Also waren Europe und
sonstige nordpolnae continents ausgeschlossen. Asiatiques und austra-
liens ham vom feiern keine anung, in Sudamerique var ich als brésilien
schon zu oft. In Schwarzafrique gibt es noch ein pair weisse flecken für
mienne länder-collection. So Cannes ich den 1. 1. 2000 (1.1.00) mit meim
110. land, Senegal, feiern.
   Allé leute in Dakar, la capitale, sprechen français, sowol les[2] nègres vie
les blancs. Und français können vir doch. Leider stellen vir hier fest, das la

fête wegen Ramadan nîche seaux richtig mit vollem vapeur célébré vird. 80 pourcent der senegalais sind musulmans. Können sie disen Ramadan nîche exceptionellement fair-schiben? Oder ein monat lang zum cristentum converter? Danach können sie ja zurück zum Islam, venn sie unbedingt meinen. Goût, die einheimischen behaupten trotzdem felsenfest, das es eine fête zu silvestre gibt, weil der Ramadan um 12 ur nachts nix zu melden hat. Ja und vie celebrez ir denn? Mit danser, vas sonst. Ja, seaux sind sie, die africains. Danser zum carnaval, danser zu ostern, danser zu weinachten und in der zwischenzeit dansent sie auch und jammern dann, das sie nîche imstande sind, spitzentechnologie zu produire. Dabei möcht ich in der nacht zum neuen millennium spitzentechnologiefeuerwerk erleben. Die africains teilen mienne fascination für le magique numéro 2000 überhaupt nîche, für sie kommt da vorn nix anders als ein gewönliches neues jar.

Normalement esse vir kein mittagesse, aber heute est nîche normalement. Vir gen chez Loutcha[3], veaux es eine 30-seitige speise-carte gibt, mit specialités aus Brésil, Mexique, USA und 20 andré länder, sauercroût inclusif. Auf dem weg dorthin verde vir vider umzingelt. Plötzlich vollent sie fülen, aus velche stoffe unsere hoses sind. Vir fair-teilen ein pair fusstrittes, schimpfen laut und sie gen vider.

Um 17 our kommen Isolde, l'allemande, und Sami, le zairois[4], mit dem schnellbot aus Gambie. Auf dem weg zum hafen verde vir ein drittes mâle umzingelt, dis mâle schaffen sie's, dem Martin sein passport zou klaun. Da vird der tirolais aber böse und holt ihn sich zurück.

Das schnellbot est zwar schnell, âbère venn es 2 stunden zou spät losfärt, kommt es halte 2 stunden zou spät âne. Da nutzt âllé schnelligkeit nix, venn sie auf eine kafkaeske bureaucratie stößt. Âllé gepäck-stücke

1   so (wie *niveau*, X wird nich gesprochen)

2   die (merzal) – *les* is das französische wort für *die*. Ich dachte, jeder mensch weiss das, aber ein testleser hat es nich verstanden. Dabei war das ein italiener! Was er nich gern hören wird, weil er aus einer ecke Norditaliens kommt, wo man sich ungern als italiener bezeichnet und man italienisch nur unter folter spricht.

3   bei Loutcha

4   Zairer, jetz idiotischerweise Congolese genannt, und man weiss nich, ob Congo (ex-französischer Congo) oder Zaire (ex-belgischer Congo) gemeint is. Ich nenn es weiterhin Zaire. Als hätten wir nich probleme genug, hams die namendiferenzirung vernichtet und jetz ham wir zwei länder mit dem gleichen namen. Das eine heisst vileicht Republique Democratique du Congo, das andre Republique Populaire du Congo. Wie soll man wissen, welche welche is? Keines von beiden ländern is democratique und populaire erst recht nich.

verde auf ein 100 qm-aréal fair-teilt, untersucht und dann vird der ei-
gentümer müsam in der menschenmenge air-mittelt. Im schnitt kommt
àllé 12 minutes ein passager raus. Venn unsere freunde zou les letzten passagers gehören, verde sie bei dise tempot la millennium-passage in dise
gefangene-depot fair-bringe und erst nach 4800 minutes, das heisst am
3. janvier 2000, freikommen. Drausse est es total obscure und eine meute
taxi-chauffeurs prügelt sich um les rares passagers. Vir ferlasse den hafen
um 21 hour mit eim schlechten gévisse.

Im hôtel est le plaisir umso greussère[5], Isolde und Sami sind schon
gemütlich installées. Im bot var kein place mère, desvège sind sie mit dem
bus gekommen. Dort var zwar auch kein place mère, âbère da est es nîche
nour normal, sondern die bedingung, das air losfärt. Normalement fair-
langent les chauffeurs de taxi 5 euro fûr eine fart ins centre-ville. Jetz
mousse unser zairois arbeiten. Sami est zwar im Senegal genau-seaux ein
ausländer vie in Allemagne, âbère le chauffeur WEISS DAS NÎCHE und
fair-langt fûr die fart ½ euro. Dann kommen vir angérante.

Le dinner est international, vie le neue millennium sein soll: 2 alle-
mandes, 1 tirolais, 1 zairois ond 1 brésilien gen in Senegal zum coréan[6].
Das esse est goût, vir verde nîche ausgeraubt ond draûsse heurt man nix.
Um 23 heures vird es doch noch laût im centre. Vir bégébe ons zour Place
de l'Independance ond nîche nour vir: La ganse population de Dakar
rennt schon hin. Dort vird es noch laûtère ond bontère. La menschen-
masse bewegt sich fil ond plötzlich, om den crachêrs[7] ond den in l'hori-
zontale losgélassene feuerwerke zou entkommen. Irgend-vie est da eine
zimlich bedroliche atmosphère. Es schaut eer aûs vie in Belgrad verend
der NATO-visite. Venn da eine panique ausbricht, bleibt nîche fil übrig.

Alsô doch file beulleurs statt brôt. Les allemands caufent[8] venigère
beulleurs om la monnaie[9] stattdessen nach Afrique zou chic, âbère les africains caufent mit dise geld kein brôt, sondern beulleurs. Ja goût, Dakar
est nîche richtig Afrique, âbère beulleurs sind auch nîche richtig brôt.

Seit 1 stonde schon knallt es heftic, âbère nîche schön, weil privé[10]. Om
mitternuit comme dann die statliche feuvercs[11] ond das est doch impres-
sionant, obvôl nîche seaux bombastique vie fair-mutlich in Paris ôdère
New York.

Comique[12]: Bis oite ham vir gedacht, es gibt cain feuverc, âbère fil
danse, jetz est es le contraire: fil feuverc ond cain danse. Caines umarmes,
caines aûsflippes, cain champagne. Dàgêge ham les leutes in Allemagne
eine menge tempérament. Om 0:16 heures trifft une raquete[13] onsère ami

Martin, ond zwar nour knapp nêbe (2 centimètres) l'épicentre von Seine hinterteîl. Ich schätze, das es une raquete privée var.

Seaux seaux. Seaux sit le neue millennium aûs. Caine magnetbân, caine fligende aûtos ôdère àlles per tastedruc, chône nîche im Goldenen Ouest, geschweige denn in Afrique. Stattdessen fil lärm ond der geruch pénétrant nach chisse-pulver[14]. Venn ich mich da seaux umschaû, mousse ich chône sâge, ich sé schwarz fûr Afrique. Es gibt zwar une laser-spectacle ond musique fom band, âbère richtic goûte atmosphère est es nîche. Vileicht fêle doch die getränke?

Om 1 heure vollons vir endliche das nouveau jar bégiesse. Mit bière, weil l'africain champagne seaux goût est vie die africaine Rolex. Danach gen les dames schlafen ond vir männer zin durch la nuit-life fon Dakar. Onsère gemeinsame sprâche est allemand, obvôl vir àllé 3 in Allemagne génaoûseaux auslendeurs sind vie hier.

Les discoteques sont messic besucht, drinne sitzen meistens dames d'animation. Gédansé vird chône, âbère nour fon les dames d'animation. Vir bleiben nîche lange, weil la bière sauteur est, seaux das vir les dames caine bière spendire können. Verre auch anti-africain, hier ernêrent[15] die fraûs die mennères ond non le contraire.

Om 6:30 heures est àlles fini. Vir nem un taxi ond Sami discute mit le chauffeur. Air meint, venn man 9 stondes fûr les 200 kilomètres fon Gambie nach Dakar braucht, weil les routes seaux catastrophiques ond police-fair-seucht sont, dann Cannes le gouvernement nîche goût sein. Le zairois, der inzwischen bavarois[16] mit lincs Cannes, behaûptet felsenfest, das aûs dise continent nix vird, vênixtens nîche in den nexte 20 yars. Ich bin nîche d'accord. In diser nacht hab ich zum erste mâle un mûllvage in Schwarzafrique gésée. Venn das cain goûtes omen est.

Zurûc im hôtel, nême ich une Aspirine, lêg mich hin ond la chose mit le millennium est guéguésse[17].

---

5 Das wusste er auch nich, das heisst *größer*.
6 Ja ja, Giovani, *coréan* bedeutet *koreaner*. Du weisst schon, koreaner? Asiaten mit dünnen augen und fettem bauch, machen TAEWOO autos, Samsung televisors, heissen entweder Kim oder Park, oft gern beides.
7 Klar, die merzahl von *kracher*.
8 kaufen

9 die heiligen moneten
10 privat
11 feuerwerke
12 komisch
13 rakete
14 schiesspulver, kein schiss-pulver
15 ernähren
16 bairisch
17 gegessen (ausgesprochen: gegess)

Jetzt mau, früher mauer
Lehrbuchabschnitt 7

Gell, heutzutage ist eigentlich alles viel besser als vor der Wende: Die Ossis dürfen an jeder Ecke bei Weltherrschersohn[1] Großsöhne[2] und Fritzäpfel[3] essen und nach Sonnendeutscheiland und auf die Maletiefen[4] strahlantriebfliegen[5], wenn sie das Geld haben, die meisten Deutschen können heutzutage zwischen 30 Fernsehsendern wählen und bald hat auch schon jedes Kleinkind einen Beutelfernsprecher mit Ubn-Möglichkeit[6].

Ob Mupfetz Schau[7] Egon Krenz auch so eine Auswahl hat, weiss ich nicht, auf alle Fälle stand der Mann früher vor einer Mauer und jetzt steht er hinter einer. Eingesperrt, sozusagen. Er tut jetzt andere Mauer schützen. Dabei war er der Mann, der den Befehl gab, die Sprungwand zu öffnen, obwohl sie schon ohne sein Zutun halb geöffnet war. Man könnte auch sagen, dass er immerhin nicht den Befehl gab, zu schiessen und ein neues Blutbad wie am Grünviereck des Himmlischen Friedens[8] zu verursachen, als das eine mögliche Gegenwirkung gewesen wäre. Die bundesdeutschen Rechtsbehörden sehen das nicht als eine heldenhafte Tat und das sehe ich auch nicht so. Weil die landesverwaltungsmäßigen[9] Umstände ihn nahezu dazu zwangen, es zu tun. Was mich von den bundesdeutschen Behörden unterscheidet, ist die Tatsache, dass ich Landesverwalter[10] als Menschen sehe, die stets dazu gezwungen sind, Landesverwaltungsmaßnahmen mitzutragen, mit denen sie nicht unbedingt einverstanden sind. Das heisst, Krenz war gezwungen ›heldenhafte‹ Landesverwaltungsmaßnahmen zu betreiben, weil ihn die Umstände dazu zwangen, und er war früher gezwungen weniger heldenhafte Landesverwaltungsmaßnahmen mitzutragen, weil ihn die Umstände dazu zwangen. Die deutschen Rechtsbehörden wiederum (wie auch wahrscheinlich die Mehrheit der westdeutschen Bürger, wahrscheinlich sogar der ostdeutschen) sehen lieber die guten Taten umständebedingt, nicht aber die schlechten. Dass die Menge Häupter fallen sehen will, war nie anders zu erwarten. Aber dass die Landesverwalter und Richter, die oft so milde mit Mördern, manchmal menschenarthassgetriebenen Mördern, umgehen, plötzlich so eine Verurteilungswut packt, mutet schon etwas seltsam an.

Ein Held war er nicht. Ich wär es wahrscheinlich auch nicht gewesen. Das Zeug zum Helden haben wenige und man kann Leute nicht für Heldenhaftigkeitsabwesenheit verurteilen. Und was ein Held ist, bleibt eine Sache der Verhältnisse: Wenn eine Schar gewalttätiger Landesfeinde[11] die ganze DVG[12]-Führungsriege über den Haufen geschossen hätte, wären sie drüben gewalttätige Landesfeinde und im Westen Helden gewesen. Wenn die DVG stärker wäre als die BGD[13] und dieses Land erobert hätte, wären Baader und Meinhof Helden, man hätte ihnen vermutlich sogar Denkmäler gesetzt.

Landesverwalter wiederum sind eintrachtsfähige Menschen schlechthin, und wer es nicht ist, steigt gar nicht erst in die Landesverwaltung ein. Ausser man ist so einer wie Geigenkasten[14], Allgemeiner Häuptling[15] der Gütergemeinschaftsgedanklichen[16] Landesverwalterschar[17] des Süßrohreilands und Oberhäuptling der Umwälzungsheere[18]: Der hat mit einer

1	Weltherrscher (keltish) – Donald, Sohn (keltish) – Mc, Mac	11	teroristis
2	Big Macs	12	Deutsches Volksherrschaftliches Gemeinwesen – DDR
3	Pommes frites	13	Bundesgemeinwesen Deutschland – BRD
4	Maldives	14	Fidel Castro
5	jette	15	Generale Secretar
6	Ubn (Unlange-Botschaften-Netz) – sms	16	comunist
7	Muppet Sho	17	partie
8	Tien An Men Plass	18	Comandante de las Fuerzas Armadas Revolucionarias
9	politish		
10	politikis		

Zwölferschar Kleinkrieger[19] die Macht in Süßrohreiland an sich gerissen und seitdem macht er wenige Zugeständnisse. Dafür kann sein Volk keine Äpfel oder Edelweichtiere[20] in Edelsülze[21] essen (isst man überhaupt Edelweichtiere in Edelsülze?) und hat keine 30 Fernsehsender zur Auswahl. Die die Süßrohreiländer vielleicht auch nicht hätten, wenn Geigenkasten nicht da gewesen wäre …

Sonst sind aber Landesverwalter Menschen, die verhandeln, die versuchen so wenig wie möglich herzugeben, aber doch genug, um eine Einigung zu erreichen. Das kann wenig sein oder auch äusserst viel. Dadurch, dass sie die Aussenwelt, die Volksvertretungsvorraumswillensverbände[22] im eigenen Land und das Volk berücksichtigen müssen, sind bei einer bestmöglichen Einigung alle Scharen verhältnismäßig gleich unzufrieden, weshalb die meisten Landesverwalter in dieser Welt nicht besonders beliebt sind. Ein Landesverwalter kann gegen oder für eine Herrschaftsgestalt[23] oder Landesherrschaft sein: Wenn er dafür ist, wird er versuchen auf dem üblichen Wege hochzukommen, wenn er dagegen ist, wird er versuchen landesverwaltungsmäßigen Widerstand zu betreiben und hoffen, dass sich die Landesherrschaft verbessert. So in West wie im (ehemaligen) Osten. Im Osten gab es keinen behördlich anerkannten Widerstand[24], aber man konnte gewiss einen leichten Widerstand innerhalb der Landesverwalterschar betreiben. Kein Betrieb und keine Landesverwalterschar lebt ohne Streit in den eigenen Reihen. Und Streit ist Widerstand.

Ich hatte einen fussballländischen Freund, der Wirtschaftshochlehrer[25] an der Hochlehranstalt[26] war. Er bekam während der Heeresgewaltherrschaft[27] von der Wirtschaftsherrschaftsabteilung[28] eine hohe Stelle angeboten. Er ging selbstverständlich hin: Er war zwar wahrlich kein Befürworter der damaligen Gewaltherrschaft (oder Volksgewaltherrschaft[29], wie viele sie nannten), aber er bekam mehr Geld und er fühlte sich befähigt genug zu einer Verbesserung der fussballländischen Lebensumstände beizutragen, wenn auch nicht allzu viel. Sollte man ihn belangen, wenn er tatsächlich zur Besserung der Wirtschaft beigetragen, gleichzeitig aber einer Heeresgewaltherrschaft auf die Beine geholfen hat? Und was wäre, wenn er Wirtschaftshäuptling[30] geworden wäre? Was wäre, wenn die fussballländischen Lehranstalten und Hochlehranstalten umsonst wären, aber alle Ausgebildeten gleich nach der Ausbildung auswandern und die Wirtschaft ausbluten würden? Ein Ausreiseverbot nur für Hochausgebildete[31] wäre landesverwaltungsmäßig nicht durchsetzbar … Eine Lösung wäre (wenn Fussballland so was wie ein südhumboldtisches[32] DVG wäre), bei jeder Zahlungshöhe[33] wettstreitfähig zu bleiben und den Ärmeren in der Gesellschaft nicht mehr unter die Arme zu greifen, das heisst geldherrschaftlich[34] zu werden. Aber die Möglichkeit gab es unter den tatsächlichen Umständen[35] nicht und man kann nicht so leicht Gütergemeinschaftsdenker, für die der Gütergemeinschaftsgedanke ihr Lebensinhalt ist, dazu bekehren, geldherrschaftsgedanklich zu werden, wie man auch kaum gottesobermannverehrende[36] Gottesmänner[37] dazu bekehren kann, Halbmondverehrer[38] zu werden, und umgekehrt und so weiter. Also wäre nur eine Lösung innerhalb des Gliedergefüges[39] möglich. Landesherrschaften, egal ob links oder rechts, werden schnell ruppig, wenn man bei ihnen eine Schuld hat und sie nicht zahlen will. Das nennen Landesherrschaften Wirtschaftsverbrechen. Und so würden die fussballländischen hoch ausgebildeten Flüchtlinge genannt werden. Man würde sie einsperren, und wenn sie versuchen wollten zu flüchten, würde man ihnen einige Süßbälle[40] auf das Hartobst[41] verpassen. Egal ob Fussballland, Knäckebrotland oder Höchstbergschwarzenland[42], egal ob Ost oder West.

Nun, mein Freund, der fussballländische Wirtschaftshäuptling hätte die Qual der Wahl: den Schiessbefehl mitzutragen oder abzudanken, um am nächsten Tag zu lesen, dass der nächste Wirtschaftshäuptling, der wirtschaftlich nicht so fähig ist (das denkt so ziemlich jeder Wirtschaftshäuptling über seinen Nachfolger), den Schiessbefehl mit den anderen Fachhäuptlingen[43] unterzeichnet hat.

Inwieweit die Sprungwand wirklich nötig war, darüber lässt sich streiten. Aus westlicher Sicht hat man ein ganzes Volk eingesperrt. Aus östlicher Sicht hat man dem eigenen Volk die Ausreise ins *feindliche*, nicht aber ins freundliche Ausland verboten, wie auch die kuhbubenländische

19	gerilieros	32	sudamericano – sudamerikico
20	oistres	33	preis – prais
21	aspik	34	capitalist
22	lobbis	35	in de praxis
23	stat-form	36	catolico
24	oficial oposition	37	patre
25	economie-professor	38	muslimis
26	universitee	39	sistema
27	militar-dictatur	40	bonbons
28	Economie-Ministerium	41	nuss
29	democratur	42	Tanzania
30	economie-ministro	43	ministres
31	academikis		

Landesherrschaft ihren Bürgern die Ausreise nach Süßrohreiland verboten hat. Zugegeben, Süßrohreiland ist nicht so groß, als dass man es als Kuhbubenländer nicht meiden könnte, aber von Ostbärlein bis Gutemeingottistvollkommenheit[44] sind es vielleicht 2000 Großlangmaße, von Ostbärlein bis Beherrschedenosten[45] bestimmt über 10 000. Es war immerhin der halbe Weissenerdteil, der halbe Schlitzaugerdteil und einige Flecken in anderen Erdteilen. Trotzdem: Andere arbeiterherrschaftliche[46] Länder haben es auch ohne Sprungwand geschafft, zum Beispiel Südzischzünglerland[47]. Aber dafür musste das Land seine Wirtschaft verhältnismäßig freiheitlicher und westlicher gestalten. Das war bei den Südzischzünglern drin, weil ihre Landesherren nicht von Stählerner[48] eingesetzt worden war. Aber noch entscheidender war, dass Westdeutschland gar nicht so geneigt war viele Südzischzüngler zu beherbergen, während Ostdeutsche nur über die Ländertrennung[49] mussten und am nächsten Tag hatten sie einen westdeutschen Reiseausweis und etwas Beutelgeld. Die Sprache war auch die gleiche, selbst wenn manche Ostmundarten im Westen nicht besonders beliebt waren und sind. Wahrscheinlich nicht einmal im übrigen Osten.

Der eine oder andere Leser könnte einwenden, es wäre doch alles ganz einfach gewesen: einfach zurück zur Geldherrschaft und fertig. Abgesehen davon, dass die Riesenfrostländer es nicht zugelassen hätten, wäre eine Rückkehr zur Geldherrschaft nach 15 Jahren gütergemeinschaftlichen Versuchs undenkbar. Viele ostdeutsche Landesverwalter träumten ihr ganzes Leben von einem gütergemeinschaftlichen Vollkommenland[50] der Gleichheit und Gerechtigkeit, nicht wenige saßen bei den Landesbezogenen Arbeiterherrschaftsdenkern[51] in Sammellagern (sl's) für eben diese Wunschbilder[52]. Dann haben sie's endlich geschafft und 15 Jahre danach, weil es noch nicht so richtig klappt, sollten sie ihre Träume aufgeben und Leiter bei Hoechst werden? Wie lange brauchte die Geldherrschaft, um sich zu entwickeln? 200 Jahre? 500 Jahre? Und da will man ein neues Gliedergefüge abritzen[53], das gerade mal 15 Jahre alt ist und das Nichtmenschweltgesetz des Stärkeren auf das Haupt stellt? In Riesenfrostland war der Versuch schon älter, aber so schlecht war das Ganze auch nicht: Das Land war von einem mittelalterlichen Land in ein großes Vielherstellungsland[54] verwandelt worden. Versorgungsengwege[55] gab es, und was für welche, aber das konnte man leicht mit der Zerstörungswut der deutschen Heerscharen rechtfertigen, was in den vgh[56] nie der Fall gewesen war. Sie haben immerhin den ersten Menschen in den Weltraum geschickt, die erste

Umlaufbahnbeobachtungsstelle[57] errichtet und halbmondverehrende Hauptuchfrauen in Mittelschlitzaugerdteil zu Baudenkerinnen gemacht.

Man meint, die Wirtschaft ist nicht ausschlaggebend, sondern die Gewaltherrschaft. Ab wann ist man Mittäter bei einer Gewaltherrschaft? Wenn man Fachhäuptling wird? Oder eine Stelle niedriger? Soll man einen mittleren Behördenangestellten verurteilen? Einen kleinen? Wenn auch die kleinen, dann muss man die ganze ostdeutsche Bevölkerung belangen. Gewissermaßen alle waren Behördenangestellte. Wenn größere, ab wann macht sich ein Mensch schuldig, indem er eine Beförderung annimmt? Wie viele Fälle von Behördenangestellten kennt man in der Weltgeschichte, die eine Beförderung abgelehnt haben, weil sie sich in einem Unrechtsland gefühlt haben?

Zugegeben, Töten ist nicht schön und sollte strengstens geahndet werden. Aber solange sich die jetzige Landesherrschaft auch nicht dazu durchringen kann, warum verlangt sie das von den anderen? Selbstverständlich hat sie sich gebessert, aber dieses Land hat viel schlimmere Verbrecher laufen lassen und zahlt ihnen noch Altersgeld[58]. Während manche Fahnenflüchtige aus der Wehrmacht immer noch um ihre Ehrerstattung[59] fechten. Auf gewöhnliche Verbrecher wiederum, die versuchen einem Gefängnis zu entkommen, wird oft geschossen, und das sind keine Wasserbeutelgewehre[60]. BGD-Gesetzeshüter[61] haben öfter gegen flüchtende vermutliche Verbrecher geschossen, ohne dass ihnen viel geschehen wäre.

Ich weiss, der Wessi wird meinen, hingehen zu wollen, wo man hingehen will, kann kein Verbrechen sein. Kann es aber. Die damalige fussballländische Landesherrschaft hat zum Beispiel wegen der Währungsnotlage beschlossen, dass Fussballländer nur ins Ausland reisen durften, wenn sie 1500 kuhbubenländische Taler (in fussballländischer Währung) hinterlegten, die nach einem Jahr mit der Geldentwertung weniger als die

44 Lisboa, in Portugal
45 Vladivostok
46 socialist
47 Jugoslavija
48 Stalin
49 frontier
50 utopie
51 nazis
52 ideales
53 abschreiben, abschaffen

54 industrie-nation
55 suply-engpass
56 Vereinigte Gauen von Humboldtien – USA
57 orbitale station
58 rente
59 rehabilitasion
60 agua-pistolas
61 policis

Hälfte wert waren. Wer versucht hat das Land gesetzeswidrig zu verlassen, war ein Gesetzesbrecher. Fussballländer haben es selten getan, weil es Mittelschichtsvergnügungsreisende[62] waren. Keiner wollte sich durch den Regenwald durchfechten und sie wollten wieder zurück. Wäre es aber eine Bewegung von Großtausenden und ein wohlhabenderes Nachbarland mit gleicher Sprache würde sie mit offenen Armen aufnehmen, würde man die Landestrennungen bestimmt befestigen und ballern, wenn es notwendig wäre. Schiessen lässt die fussballländische Volkslandesherrschaft auch heute noch, wenn ihre Belange gefährdet sind. Die kuhbubenländische Landesherrschaft bestraft Bürger, die nach Süßrohreiland fahren, obwohl das einen deutlicher Verstoß gegen die Bewegungsfreiheit darstellt. Westdeutschland hatte nie Schwierigkeiten mit eigenen Gemeinwesenflüchtlingen, weil es nie der Erscheinung gegenübergestellt wurde. Aber dass auch Westdeutsche schiessen können, wenn es sein muss – und eine Landesherrschaft meint immer, dass es sein muss, wenn sie schiessen (lassen) will –, haben sie vor über 50 Jahren weitgehend bewiesen. Sollte ich beide Fälle vergleichen oder nicht? Gleichgültig, die Herrschaft der ›Landesbezogenen Arbeiterherrschaftsdenker‹ (LBAHD)[63] war vielleicht für den Tod von 10 Großtausend Menschen verantwortlich, das DVG für einige Hundert, vielleicht Tausend. In der Zahl der Verurteilungen war das Verhältnis sozusagen umgekehrt.

Nach Auffassung des Bundesgemeinwesens musste es mit der SVNW[64] in Südzischzünglerland eingreifen, weil ein verbrecherisches Land dabei war, ein Volk auszulöschen. So wurden südzischzünglerische Lanzer zur Zielscheibe der SVNW-Sprengleibflugzeuge[65]. Die SVNW forderte die südzischzünglerischen Männer auf Fahnenflucht zu begehen. Das taten sogar einige und sie wurden dann im Regen stehen gelassen. Weil Fahnenflucht nicht als Zufluchtsobdachgewährungsgrund[66] gilt, und da unterscheidet man nicht zwischen Rechts- und Unrechtsländern. Was heisst, wenn einer nach seinem Gewissen (oder nach seiner Angst, aber wer will das beurteilen?) handelt und Fahnenflucht vor einem Unrechtsland begeht, wird das als verbrecherisch gesehen, deshalb ist auch seine Verfolgung rechtmäßig. Ausser man kommt aus dem DVG, in dem Fall arbeitet die Sittenlehre[67] anders rum. Das Heldentum der anderen Völker ist Verbrechen, das Heldentum der DVG-Bürger Pflicht.

Verträge zwischen Ost und West sind vor der Wiedervereinigung unterzeichnet worden, die besagen, dass Ostdeutsche nach ostdeutschem Recht beurteilt werden sollten. Nun, jedes Land hat eine behördliche und eine wirkliche Verfassung, und Allerweltsgesetzeswidrigkeiten werden viel weniger geahndet als Nichtallerweltsgesetzeswidrigkeiten. Sehr oft widersprechen sich Gesetze, aber man weiss, was gemeint ist. Wenn man Glück hat. So ist im DVG geurteilt worden und so auch im BGD. Der Schiessbefehl war von der DVG-Verfassung nicht gedeckt, aber dass Landeswirklichhäuptling Schröder in ein neues Haus in Bärlein eingezogen ist, war auch wahrscheinlich nicht von der Verfassung des BGD gedeckt. Eine verwaltungsmäßige Maßnahme. Der Grundsatz der Volksherrschaft ist, dass ein Mensch alles machen darf, was anderen Menschen nicht schadet. Raucht er ein Rauschkrautstäbchen[68], ist er aber fällig, obwohl er niemandem geschadet hat. Also verstößt dieses Gesetz gegen das Grundgesetz. Trotzdem würde ich nicht deutsche Landesverwalter verknacken, wenn ich plötzlich der Alleinherrscher in Deutschland wäre. Jetzt wurde wirklich nach jedem Gesetzesabsatz gesucht, der den ehemaligen Feind belasten könnte. Hätte der Osten das Gefecht gegen den Westen gewonnen, wären bestimmt ALD[69]- und Grünen-Landesverwalter dran: Sie haben das Gesetz gebrochen, das Angriffskriege verbietet, haben ein fremdes Land angegriffen und sind verantwortlich für den Tod hunderter oder tausender Südzischzüngler. Also keine Frage, es handelt sich bei Schröder, Fischer und dem ganzen landesverwaltungsmäßigen Widerstand (er hat den Einsatz gebilligt) um Mengenmörder. Selbstverständlich würden westdeutsche Landesverwalter einwenden, es war kein Angriffskrieg, sondern ein Verteidigungskrieg, und zwar hat man die adlerländische[70] Bevölkerung verteidigt. Mit so einem Einwand würde sich aber jeder Kriegstreiber verteidigen: Man führte einen Angriffskrieg, weil der Feind gerade angreifen wollte oder weil Bürger des eigenen Landes im Feindesland in Gefahr waren usw.

Wenn kein DVG-Gesetz gereicht hat, um einen Feind zu verurteilen, hat man sich auf höhere, allgemein gültige[71], fast schon göttliche Gesetze berufen. Töten ist einfach ein unentschuldbares Verbrechen. Ausser wenn es landesbehördlich verordnet und das Land ein gerechtes Land ist. So

---

62 midclasse-turis

63 NSDAP

64 Schar der Vertragsländer im Nord-Welthalterriesengroßmeer – NATO

65 bombus (jets)

66 asyl-raison

67 moral

68 joint

69 Arbeiterherrschaftlichvolksherrschaftliche Landesverwalterschar Deutschlands – SPD

70 shqiperishe (albanishe)

71 universale

wie unseres halt. Solche höheren, allgemein gültigen, göttlichen Gesetze
wurden nicht angewendet, als es galt südzischzünglerische (und andere)
Fahnenflüchtige aus der Klemme zu ziehen, also um Leuten zu helfen,
sondern nur um Menschen zu verurteilen. Ja, so einen Gott kennen wir
auch aus dem Alten Vermächtnis[72].

Spitzel haben meistens nicht getötet, wenigstens viel seltener als in
Spitzellangerzählungen[73]. Manche haben getötet, sowohl für West wie für
Ost. Die Westspitzel, gleichgültig ob sie getötet haben oder nicht, sitzen
gemütlich auf ihrem Altersgeld, während Ostspitzel im Gefängnis sitzen.
Auch wenn sie nicht getötet haben. Auch Spitzel der befreundeten Mächte
haben auf deutschem Boden getötet. Verfahren gegen sie wurden wegen
Geringfügigkeit eingestellt oder weil »der Wohnort des Spähers nicht auf-
findbar« ist. Kriegerischer Wolf[74] wurde mit viel Geldaufwand wegen
Landesverrats verurteilt, als könnte ein Ausländer (und er war im völker-
rechtlichen Sinne einer) Landesverrat gegen die Bundesrepublik betreiben. Verrat heisst Treuebruch, steht im Duden. Also erwartet man, dass
Ausländer nicht ihrem Land, sondern dem BGD treu sind. Allerhand. Als
das DVG-Gesetz nicht taugte und auch nicht höhere Gesetze, nahm man
halt das westliche Gesetz, gegen alle Abmachungen. Das war dann doch
etwas zu lächerlich und ein höheres Gericht liess es fallen. Belangen
konnte man die Leute nur noch wegen Taten, die die DVG-Verfassung
nicht erlaubte. Also Bestechung, Entführungen usw. Als würde jeder
Nachrichtendienst im Ausland nach der eigenen Verfassung arbeiten, als
wären nicht Hunderte oder Tausende DVG-Bürger vom BND bestochen
worden. Wird das vom BGD-Grundgesetz gedeckt? Von Entführungen sei-
tens des BND weiss ich nichts, aber der BND hat auch nicht seine Urkun-
densammlung[75] veröffentlicht, und ich habe sogar den Verdacht, dass sie
das gar nicht tun wollen. Selbstverständlich: Westdeutsche Bürger, die gegen das BGD gespitzelt haben, werden weiter nach westdeutschem Gesetz
verurteilt. Ostdeutsche Bürger, die gegen das DVG gespitzelt haben, werden nicht nach ostdeutschem Gesetz verurteilt.

Das heutige Rechtsgefüge lebt mit 2 völlig widersprüchlichen
Grundsätzen, die je nach Umständen und Zuneigungen bevorzugt werden: dem altgeerbten[76], altvermächtnismäßigen der Gut-und-böse-Zwei-
heit[77] und dem Grundsatz der Schutzlage[78]. Der erste sitzt wahrscheinlich
im Stammhirn und besagt, dass jeder, der einem schaden will, böse ist.
Kriegen wir klein. So hat man früher Mörder und oft auch Diebe schnell
gesteinigt, verbrannt oder aufgehängt, je nach verfügbarer Gerätschaft[79].

Seit hundert Jahren beschäftigt man sich damit, die Ursachen rauszufin-
den, die jemand zu einem Gesetzesbrecher werden lassen. Man ist auf
viele Ursachen gekommen, blutrünstiger Vater, rauschwasserabhängige[80]
Mutter, schlechte Freunde, eine Erbanlagenunrichtigkeit[81] oder einfach
blanke Armut. Der Rechtsanwalt erklärt, warum der Mörder so einer ist,
während der Landesanwalt meint, der Täter hat in böswilliger Absicht gehandelt. Er bleibt oft lieber beim Alten Vermächtnis. Der Richter wiegt
beide völlig widersprüchlichen Maßstäbe auf, als würde man Äpfel mit
Sonnenluft[82] aufwiegen. Dabei könnte man nur nach dem neuen Grundsatz handeln: Ja, den Menschen trifft keine Schuld, aber er hat einem anderen Menschen den Hals aufgeschlitzt. Und bevor er es wieder tut, beur-
teile ich ihn als verrückt. Es handelt sich um einen verrückten Menschen.
Jeder Mensch hat seine Sonderlichkeiten, der eine weniger auffällige, wie
Kauzähzeug[83] unter Ritzbretter[84] zu kleben, der andere auffälligere, wie
nackt im Fussgängerbereich zu laufen und zu sabbeln. Aber warum soll
man sie als verrückt bezeichnen, wenn sie niemandem schaden? Verrückte
Menschen sollte man nur die nennen, die selber nicht zurecht kommen
oder anderen schaden, vor allem töten. Wer wie üblich spricht und handelt, dafür aber 20 Menschenleben auf dem Gewissen hat, kann leicht als
gesund eingestuft werden. Was ist daran gesund, 20 Menschen zu töten?
Also könnte der Richter sagen: Menschen, die töten, sind Geisteskranke
und ich möchte nicht, dass ich oder meine Tochter ihm in einer einsamen
Nacht begegnen (das sagt der Richter, nicht ich – ich habe keine Tochter,
nicht dass ich wüsste), weswegen ich ihn zur lebenslangen Schutzverwah-
rung[85] schicke. Er soll möglichst ein gewöhnliches Leben führen und für
seinen Unterhalt selber aufkommen, aber hinter Gittern.

Bei Spitzeln wollen wir nicht nach dem altvermächtnismäßigen
Grundsatz handeln, denn wenn man behauptet, Spitzel sind böse Menschen, müsste man auch westdeutsche Spitzel verurteilen. Also müsste
nach dem Grundsatz der Schutzlage gehandelt werden: Sind sie uns gefährlich? Können sie für die DVG weiterspitzeln? Können sie nicht, weil

72 Old Testament – Olde Testament   79 tecnologie
73 spionage-romanes   80 alcoholica
74 Markus Wolf   81 genetish error
75 arkiv   82 helium
76 atavistish   83 caugum
77 dualitee   84 tische
78 securitee   85 securitee-verwarnung

es keine DVG mehr gibt. Also hat man irgendwelche Gesetzesübertretungen gefunden. Dass nicht wenige westdeutsche Landesverwalter bestechungsgeneigt[86] sind, weiss inzwischen jeder. Sie werden aber dafür äusserst selten eingesperrt. Es fehlt halt der Wille und man kennt sich unter Rechtsleuten und Landesverwaltern. Wenn aber ostdeutsche Landesverwalter gerichtet werden, fehlt dieser Wille ganz und gar nicht.

Im gewöhnlichen Fall wären höhere, nicht geritzte Gesetze gar nicht im Spiel, danach handeln Richter so gut wie nie (dürfen sie eigentlich gar nicht) – dafür gibt es ja Gesetze. Sie wären vielleicht in so einem Fall im Zweifel, was für ein Gesetz man nehmen sollte. Man hat sich aber offensichtlich ziemlich oft für das Gesetz entschieden, das einem für eine Verurteilung am nützlichsten sein konnte.

Ein anderer Grund ist die Abschreckung: Man fürchtet, bei einem Allgemeinstraferlass[87] würden riesenfrostländische Spitzel wie die Ameisen daherkommen und gegen das BGD spitzeln. Aber jeder Spitzel weiss doch, dass seine Tätigkeit für ein Drittland durch den Straferlass nicht gedeckt wär. Ein Beispiel gegen Gewaltherrschaften festsetzen? Der nordschlitzaugscharfesserländische[88] Gewaltherrscher Kom Her Jung wird schon abgeschreckt sein, nicht aber vor seinen Taten, sondern vor einer Wiedervereinigung, in der die besitzerweiternden[89] Schweine ihre Abmachungen vergessen werden und er zum Freiwild wird. Was für ein Beispiel soll das sein? Warum dann nicht auch eine sofortige Sperre aller Handelsbeziehungen mit Ländern, die die Todesstrafe am laufenden Band verhängen, wie die Vereinigten Gauen von Humboldtien, Arierland, Land der Mitte[90] und viele, viele andere?

Sprungwandschützen werden eingelocht, weil sie geschossen haben, obwohl das nicht vom DVG-Gesetz gedeckt war. Man stelle sich vor, BGD-Gesetzeshüter und -Krieger würden einen Schiessbefehl kriegen und verlangen, erst mal das Grundgesetzbuch lesen zu dürfen, bevor sie nach dem Befehl handeln. Nein, es ist so, dass man davon ausgeht, Machthaber machen Gesetze und geben dann die entsprechenden Befehle aus. In den meisten Fällen können sowieso nur Rechtsleute die Gesetze verstehen und über ihre Auslegung besteht auch nicht immer Einigkeit. Deshalb kriegen Angeklagte selbsttätig einen Anwalt, weil man davon ausgeht, dass sie sich im Gesetzregenwald nie und nimmer auskennen.

Warum diese vernunftslose Handlung gegen die Ostdeutschen? Nach der Vereinigung hat die westdeutsche Landesherrschaft deutlich gemacht, was sie wollte: Man kann nicht ein ganzes Volk verklagen, das würde einen zu großen Stimmenverlust bei dem verklagten Volk bedeuten, also lassen wir die Kleinen laufen, aber die Großen fangen wir. Doch gab es offensichtlich noch einen stärkeren Grund: Hass. In diesem Fall richtete sich der Hass nicht gegen ein Volk, das ging nicht, weil drüben auch Deutsche wohnten, sondern gegen ein Gesellschaftsgefüge und seine Betreiber. Über 7000 Obere mussten daran glauben, und dass es so viele Obere gab, wusste ich gar nicht. Keine Frage, ein Gefüge, das Fußkrieger[91] statt Daimlerwagen herstellt, ein Gefüge, das Leute nicht ausreisen lässt, kann nicht gut sein. Wer behauptet hat, das andere Gefüge ist besser, und sich nicht vom Einwand hat beeindrucken lassen, die da drüben durften nicht einmal Affenobst[92] essen, der hat böswillig gehandelt. Dabei habe ich Leute gekannt und Leute geliebt, die an die Gütergemeinschaftsherrschaft geglaubt haben und daran glauben, trotz aller Grauheit des Ostens. Sie sagten, die Gütergemeinschaftsherrschaft behandelte ihre Armen besser. Ja, sie verdienten weniger als Arbeitslose hier, aber ihre Erwerbskraft war größer. Ob es tatsächlich so war, wissen nur einige Vielzähler[93]. Sonst werden die meisten im Westen ohne Zahlen behaupten, die arbeitslosen Wessis waren besser dran, während Menschen, die das andere Gefüge besser fanden, das Gegenteil behaupten werden. Und beide werden ehrlich an ihre Behauptungen glauben. Keine Frage, sie wussten, dass Herrschaftsgegner misshandelt wurden. Manche wandten ein, das ist das Entgelt, die man zahlen muss, wenn man eine gerechtere Gesellschaft wird. Andere hofften einfach, dass es besser wird.

Man sagt heutzutage, die Geldherrschaft hat das Gefecht gegen die Gütergemeinschaftsherrschaft gewonnen. Das kann man so sagen, was aber nicht heisst, dass das siegende Gefüge besser ist. Wenn ich einem wütenden Berufsfaustfechter[94] auf der Straße begegne, kann ich versuchen ihn zu überzeugen, dass Gewalt nichts bringt, aber wenn er mitten in meiner schönen Rede meine Nase flach macht und mich GU[95] schlägt, heisst es nicht, dass er der bessere Mensch ist. Die Geldherrschaft folgt dem Grundsatz der Nichtmenschwelt, der Stärkere soll überleben. Er wird

---

86 corupt
87 generell amnestie (generalamnestie war in Argentina, wo they la generale amnestee hav)
88 nordcoreanishe
89 imperialist
90 China

91 Trabants, trabbis (czechich *draband* = Krieger-zu-Fuß)
92 banana
93 statistikis
94 profi-boxo
95 gefechtsunfähig – KO

stärkere Kinder zur Welt bringen und ihnen besseres Fleisch liefern. Aber dass der Stärkere nicht unbedingt der Überlebensfähigere ist, das mussten die Urriesenechsen[96] an der eigenen Haut erfahren. Gegen sie hätte in einem Nahgefecht so ziemlich jedes Tier verloren, jedoch leben viele Tiere immer noch, die Altriesentiere nicht mehr. Um es vorwegzunehmen: Ich glaube, die gesellschaftsfreundliche Tauschstellenwirtschaft[97], wie sie in Deutschland (immer weniger) gehandhabt wird, ist ein gutes Gefüge. Mir selbst war der Westen lieber als der Osten, aber ich betrachte meine Meinung als eine betrachterabhängige[98], nicht als eine gegenstandsabhängige[99] Wahrheit. Und dass die Geldherrschaft eine gewisse selbstzerstörerische Kraft hat, geben auch viele Menschen zu, die nie etwas für die Gütergemeinschaftsherrschaft übrig hatten.

Wenn Giesig[100] in einer Schwätzschau[101] meint, 2 und 2 sind 4, sind sich fast alle anderen Landesverwalter in der anwesenden Schar[102] einig: dass aus einem Landesverwalter, der ein verbrecherisches Gefüge vertreten hat, kein guter Gedanke kommen kann. Als er meinte, das Bundesgemeinwesen Deutschland bricht gerade sein eigenes Gesetz (Angriffskriege sind nicht erlaubt), wollte sich kein anderer Landesverwalter mit seinen Einwänden beschäftigen. Der Mann ist selbst ein Verbrecher und gehört eigentlich ins Gefängnis, da muss man nicht lange darüber streiten. Dabei ist Deutschland von Südzischzünglerland nicht angegriffen worden, also kann man schlussfolgern, dass es ein Angriffskrieg war. Ich war *für* den Einsatz im Amselfeld[103], es war in meinen Augen eine Notlage, aber rechtmäßig gesehen war es ein Angriffskrieg, und ich kann es niemandem übel nehmen, wenn er es so nennt. Trotzdem tut man so, als wäre alles rechtens gewesen, weil man da unter Umständen in eine rechtliche und weltanschauliche[104] Bedrängnis geraten würde.

Wenn man das Einzelheitenvorhaben[105] der LVA[106] liest, fällt einem auf, dass sie die freiheitlichsten Landesverwaltungsmaßnahmen aller Landesverwalterscharen vorschlägt. Selbstverständlich nicht im wirtschaftlichen Sinne. Landesverwalter anderer Scharen sind sich meistens einig, dass das nur Lippenbekenntnisse sind. Woraus nimmt man diese Gewissheit? Was fürchtet man? Dass Giesig in Bärlein wieder die Sprungwand bauen lässt? Dass er mit einigen bewaffneten LVA-lern den Königslandtag[107] stürmt? Ist doch albern. Landesverwalter wandeln sich, wie sich auch Landesverwalterscharen wandeln. Wären Helmut Schmidt bzw. Kohl im Osten aufgewachsen, hätten sie leicht ein Teil der DVG-Führungsriege sein können. Wäre Honecker ein nudelländischer oder westfränkischer Gütergemeinschaftsverfechter gewesen, wäre er höchst unwahrscheinlich auf den Gedanken gekommen, eine Sprungwand um sein Land zu bauen. In den ehemaligen gütergemeinschaftlichen Ländern sind immer wieder nach der Wende Gütergemeinschaftsverfechter an die Macht gewählt worden, aber keiner spricht von einer neuen Sprungwand. Es herrscht halt ein anderes landesverwaltungsmäßiges Wetter. Wenn man die LVA wie eine aussätzige Landesverwalterschar behandeln will, warum nicht auch die Ost-GVV[108]- und die Ost-ALD-Landesverwalter, die in den meisten Fällen alle Machenschaften drüben mitgemacht haben? Selbstverständlich, sie wurden gezwungen mitzumachen, haben sich mit anderen Scharen vermengt, während die AED[109] aus freien Stücken heraus ihren Bürgern böswillig schaden wollte.

Ja, böswillig. Sie wollten Leuten, die so denken wie wir, schaden, also können sie nur böse Burschen gewesen sein. Wir schiessen auf flüchtende Verbrecher (wenn nicht empfohlen, dann zumindest immer wieder geduldet), sie auch, aber sie hatten eine verkehrte Bezeichnung von Verbrechern, während wir die richtige haben. Nachdem auch der Weissenerdteilische Gerichtshof Krenz verurteilt hat, können sich die westdeutschen Landesverwalter auf die Schultern klopfen und bestätigen, sie haben keine Siegerrechtsmaßnahmen betrieben. Aber ist ein westweissenerdteilischer Gerichtshof wirklich so sachlich, gibt es nur in Deutschland Gütergemeinschaftsherrschaftsgegner? Vielleicht sollte man die ganze Geschichte lieber dampfbadländischen Richtern überlassen, sie wären als Bürger eines wedernochigen[110] (wenn auch eher geldherrschaftlichen) Landes vermutlich nicht so befangen.

Wo auch immer eine Volksherrschaft eine Gewaltherrschaft ersetzte – siehe Deutschland nach 1945, Südschwarzenerdteilland[111], Silberland[112] und die ehemaligen gütergemeinschaftlichen Länder (in denen auch Schüsse fielen) -, gab es einige Verfahren, in Südschwarzenerdteilland ei-

96	dinosauris	106	Landesverwalterschar der volksherr-
97	sociale market-economie		schaftlichen Arbeiterherrschaft – PDS
98	subjectiv(o)	107	King Congress
99	objectiv(o)	108	Gottessohnverehrende Volksherr-
100	Gysi		schaftliche Vereinigung – CDU
101	talk-sho	109	Arbeiterherrschaftliche Einheitslandes-
102	runde		verwalterschar Deutschlands – SED
103	Kosovo	110	neutral
104	filosofico	111	Sudafrika
105	programm	112	Argentina

nen Wahrheitsausschuss, aber die neuen Machthaber wollten schnell zur
Tagesreihung zurückkehren. Das ist vielleicht sittenlehrenmäßig nicht
richtig, aber doch verständlich. Hohe sittenlehrenmäßige Ansprüche
finde ich gut und nötig. Deutsche Gründlichkeit kann auch gut und nötig
sein. Sie fing aber weder während des letzten Weltkrieges an noch nach
ihm, auch nicht bei der Einhaltung der Abmachungen, auch nicht bei
denen, wo was zu holen ist, sondern lieber bei den röchelnden Feinden.
Fechtet erst mal gegen die Tierkönige, nicht gegen die kleinen zappelnden
Fische ausserhalb des Wassers. *Das* wird dann heldenhaft sein. Was jetzt
war und ist, ist nicht heldenhaft und spricht nicht für die Landesverwaltungsmaßnahmen dieses Landes. Das Recht rechts rächt's.

Für das Land spricht, dass ich auf der Suche nach Auskunftsquellen
über DVG-Spitzel im Zwischennetz auf folgende Sätze gestoßen bin: »Shop
the web for *DDR-Spione*« und »Search for *DDR-Spione* in your local yellow
pages«. Beides hätten die DVG-Bürger damals unmöglich gekonnt.

comentarius

Grünviereck: Dat is a plas. In a siti. Da is som plasas, de ha no grin, aba
dan dei be self folt[1].

mauer: Ya, i vais, dat *mauer* go not, com da latino *murus*, aba mit *wand* i
bringe no de calauer under. O do? Früher Wand, jetz noch Wanda. Besaids
mauer in de senso fo *plus mau* is germanish. Zwa not altgermanisch, aba
creat in Doichland.

Vereinigten Gauen von Humboldtien: De wort *America* com da nam Ame-
rigo Vespucci, de ha dre a par rondus in America. Aba dat wa ain italo, dat
wi vol hir not. Gud, i glaub, er wa genovo, practish Langobarden-, ergo
Germanenland. Aba de nam is tu ungermanish: If it nok wair Ammerich
Verputzer, i vud let it dur, aba so, no chans. Neme wi do liber de name fon
a deutsho, de ha du mucho pro America: Humboldt. Natural mit deutsh
endum *-ien*.

1   schuld

EXERCISIUS

Du a conversation mit de hotelreceptioni (Gasthausempfänger) da Hotel
Botengott in Hildegardien, de Hauptstadtien fo Siegfriedien.

F: Hav yu a frai raum?
A: Pro ain person?
F: Ya, pro ain person e tre androidis.
A: Pro el androidis normale steplasas o electrico srank?
F: Normal. Dei bi sucar-movet.
A: Ah, fo dat sort. Nid yu a garage pro yur flaiu?
F: No nesesari, danke. Audi yu de feuermenn-sirenen?
A: Ya.
F: Wi ha flai contra voso tente flor. Mai piloto hir wa a bit defect.
A: Wi conte dat nur pasee?
F: I gav iem sal stad sucar. Mai spirit wa a bit absent.
A: So a pek. Vil yu brekfast?
F: Tut in contrar, vi i sed, it wa warly no mai propos! Veda brek nok fast!
A: Wi het au teri-fud da. Aies e croassans e so.
F: Dat cling gud.
A: E pro de sclavis, sucar, i supos.
F: Ya. Wiche tipes raum hav yu?
A: Mont Everest, tulpefeld, puf, plaia ... e dei bi quait livish!
F: I neme de plaia. Quanto cost es?
A: 800 Mark plus Plus-Valu-Tax.
F: Aceptee vus au tero?
A: Moni is moni. Can yu bite hir signee?
F: Ya.
A: OK, nok wat: Vil yu, dat wi removee de slaim-animal fo de raum? Much
autplanetis bestee daraup ...
F: Wat is dat?
A: Dat is so ainu da fiu animales, de wi ha hir in Siegfriedien. Twai til tre
meter ho, so a sorte bal, aba super iregular, e dei vexel ir formas de tuto
taim. Dei luk vi a sike planet, e dei sabel much.
F: E den pro wat dei sol bi gud?
A: Dei fondle aini, dei bi super lib, e ma can sliep on dem. Is super ple-
sant, aba de maist autplanetis is a bit shoket, wen so a ding tu dem rol.
F: I glaub, i au. Liber wek.

A: Yur ki. I winsh yu a quike ded[1].

F: Vi bite?

A: Dat is ain olde tradision bai us, so wi sei, wen wi sei baibai tu autplanetis.

F: Aha. E na voso tradision, wat muss el autplanetis anser tu dat?

A: I houp tu mei corespondee sun voso winshum.

F: Alu cla. Chau. Com kidis! Glai vu get vida a geshaite sucar!

Und hier die siegfriedische Fassung:

F: Hat Er ein Zimmer frei?

A: Für einen Menschen?

F: Ja, für einen Menschen und drei Künstlichmenschen.

A: Für die Künstlichmenschen gewöhnliche Stehstellen oder Stromschrank?

F: Gewöhnliche. Sie sind süßstaubbetrieben.

A: Ah, von der Art. Braucht Er noch eine Abstellstelle für seinen Flieger?

F: Nicht nötig, danke. Hört Er das Feuerwehrgeheule?

A: Ja.

F: Wir sind gegen euren zehnten Stock geflogen. Mein Fliegerlenker hier war etwas schadhaft.

A: Wie konnte das nur geschehen?

F: Ich hab ihm Salz statt Süßstaub gegeben. Mein Geist verweilte anderswo.

A: So ein Teer. Willst du frühstücken?

F: Ganz im Gegenteil, lieber spät ganz als früh Stück.

A: Gans wollen Sie. Wir hätten auch anderes Erdenfutter in der Speiseliste. Eier, Krummbrötchen und so.

F: Das klingt gut.

A: Und für die Leibeigenen Süßstaub, vermute ich.

F: Ja. Was für Zimmer hat Er da?

A: Immerostberg, Niederlandblumenfeld, Puff, Strand ... und die sind ziemlich lebhaft!

F: Ich nehme den Strand. Wie hoch ist der zu zahlende Betrag?

A: 800 Mark mehr Meerwerdsteuer.

1 *ded* ist *Tod, dod* ist *tot*

F: Nimmt er auch Erdo an?

A: Geld ist Geld. Kannst du bitte unterzeichnen?

F: Ja.

A: AR, noch was: Wollen Sie, dass wir das Schleimtier vom Zimmer entfernen? Viele Ausserwandelsterner bestehen darauf …

F: Was ist das?

A: Das ist eines der wenigen Tiere, die wir hier in Siegfriedien haben. 2 bis 3 Langmaß hoch, so eine Art Ball, aber sehr unrichtmaßmäßig, und sie wechseln ihre Gestalt die ganze Zeit. Sie sehen wie ein kranker Wandelstern aus und sie sabbeln viel.

F: Und wofür sollen sie gut sein?

A: Sie streicheln einen, sie sind sehr lieb und man kann auf ihnen schlafen. Es ist sehr angenehm, aber die meisten Ausserwandelsterner sind etwas in sittliche Entrüstung versetzt, wenn so ein Ding auf sie zukugelt.

F: Ich glaube, ich auch. Lieber weg.

A: Dein Schlüssel. Ich wünsch dir einen schnellen Tod.

F: Wie bitte?

A: Das ist eine alte Sitte bei uns, das sagen wir, wenn wir uns von Ausserwandelsternern verabschieden.

F: Aha. Und was müssen nach eurer Sitte die Ausserwandelsterner darauf antworten?

A: Ich hoffe, bald Eurem Wunsch entsprechen zu dürfen.

F: Alles deutlich. Auf Wiedersehen. Kommt Kinder! Gleich bekommt ihr wieder einen gescheiten Süßstaub!

Preussische gartenanlage am amazonas   Fussballländisches kind nach der befreiung

DER TAG AN DEM DIE PREUSSEN DEN AMAZONAS EROBERTEN
Pausentext 11

Der Kanzler war zu beschäftigt mit Europa. Dazu gab's noch die Sache mit dem bekloppten Außenminister und den Steine werfenden Kühen. Vom Amazonas wollte er kein Wort hören. Der preußische General Siegfried von Stolzensaufen versuchte ihn davon zu überzeugen, wie wichtig dieses Thema sei: Die Entwaldung des Amazonas schritt rasant voran und außer ein paar Proteststimmen tat sich nichts. Von Stolzensaufen sah, dass nur noch ein Alleingang die Situation retten konnte.

Er organisierte eine Flotte mit 500 Fregatten, 50 U-Booten und 400 Tornado-Bombern und machte sich auf den Weg nach Südamerika. Davon erfuhren der Kanzler und Scharping erst am nächsten Tag aus der Zeitung. Die Invasion an sich war ein Leichtes: Die wenigen Brasilianer, die am Amazonas leben, wussten nicht, wie ihnen geschah. Die vielen Brasilianer, die woanders lebten, die Regierung inklusive, schauten lieber weg, sonst hätte man ihnen am Ende noch eine gewisse Feigheit vorwerfen können. Es war keiner willens, für das Dickicht, das weder Strand noch Diskos anzubieten hat, zu sterben. Es gab Politiker in der Regierung, die das ganze Land gleich mitverkaufen wollten, aber von Stolzensaufen interessierte nur das Amazonasbecken.

Die Nordamerikaner wurden stinksauer. Da sie aber noch diskutierten, wer ihr nächster Präsident werden sollte, konnte niemand die Entsendung von Truppen beschließen.

Von Stolzensaufen nannte die neue Kolonie Teutsch-Äquatorien. Die Hauptstadt Manaus hieß ab sofort Manaußien. In der Oper durfte man dann nur noch deutsche Komponisten spielen, als Obersänger wurde Roberto Blanco importiert. Als der General ihn persönlich am Flughafen abholte und mit eigenen Augen sah, wie unblond und unblauäugig der Mann war, schickte er ihn unverrichteter Dinge zurück nach Deutschland.

Als Amtsprache wurde das Teutsch von 1820 eyngeführt mit eynigen kleyneren Verstärkungen. Brasilianer, weyße oder indianische, die untereynander nicht auff teutsch communicirten, wurden ins Erziehungslager geschickt, bey wiederholter Widersetzung entsorgt. Eyne strenge Arbeytseynteylung wurde eyngeführt: Die Indianer sollten im Urwaldt Brombeeren pflücken, die weyßen Brasilianer durften nichts mehr thun (sie hatten schon genug Schaden angerichtet) undt die Teutschen verwalteten das Gantze. Viele Brasilianer behaupteten, sie seyen weyß, ihre dunklere Hautfarbe sey nur durch die intensive tropische Sonneneynwirkung entstanden. So mußte eyne Farbschablone her, wobey man feststellte, daß die so genannten Rothäute, die Indianer, eygentlich braun waren. Die weyßen Brasilianer waren gelb undt die weyßen Teutschen rot. Eyne Weyßen-DIN-Norm wurde ins Leben gerufen, die Weyße-Eynheyt wurde Wittchen genannt, in eyner Scala von 0 bis 10. Jeder, der das Weyße-Mindestmaß von 5 Wittchen nicht erreychte, wurde zum Indianer declarirt undt mußte im wilden amazonischen Ur-laub Brombeeren pflücken.

Viele unteutsche Wörter wurden eyngeteutscht: *Bananen* hießen fortan sinngemäß *Affenobst*, *Piranhas* hießen *Bösefisch* undt sogar die *Kokospalme* wurde den teutschen Lautverschiebungsgepflogenheyten folgendt zu *Kochespfalme* umgetauft. Nicht eynmal die Tapire entgingen der Umbenennung undt durften nur noch auff den Namen *Zapfir* reagiren. Die Brasilianer hatten eynige Schwierigkeyten, sich solche Wörter zu merken.

Inzwischen hatte man bemerkt, daß nicht alle Brasilianer Schlappschwänze sindt. In der Millionenstadt Manaußien fanden sich 4 echte

Machos, die den Teutschen Widerstandt leysten wollten. Sie placirten 3 Molotow-Hahnenschwäntze (Cocktails) an eyner Fregatte, die jedoch leyder nicht hochgingen. Da wurde ihnen clar, daß die brasilianische Technologie wohl noch nicht so weyt war. Daher versuchten sie auss Japan functionirende Molotow-Hahnenschwäntze zu importiren, leyder hatten die Japaner so wass nicht mehr. Sony schickte ihnen zum Trost 4 Wokmänner, die für den Saundt undt natürlich fürs Kochen sorgten. Also bestellten die Machos russische Molotows, aber die wurden nicht geliefert. Währendt sie darauff warteten, hörten die brasilianischen Machos Musik undt auss der Revolution wurde nichts.

Der Urwaldt wurde erst mal eyngezäunt undt dann in 20 quadratische Provintzen auffgetheylt. An den Grentzen klappte es nicht mit den Quadraten, weyl die pfuschenden Südamericaner ungerade Grentzlinien gezogen hatten. Also mußten Theyle der angrentzenden Länder in Anspruch genommen werden, um der Quadratischkeyts-DIN-Norm Genüge zu thun. Der General wollte diese Provintzen seynen Hauptmännern zutheylen. Da er aber nur 19 Hauptmänner hatte, wurde eyn brasilianischer Buchhalter teutscher Abstammung, der grade in der traditionsreychen ›Friedas Bar‹ eyn Bier trank, zum Hauptmann befördert.

Die Provintzen hießen EYNS, ZWEY, DREY, VIER!, EYNS, ZWEY, DREY, VIER! EYNS usw., wass zwar für eynige Verwirrung sorgte, aber bey der Auffzählung herrlich zum Marschiren paßte.

Die Hauptmänner sollten dafür sorgen, daß in ihren Provintzen teutsche Ordnung herrschte undt daß keyn Baum gefällt wurde. Am teutschen Wesen sollte die Welt genesen, undt wenn teutsch, dann natürlich auss Preußen undt nicht etwa auss Bayern, wo solch alberne Unterhemden verkauft werden, auff denen »Two beer or not two beer – this is the question« steht. Für alles wurden DIN-Normen eyngeführt. Die A-Fische durften nicht länger als 10 Centimeter lang undt 3 Centimeter breyt seyn, B-Fische nicht länger als 45 Centimeter lang undt 10 Centimeter breyt, usw. Fische, die länger als 1,10 Meter waren, wurden auss dem Verkehr gezogen. Piranhas, die Teutsche anfielen, wurden sofort gehängt. Nach DIN-Norm 845 durften Krokodile nicht mehr als 2 Mahlzeyten pro Tag zu sich nehmen, außerdem wurde ihnen eyne strenge Kartoffeldiät verschrieben. Affen wurden gantz verboten, da sie überhaupt nicht zum Bruttosocialproduct beytrugen undt immer nur herumquietschten.

Der Amazonas wurde begradigt. Er wurde zu eyner 5600 Kilometer langen graden Linie. An den Ufern wurden Bootobahnraststätten mit

Bockwurstständen angebracht. Nach DIN-Norm 3859 durfte der Abstandt zwischen eyner Uferkleyngartenanlage undt der nächsten nicht größer als 5 Kilometer seyn. Im Fluß überholen durfte man nur noch links. Für jede Spur wurden Mindestgeschwindigkeyten festgesetzt. Die Zuflüsse durften laut DIN-Norm 63458 nur noch im 90°-Winkel in den Amazonas münden. Flüsse, die illegal quer eynmünden wollten, wurden gnadenlos ins Meer gekippt.

Das eyntzige Problem war die Versorgung. Da die Nutzung der gantzen Region für Anbau undt Viehzucht verboten war, mußte die Gesellschaft wieder zurück zur alten Jäger-undt-Sammler-Tradition. Da die Teutschen sich mit der amazonischen Fauna undt Flora nicht ausskannten, wollten sie die Indianer hinschicken, aber die waren wegk: Sie hatten es satt gehabt, Brombeeren zu suchen undt keyne zu finden, so daß sie alle ins europäische Teutschlandt geflüchtet waren. Da die teutschen Behörden meynten, sie brauchen für den Asylantrag eyne Bestätigung des folternden Landes, daß man sie foltern wolle, undt der General nich bereyt war solche Erklärungen zu unterschreyben, waren die Indianer gezwungen in Teutschlandt geschmuggelte Cigaretten zu verkaufen undt in Theaterstücken von Karl May auffzutreten, um ihren Lebensunterhalt zu bestreyten.

In Amazonien mußte man also die weyßen Brasilianer ins Dickicht schicken. Die fürchteten sich aber vor den vielen Schlangen undt Spinnen, kauften lieber bey McDonalds eyn undt brachten den Machthabern umgehendt die Fleyschopfergaben. Die Teutschen hatten Probleme mit Rindtfleysch, so daß McDonalds nur noch Chicken McNuggets producirte, die in Manaußien Hühner-Machklumpen hießen. Dennoch war auch das keyne dauerhafte Lösung, am Ende gab es weder Rindt- noch Hünerfleysch, alles war verbraucht. McDonalds konnte nur noch Pommes anbieten. Die weyßen Brasilianer mußten doch in den Urwaldt, um frisches Fleysch zu besorgen, da man zur Eynsicht gekommen war, daß es in Amazonien keyne Brombeeren gibt. Dazu nahmen sie die Molotow-Hahnenschwäntze, die von den Machos bestellt undt nun endtlich auss Rußlandt eyngetroffen waren, undt ließen sie im Urwaldt explodieren, um danach die toten Tiere eynzusammeln. Überraschenderweyse fing dabey die gantze Region vom Atlantik bis zu den Anden Feuer, die weyßen Brasilianer starben eynen qualvollen Tod. Nur Manaußien, wo die meysten Teutschen wohnten, brannte nicht, weyl der Höchstabstandt zwischen eynem Feuerlöscher zum nächsten 86 Centimeter betrug, so daß die Flammen erfolgreych bekämpft undt alle Teutschen gerettet werden konnten. Hunger hatten sie trotzdem undt so gingen sie zu McDonalds, um Pommes zu essen. Leyder entsprachen eynige davon nicht der Obst-undt-Gemüse-Verordnung Nr. 365 (Gemüse darf nicht giftig seyn!), hatten BSE undt dagegen waren die Teutschen nicht gerüstet. Am Sterbebett waren General von Stolzensaufens letzte Worte: »Scheyß-Pommes. Aber wass soll's, das Bier war sowieso alle.«

Inzwischen wehten auch drüben in Europa die winde der veränderung: Präsident Putin war jetzt Putout, König Juan Carlos auss Spanien marschirte mit 8 Guerilleros von Barcelona nach Paris, entmachtete Chirac undt entfachte damit die frantzösische Käse-Revolution, deren Geruch sich bis nach Finnlandt aussbreytete. Der Vatican sprach Herrn Stoiber noch zu Lebzeyten heylig undt so bekam Bayern mit dem Heyligen Edmundt eynen neuen Schutzpatron.

Irgendtwann merkten eyn paar nicht-amazonische Brasilianer, daß die Teutschen keynen Pieps mehr von sich gaben, undt schauten mal wieder am Amazonas vorbey. Sie freuten sich schon, mal wieder so richtig brandtrodeln zu dürfen. Aber leyder gab es nichts mehr zu brennen, es war nichts mehr zu holen. Trotzdem freuten sich die Brasilianer, endtlich hatten sie viel Kohle.

superhirnes in de shoping sentre[1]
Comparation-Text 8 (Beyond[2] Caudadoich)

In a normale niu-ano-iv[3] i drink in average[4] tre botles of bubli[5]. In a niu-decad-iv i drink de corespondente cuantitee of treti botles. In a niu-sen-turi-iv ten taimes plus, dat mine[6] tre hundred botles. No dat dat wud bi mai habit, vail[7] niu-senturi-ives pasee[8] no super oft in mai livum[9]. Ya, e den der is[10] niu-milenium-ives, so i mus drink tre hundred taimes ten. Dat is a grande quantitee et wi wil giv aur bestu.

In de niu milenium alu is totali diferent. Lets begin mit de cars: Yu draive not, yu flit[11] glaiding mit saund-spid dru de er[12]. Yede person hav a flaiu, e mit ten bilion flaius mit saund-spid der is som trafico problemas. In de radio wi audi dat in de flai-wei A11 der is som james, yu can nur flai mit 600 km pro aur. De posibilitee tu com aut of a colizion livent[13] is rela-

1	Ladengroßhaus	8	geschehen
2	jenseits	9	Leben
3	Neujahrsabend	10	es gibt, da ist
4	Durchschnitt	11	flitzen
5	Schaumtraubenmet	12	Luft
6	bedeutet	13	lebend
7	weil		

tivli mini, e dat holde de wold populasion stable. Aba it go cuiker bai bi-ming: Yu fone no mor, nau yu daiale[14] de number in de bim-sel[15] et yu is imediatli der wo yu want. Unfortunatli dise tecnologie is stil no raip, be-saids most pople[16] can no diel[17] mit it: Som pople is no rematerializet im otre end et yu ni se dem[18] vida[19].

It is cuait[20] nais, dat yu mus no ha monotono vacasiones[21] in de Carib o in de Sudsi[22]. Yu can ha monotono vacasiones in mucho plus distante regiones, pro exemple in de planeta B-faiv of Alfa Sentauri o in de La-lande tu-ain-ain-eit-faiv. Dort de si is red e de cocopalmas lila. Nobodi want audi eniding abaut Mars e Venus, Venus is ful of okiringos, de tu-tone-mega-apeles[23], dat de planeta dro tu fal tu de flor[24] del univers unda dat weit[25]. In de jornal yu lese ful of surpris, dat de sientistis is surprizet vida, dat el univers is grander den wi dinket.

De bestu in dise taimes is supozetli de weda. Mit de LEWDIM (dat mine 'lait-e-warmnes-distribusion-mirors) araund de planet Erd no-vo[26] it is tu hot o tu cold. Alvo[27] twenti-tre degrees[28] e haf de claudes[29] of Sentral Europa wa divertet[30] tu de Sahara, wich is enuf tu providee[31] bluming landskeips[32] et iven som fludes.

De salud[33] is not a tema yu spik abaut mor. If yu become sik, dei can repar it al, aba de liest[34] complicat is, wen yu bai[35] a niu bodi[36]. Der is also superhirnes in iech[37] shoping sentre, aba dei bi nur pro de hai-clas[38].

In de haushold alu is super okei: Yu mus no cuk[39] o wash o usee de dust-sugu[40]. No vail der is mashinas, de du dat, aba vail yu hav a waif. E de waifes hav a man. Naturali al androidis, au de kides e de petes[41]. And-roidas, androidos e androidles. Naturali dei bi mucho beta den reale livis[42], de ni want obei e make toiletes smutli[43]. No, androidis du al yu want, compleine not, luke gud, ha no migren e du al yu want in bed. Somtaimes yu bi just befor de climax e der baterie is finito, aba yu can no hav it al. De bestu is, dat yu ha no mor relationship problemas. If uner-wartetli an androidi make problemas, alu is cuikli solvet: Yu bring de ding tu de resicling-conteinu e dat is it – et yu ha no grav spendums. Yu mus not iven boda[44] tu order a niu man/waif, de siber-auau[45] du dat via inter-net.

El erste sun-reis[46] com, i weik aup e mai tiktak tele[47] mi, dat wi ha de 2. 1. 2000. I luke dru de windou, de cars stike[48] tu de flor e stinke vi dei ima dut. In de jornal it is scribet, dat de politikis promiset[49] vida tu fait contra el unemploiment. Ya, nau wi hav it, de niu milenium, e der is stil no definitivo remedi contra gripe in viu.

I go tu de Cafee Lazio tu brekfast, et el omlete teist[50] exactli vi in de leste milenium. I bi hapi, dat it come no fri of colesterol e fri of teist. Som dings shud stei vi dei ima wa. De tris mit lifes, de fud mit teist e de cus one creizi-cu-sicnes[51].

Richtmaße

Winglish

Winglish ist kein Kauderdeutsch mehr. Winglish ist Winglish, Angelisch für die Welt, *wold-inglish*. Es ist ein Vorschlag für ein weltweites Angelisch. Der Unterschied zu Kauderdeutsch liegt darin, dass bei gleicher ›Länge‹ (die ›einsamen‹ Mitlaute, die Folgerichtigkeit und die Verbreitung des Wortes berücksichtigend) das angelische Wort genommen wird, was dann heisst, das wenige deutsche Wörter noch vertreten sind. Man versucht angel-sächsische Wörter möglichst mit den weltweit anerkannten Buchstabe-Laut-Entsprechungen zu ritzen. Was nicht geht, wird dann so geritzt wie immer, aber dann auch so ausgesprochen, wie's geritzt ist. Zum Beispiel wird das Wort *cut* als deutsch *kutt* ausgesprochen, nicht als

14 wählen (am Fernsprecher oder Fernbeförderer)
15 Fernstrahlbeförderungszimmerlein
16 Leute
17 handeln, umgehen
18 ihnen
19 wieder
20 ziemlich
21 Urlaub
22 Südsee
23 Riesenäpfel
24 Boden
25 Gewicht
26 nirgendwo
27 überall
28 Wärmeeinheiten
29 Wolken
30 abgeleitet
31 versorgen, versehen
32 blühende Landschaften
33 Gesundheit
34 am wenigsten
35 erwerben
36 Leib
37 jede(m)
38 Oberschicht
39 Essen zubereiten
40 Staubsauger
41 Kinder und Haustiere
42 Lebewesen
43 schmutzig (im Angellischen gibt es das Wort *smutty*)
44 sich die Mühe geben
45 Gerätehund
46 Sonnenstrahlen
47 erzählt
48 kleben
49 versprachen
50 schmeckt
51 Rinderwahnsinn

etwas so Ähnliches wie *katt*. Wörter nicht-germanischen Ursprungs werden so geritzt wie immer, aber nicht angelisch ausgesprochen, sondern
gewöhnlich wie im Deutschen. Nur J wird wie im Westfränkischen ausgesprochen, R kann so ausgesprochen werden wie man Lust hat, S steht nur
für /s/ wie in *bass*, V wie in Hochdeutsch *Veranda*, W ist ein unlanges /u/
wie im Angelischen, Y ist ein unlanges /i/ und Z wie im angelischen *ba-
zaar* (deutsch Basar). *Th's, rl's* und einige wenige andere schwierige
Laute werden vereinfacht. Die Satzkunde ist wie im Kauderdeutschen. Für
angelische Muttersprachler ist ein weltweites Lautgefüge gar nicht so
leicht. So wird das Angelische, das von den Muttersprachlern gesprochen
wird, als Mundart des Winglish angesehen. Alle ritzen gleich, aber die angelischen Muttersprachler sprechen alles etwas anders aus.

ÜBUNGEN

Du siehst, das wird allmählich Abend-Teuer-Licht hier. Wir machen aber
weiter, als wär nichts gewesen. Mit Abend-Teuer-Licht meine ich die Sprache, nicht die Geschichte. Der Leser bzw. die Leserin hat schon durch
heissere Feuer laufen müssen, man muss nur an die Geschichte in Heiliger Kleiner denken, mit dem Mordsauftrag. Früher hat er mit Feuerwaffen
gefochten, jetzt fechtet er mit Fernabzuggeräten. Ohne Faxen zu machen.

Übersetzu bittu ins doi-chu. Odur andersrum.

1. Wenn du nix machum kannst, Telekom, geh!
2. Ich möchtu bittu ein händu da firmu Siemu kaufu!
3. Sie meinum das mit dem *u*, odur?
4. Ich meinu das mit der piss-functiun.
5. Das mit der piss-functiun? Hammu nimmu. Um erluch zu sein, hab ich
noch nie was von eim händu mit piss-funktiun gehurt. Wie soll denn so
was gen?
6. Man pisst ins händu und halbu minutu spätur kommt schokoladu raus.
7. Aha. Und wie schmeckt die schokoladu?
8. Entsprechund. Abur is ein nettur gäg, vor allum für die kleinum hund-
roböterchun, die gradu beim nachburn geborun wurdun. Sie freuun sich
übur so was!
9. Ju.

10. Und nu?

11. Alsu wir ham nur händus mit folgendum functionum: scheiss-functiun ...

12. Ach so, die habt ir! Und wie get die?

13. ... das gleichu prinzup. Und statt schokoladu gibt's champagnu ... dann sonnunfunktiun ...

14. Wie get die?

15. Wenn man keinu sonnu hat, drückt man auf ein knopf und das händu schiebt allu wolkum im radium von 100 m wek ... dann natürluch schiess-funktium, massage-funktium, psychologum-funktium ...

16. Wie geht die?

17. Er hört sich dein ganzum selenmull und geistesabfull an und gibt dann ein odur zwui ratschlägu. Natürluch darf man so was nich ganz ernst ne-mum, abur manchmul ham dise ratschlägu zu einum vollum erfulg gefurt. Und dann ham wir die eiscrum-funktiun.

18. Wie get die?

19. Nach dem gebruch als händu wird es zum eiscrum. Das einzigu prob-lum is, das man nur einmul telefonirum kann. Abur das eiscrum is eins-u.

20. Das spricht mich allus nich so richtug an. Ham Sie nich ganz was an-derus da, zum beispul spare-rubs odur su?

21. Gen Su duch hun, wu du pfuffur wuxt.

22. Sund uhr buidu du dru chunusu?

reise-unerholung
Pausentext 12

*Dat is nu train-station-deutsh. Es is no verarshum about el asis in generell o
la vietnamis in particular. Much outlandis speak so, aber no east-asis. Die
spe che gan andas.*

Freundin august urlaub also wir 2 fliegen Hongkong dann mit zug über
China nach Vietnam. Ich immer angst fliegen also nehm TAVOR schizo-
phrenenberuhigungtablette. 1 tablette gut zum großelefant psychopath
schlafen lang und verhalten wie friedlich ente. Ich nehm 2 1/2. Reise angenehm gut schlaf und später schön blick Himalaja, ich baff. Leider nix erinnern nach flug. 2 tage später kann wieder gehn. 1 woche später wieder
sprechen.

   Hongkong viel viel groß hochhaus. Schön, supermodern. Und heiß
sehr heiß viel schwitz. In konsulat Vietnam erfahren flugvisum schnell,
zugvisum viel zeit viel geld. Dann machen visum Vietnam in China, so
warten und schaun China. Also zuerst visum China. Normal chinavisum
schnell billig aber ich schreib in formular beruf schriftsteller. Chinese
groß augen (nich sehr groß, chinese nie groß augen): was, du schriftsteller? was, du schreiben, hä? böse kritik über China, hä? Nein, gottes willen,

ich nur liebegeschichten. Und nur liebe unter europäer. Gut, dann visum. Also, gut rat: Wenn du schriftsteller und gehn China, nix sagen schriftsteller! Problem!

U-bahn bis grenze dann schnell rüber. Dann problem problem problem. Chinese nich verstehn bedeutung wort Hongkong. Und du verstehn bahnhof, chinese nich einmal bahnhof. Große platz, 3/4 stunde fragen wo bahnhof, chinese nix. Mach gebärde zug, tuuutuuu, chinese lach. Aber nix verstehn. Dabei ganze zeit vor bahnhof, ganz groß gebäude aber schrift komisch und gebäude komisch. Chinese nix englisch nix deutsch nix suaheli nur chinesisch. Immer isoliert viele jahrtausend ignoriert weltrest.

Hier stadt Shenzhen, vor 15 jahre busch und jetz groß groß stadt viel hochhaus, dagegen Frankfurt nonnenfurz. Dann Guangzhou, europäer sag Kanton. Auch sehr sehr groß viel hochhaus und manche vorort bei neit wie Las Vegas. Und heiß. Geben taxifahrer zettel chinesisch adresse konsulat Vietnam. Taxifahrer fahr zu porzellanladen. Aber was erwarten von taxifahrer mit name NG? Nach 3 tage suchen selber finden. Weil taxifahrer mit andre namen auch nich besser wissen.

Chinesisch sprach wie von marsmensch. Wort mit verschiedene tön andre bedeutung und 20 laut irgend zwischen *s* und *sch*. Und wenn richtig aussprechen (unmöglich) chinese auch nich verstehn weil jede wort 20 oder 50 bedeutung.

Hotel gut aber kein schlüssel. Immer bitten frau rezeption in dein stockwerk bitte tür aufmachen (bitte beleg zeigen). Manchmal keine frau. Und: hotel von regierung. Auch restaurant von regierung bürokratie: stempel wenn bestellen, stempel wenn bringen, stempel wenn zahlen. 8 stempel insgesamt. Dafür essen schlecht. Aber viel geschäft China privat, dort kein stempel alles gut. Noch was: klopapier jetz besser als vor 7 jahr. Jetz brauch sich verstecken nich einmal vor französisch klopapier.

Dann treffen 3 sympatisch deutsche (du nich glauben, wa?) und besuchen markt. Kantonese ess alles: hund, katz, frosch, kröt, schlang, wurm, sogar vogel strauß. Käfige immer eng. Mensch von tierschutzbund hier vielleicht schockiert wenn sehn.

1 von 3 getroffen deutsch kauf klein vogel. Zum befrein. Er befreit, aber vogel flieg direkt in kneipe, 37 chinese stürzen auf vogel. Deutsch renn inside kneipe und rett vogel. Chinese meinen deutsch hat ein vogel. Also, vogel: nix kneipe fliegen! Fliegen himmel, fliegen baum! Wir gehn park, loslassen, aber vogel bleib auf mauer, schau blöd. Vogel fragt: was los? nix käfig? Wir: flieg, vogel! Aber vogel bleibt. Dann verscheuchen, weil sonst

komm chinese und mitnehmen für chop suey. Vogel fliegt zu die baum
und bleibt auf ast. Nach 15 minuten immer noch schaun. Vielleicht heute
noch schaun.

5 tage waten auf visum, also fahren Yangshuo/Guilin. Dort China-
berge sehr eigenartig von flache boden in die luft sprießen. Fahren mit
bus, aber nur nachdem finden bus. Und finden bus China, ha! Schwierig
bis unmöglich, je nach zielstrebigkeit und intelligenz. Bei dir dürfte unmöglich. Bus schlafbus, sitze doppelstöckig. Sitz oben 50 zentimeter von
dach. Straße teilweise under construction, bus beweg wie stier mit crack
in kopp. Wenn du fahr, empfehlenswert: helm und panzerweste. Landschaft Yangshuo piccobello super wonderful. Sehr viel tourist, aber noch
mehr chinese. Touristen vermehren schnell, chinese vermehren noch
mehr schnell als tourist.

In Guilin bahnhof. Nach großgroß schlang ich dran: schalter loch in
holzwand, groß wie mein wecker. Und mein wecker nich groß. Schalter in
höhe nabel. Viel gymnastik schaun mit ein auge beamte und geben zettel
chinesisch alles drauf: wohin, wie und warum. Frau beamte antwort:
»Leider muss ich Ihnen mitteilen, dass sich der Verkauf von Fahrkarten
für den Schlafwagen im heutigen Zug nicht bewerkstelligen lässt. Das
Beste und eigentlich Einzige, was ich Ihnen anbieten kann, sind Hartsitz-
plätze.« Leider sagt frau alles auf chinesisch. »Shai zhung pei xi ping
pong.« Was bitte? Gleiche antwort. Und jetz was machen? Noch mal: frau,
bitte 2 fahrkarte. Gleiche antwort. Dann deus ex machina ein mann wahrscheinlich von himmel sprech englisch übersetz. Ja dann bitte harte sitz.
In zug sofort sehn: schlafwagen platz wie heu. Also kaufen schlafbett in
zug von schaffner. Warum nich gleich? China.

Zurück Guangzhou, visum Vietnam endlich. Jetz muss fahren Nanning nähe Vietnam. Ein reisebüro sag uns zug nich direkt, dauer 48 stunde, andre sag direkt dauer 20, näxte wieder 48. Wer richtig? Gehn chinese
tourist information. Dort 5 chinese aber englisch nie gehört. Nix. Wenigst
karte China, sehn eisenbahnlinie? Nix, nur karte USA. Sehr wichtig hier.
Vielleicht in bahnhof wissen. Nehmen taxi zu bahnhof. Taxi bringen Mc-
Donalds. Falsch. Gesagt bahnhof. Lieber zu fuß. In bahnhof finden chinese 10 jahr in New York gelebt, chinese hilft fragt überall aber nix geht.
Auch für chinese China unmöglich. Draußen vor bahnhof circa 3.674.967
chinese sitzen schlafen. Viel chinese von land komm geld verdienen. Viel
nix verdienen dann bahnhof schlafen mit familie. Unkomfortabel. Wir
wohnen lieber hotel. Kaufen ticket reisebüro, wir ausländer, deshalb zah-

len 3 mal so viel. Egal, wir ausländer immer reich. Und ticket in bahnhof kaufen unmöglich. Schalterbeamte immer sagen nein. Aus unlust oder weil nich will.

In zug lautsprecher wiener walzer. China hinterhof und walzer gut kontrast. In Nanning kein zug Vietnam: 3 tag warten müssen. Vielleicht bus bis grenze? Alle chinese sag: kein bus bis grenze. Wir spazieren finden busbahnhof. Doch geben bus bis grenze 14 uhr 30. 14 uhr 30 warten an bahnsteig aber kein bus. Gehn schalter: warum kein bus. Schalter: bus morgen. Vorher sagen heute! Morgen! Heute! Geld zurück. Weiter spazieren. Andre busbahnhof. Ja, heute bus grenze. Nich morgen? Nein, heute. Gut. Nich glauben, aber dann bus wirklich heute.

Übrigens: In China gibts zigarette Double Happiness. Kaufen, anzünden, dann sehn warum name: filter in mund, rest stürzt zu boden. Kann man zuerst filter rauchen und dann rest. Double.

Verlassen endlich China nach 2 woch. Urlaub 4 woch. Bitte schnell noch baden gehn. China wie deutsche sprach oder manche frau: schön aber sehr kompliziert.

China ein paar reich und viele arm. Vietnam alle arm. Wegen krieg. Aber bald asiatische wirtschafttiger. Jetz noch katzlein. Auch Vietnam sehr heiß viel schwitz, nur hotel airconditioned sehr kalt. Frieren bei 25 grad. Verkehr: kein privatauto wenig kraftfahrzeug viel moped (mit viel viel hupe) viel viel viel fahrrad und viel vietcong, nein, vietnamese, aber nich gefährlich, kein angriff befürchten. Menschen hier sympathisch und sprech mehr englisch manchmal französisch manchmal nix aber versuch verstehn – nich so wie chinese. Vietnam nich immer isoliert sondern besetzt, auskennen besser in sachen komunikation. Und hier hunde wieder normal haus aufpassen, nich wie Südchina, wo hund nur für gulasch. Schönste erlebnis in bahnhof Vietnam: gehn schalter, sagen: 2 tickets to Hanoi! und kriegen 2 tickets nach Hanoi! einfach so! tränen von glück fließen bis bauch.

Zug nach Hanoi wie trambahn Deutschland 30er jahre, aber nich so schnell. Dafür fahren auch auf wasser, über fluss: zug fahren auf wasser! Dann sehn mann auf motorrad, auch fahren auf wasser wie Jesus! Auf motorrad! Dann verstehn: fluss überschwemmt, brücke überschwemmt, von brücke kein spur, muss aufpassen mit motorrad. Sonst fahren außerhalb brücke, dann nich mehr fahren.

Sprach Vietnam wie wenn chinese sprech mit 1 pfund kaugummi in mund. Vietnamese gewaltige sprachfehler, sollten gehn alle sofort logo-

päde. Wenn D aussprech, kling wie misch aus B, D, G, N, M, T, P während
schluckauf. Andre buchstabe schlimmer. Aber immahin 3 wort französisch: *ô tô* (auto), *mô tô* (motorrad), *ba tô* (schiff). *Duc* heißt Deutschland, *Y* heißt Italien.

Hanoi kolonial gemütlich. Unkolonial: viel verkäufer souvenir postkarte feuerzeug nein nein nein ich will nix nein. Rikschafahrer auch immer fragen wohin. Nein nein, bitte geh weg asiat.

Manchmal doch rikscha, dann danach streit weil fahrer will mehr als ausgemacht. Von Hanoi fahren Sam Song strand. Strand hässlich und nur vietnamese. Nix gegen vietnamese, aber wenn tourist allein vietnamese immer groß auge und »hallo mister!«. Schnell wek nach süden, laider bahnhofbeamte sagt, wenn wollen nach süden, muss erst nach norden nach Hanoi. Aber hier zug stop von Hanoi nach Saigon! Egal für beamte. So wie wenn wollen fahren von Hannover nach München und muss erst Hamburg. Okay, blödmann, wir fahren bus. Public bus 7 tonne fracht und 9 tonne vietnamese, drinnen wir sehr volknah. Okay, wir wissen: hier nich Island. Darling, vielleicht näxte mal Island?

Viel brücke zerstört. Americabomber hier machen dünnschieß, auch dickschieß, jetz alles kaputt. Wir müssen ausbaden. Dann Südvietnam, alles besser. Nach wiedervereinigung südis sagen, nordis faul und hinterwalderisch. Nordis sagen, südis arrogant. Irgendwie diese geschichte bekannt.

In Hué entdecken wie touristen reisen Vietnam: mit minibus. Von hotel abgeholt, zu hotel in andre stadt gebringt. Ab dann nie wieder problem. Hué schöne stadt, näxte statt Da Nang, näxte Hoi-An, näxte NhaTrang – wie Ibiza von Vietnam. Da endlich machen schön urlaub. 3 tage strand liegen trinken bier, kampf gleich null. Auch bootenfahrt mit schnorcheln und party alle mann in rettungringe und cocktail trinken in wasser. Dann Da Lat, sozusagen Sankt Moritz von Vietnam, später Saigon, sozusagen New York von Vietnam. Ja in Saigòn trínc mâ nôch ein bìa und flieg zurück Hongkong. Und kurz nach Macau, einzige nette stadt in gegend. Und portugiesisch kolonie, aber ohne portugiesen. Alles geschrieben portugiesisch aber niemand wissen portugiesisch.

In Hongkong schon fast herbst, nur 30°C. Von Hongkong nach Deutschland. In Deutschland kein rikschafahrer, kein postkarteverkäufer. Prima. Und noch 2 woch sommer, deshalb noch 10 grad zälsius. Aber wenigst nich mehr schwitz.

Reise um die welt in elf seiten
Leergutabschnitt 8

So it can go los glai. Lest instruction: Pronunsee siegfriediesch imer clar e forcefoll! A fatiget Siegfriedier hid super gud, ihm se ma not! Best yu audi a marsh, verend yu spik. E mit de cauderdoich, sloli sloli wi go bek tu de milenium-vende.

Ich wurde in Fröhlicher Hafen, einer Stadt in Südfussballland, geboren und das ist inzwischen schon lange her. In Südfussballland stammt die Bevölkerung von Nudelländern, Deutschen und Zischzünglern, manchmal sogar von Kabeljaufresserländern ab.

Aufgewachsen bin ich in Heiliger Kleiner, der einzigen Stadt, in der die Einwohner die Luft sehen können, die sie einhauchen. Aber richtig wahr ist das auch nicht: Überall stehen Zeitanzeiger auf den Gehsteigen, die nicht nur die Zeit, sondern auch die Luftgüte angeben. Da kann man genau ablesen, ob sich heute das Einhauchen lohnt oder ob man es lieber sein lassen sollte.

In meiner Kindheit vertrieb ich meine Freizeit mit Großladenplünderungen und war stets in irgendwelche Mägde vertrottelt, die nichts über mich wussten, und wenn sie was wussten, genug davon hatten.

Ya, e dann yu tel dat so, as yu would be proud tu plunder supermarketus?
›Fröhlicher Hafen‹ mean natural Porto Alegre.

Ich bin immer als Anhalter gefahren, jedoch wird in Fussballland dieses
Geschäft immer härter, wie überall auf der Welt. Ich würde es nicht empfehlen, ausser du bist wirklich geldhausrott. Gewöhnlich ist in Fussballland das Fliegen leicht: Es gibt 4 große Fluggesellschaften, die größte von
ihnen heisst vvdsb. Diese Abunlangung steht für ›Verschiedene Vereinigte
Deutsche, die die Südfussballländer betrügen‹. Am besten man fährt mit
Vielwagen, die gemütlich und vertrauenswürdig sind. Die Eisenbahn hat
keine Dritte-Welt-, sondern Vierte-Welt-Gütestufe. Das Eisenbahnnetz ist
etwas größer als in Deutschland, das ist trotzdem nicht genug für ein
Land so groß wie der Weissenerdteil. Auch mit dem Zahlwagen kann man
fahren, manchmal ist es etwas teurer als in Deutschland, aber meistens
billiger. Vor einigen Jahren hatten viele Zahlwagenfahrer kein Geld mehr
für das Erdflüssigfett, so dass sie ihre Wagen umbauten und mit Luftzeug
fuhren. Manchmal ging ein Zahlwagen in die Luft, so dass man die Luft-
zeugzahlwagen verbot. Ich hoffe, sie halten sich daran.

Fussballland ist ein angenehmes Land, schade nur, dass man in den
Großstädten sein Geld an irgendwelche Unbekannte verteilen muss. Und
immerhin: In Deutschland werden Ausländer überfallen, in Fussballland
gibt es keine Menschenartbenachteiligung, da wird jeder überfallen,
gleichgültig ob In- oder Ausländer. Und wenn du nicht überempfindlich
Widerstand leistest, nett zu den Räubern bist und ihnen gibst, was sie
wollen, kann sogar sein, dass sie dir deine Hose lassen. Das eine oder andere Mal lassen sie dich sogar mit etwas Geld für den Vielwagen oder die
U-Bahn abzischen.

Da war auch a rober-duo, die had curt befor de banco rob, e weil es Yul war,
de burtday da Jesus, de hipi, e wan da imer presentes giv, they ha steig in a
bus e ha gi 100 mark pro jede pasager! Vous se, we ha plus criminales in
Brasil, aber soch humano criminalis se wan in Deutshland no!
vvdsb mean in de reale life varig (Varios Alemaes Reunidos Iludindo os
Gauchos).

In Heiliger Kleiner sehe ich ein Weib, angenehm anzusehen, ich mache ihr
den Hof und wir heiraten. Ohne Hof. Dann beginnen wir eine lange Reise
als Anhalter, wir wollen von Heiliger Kleiner nach Heiliger Kleiner – über

die andere Seite. Zuerst erreichen wir den Nordosten Fussballlands, der teilweise so reizend fremdländisch ist, wie man sich das ganze Land vorstellt. Früher gingen die Deutschen nach Südfussballland, weil sie daheim nichts zum Fressen hatten und eine neue Heimat suchten. Jetzt kommen sie daher mit vollem Bauch, man muss wirklich auf die Seite weichen, und sie fliegen in den Nordosten, um sich ein Weib zu holen. De dohoam kann ma nimma dazoin! Manchmal holen sich diese Reisenden gleich mehrere Weiber, damit es sich richtig rentiert. Die bekannteste Stadt des Nordostens heisst Heiland, aber man kennt sie hierzulande nur als Bucht. Jedoch ist Bucht der Bundesgau und Heiland seine Hauptstadt. Heiland ist die schwarzenerdteilischste Stadt Fussballlands, weil dort die meisten Leibeigenen gelandet sind. Fussballland war das letzte Land, das die Besitzdienerschaft abgeschafft hat. Das war 1889, seitdem besteht nur noch die freie Besitzdienerschaft.

Wat is de falsho word im obere paragraf? Se el antwort na de nexte capitlele. Bucht = Bahia, is ya clar.

In Kleinwasserstadt werden wir einige Male verhaftet, wir überleben aber alle Widerlichkeiten und schaffen es, als Anhalter in einem kleinen Flugzeug in die Vereinigten Gaue von Humboldtien zu fliegen. Es wird ein wirrwarriger Flug durch den riemenschlagenden Sturm, aber wenigstens sitze ich neben dem Flugzeugführer. Sollte es ihm während des Fluges schlecht werden, kann ich den Steuerknüppel übernehmen. Nur, ich mag das Wort *Steuerknüppel* nicht, es klingt lang, teuer und gewalttätig. Warum nicht das anmutige Wort *Lenkung*? Ist ja gleichgültig, das Ding entspricht nicht mehr dem Zeitgeist – in ist jetzt eine Stange, man nennt sie *Freudenstange*, aber da erröten sogar die Omas der Zeugen Gottes, bei dem Wort.

›Rentieren‹, aber dat latte we dur, weil ›rentieren‹ e ›lappen‹ is ya nordish, e ›rentieren‹ kann de doble bedeutung behalten, auch wenn die einu fo dise verflixte sudlandis kommt.
›Kleinwasserstadt‹ is natural Venezuela.

Wir reisen durch 30 Gaue von den 50, die die Vereinigten Gaue von Humboldtien bilden. Wir würschteln uns mit Gelegenheitsarbeiten durch und besuchen artig alles, was man als Vergnügungsreisender besuchen soll. Als

Anhalter zu fahren ist leicht, kaum steigt man aus, wartet schon der nächste. Aber auch nicht ungefährlich: Die meisten Fahrer, die einen mitnehmen, sind betrunken, gesteinigt, Räuber oder alles zusammen. Die Anhalter selbst sind oft menschliche Wracks. Es gibt auch Wagenaufkleber, auf denen draufsteht: GRAS, GAS OR ASS: NOBODY RIDES FOR FREE. Das bedeutet: RAUSCHKRAUT, WAGENERDÖL ODER ARSCH: NIEMAND REIST UMSONST.

Blödmann. I go tu fut.
Gesteinigt heisst natural ›stoned‹, dat heisst im drogeraush.

In der Stadt Geistliche Einsiedler finden wir eine Arbeitsstelle in einer Augenglasherstellungshalle. Bald darauf besuche ich ein Schwimmbad. Ich ziehe mich um, um unmittelbar darauf festzustellen, dass ich der Einzige bin, der eine Badehose anhat, sonst sind alle nackt. Ach so. Ja gut, AR, jetzt dürfen alle den Mitteltupfen meines Leibes und meines Lebens in aller Ruhe betrachten. Ich springe ins Becken und da kommt schon der Badewächter angerannt. ERSTENS: Sie waren gar nicht unter der Brause! ZWEITENS: Wie zum Geier kommen Sie auf den Gedanken, von der Seite aus zu springen? DRITTENS: WO ist die Haube? Das vierte Richtmaß habe ich mir selbst gemerkt: Man schwimmt nur geradeaus, wie in einem Hinundherschnellweg. Ich glaube, nur die Deutschen haben es geschafft, aus einem Schwimmbecken eine Wissenschaft zu machen.

AR ste pro OK. Eine der teories is, das im USishe befreiungskrigen ein deutsher general (die deutshis ha simultan de krige pro die americanis e pro die englis stellvertretend mak) immer signee de papers mit OK, weil er dachte, das man ›All Correct‹ als ›Oll Korrekt‹ scrib.

Tia, un dann fare vir nac Italia unde misse aine entoisciung hinneme, de pizza-turm stete scif. Faule italiena, varum reparire di nix? Dì grìchon sínd lèbenslûstig, àber étwas patètis in ìra áusdruxwâise. Áin bùch háisst gláich bìblios, dèn áusgang nénnen sì éxodos, dèr transpórt ís gláich dì metáphora. In der Türkei sünd di löyte ser gastfröyndlich in yede sitüasyön, Bulgarija und Jugoslavija sind komunistic und problematic. Die DDR is weniger problematish, aber umso komunistisher, andrerseits sind die leute entspannter als im westen, ausser sie werden von eim westler angesprochen. In Schandinavien sind de svensker vi de sveizer, de norske vi de österriker, und di finän haabän mit däa gantsän sachä niks zu tuun, si sind gastfröindlich vii dii türkän. Nuur melankoolisa, das is aaba auch kain vunda, bai däa kältä. Und dânn nach Froncreisch: Venne dou lébensmude bist, cannst dou in France forschlagaine, ire orthograph mer simple zou machén, vaile sie danne gans beuse verdénne. In Espana majt ma sij daruber cayne sorguen, und dasch prtugisisch fon Prtugaul can man sovisô nisch refrmirn. Esch isch unrfrmirbar.

E de marokis make cuscus.

Mein Weib und ich trennen uns nach 7 Jahren (das glückbringende siebte Jahr) und ich fahre nach Schwarzenerdteil. Nachdem ich die Großwüste überquert habe, komme ich geldhausrott nach Geisteskrankien. Ich finde dort keine Arbeit und ziehe hungrig weiter. Im Guterkerl arbeite ich als Fernsehenkrechtgebäudenaufbauhäuptling. Gegenüber dem Haus, in dem ich wohne, steht ein westfränkischer Großladen, in dem es natürlich auch westfränkisches Stangenbrot gibt. Trotzdem laufe ich lieber ein Großlangmaß zur schwarzenerdteilischen Bäckerei. Es ist einfach kein Vergleich, das schwarzenerdteilische Stangenbrot ist das bestschmeckendste Brot (schmeckt noch besser als das bestschmeckende) der Welt und hat so viel Nahrungswert wie das westfränkische, also Keinzahl. Ich weiss nicht, was die in den Teig mengen, dass die Brote 2 Tage später immer noch frischer schmecken als ein frisch erworbenes westfränkisches Stangenbrot. Ich weiss auch nicht, ob es gesund ist, aber wie gesagt, der Geschmack ist unübertroffen.

De ›Großwüste‹ is easy, wich is de grandeste wüste? De Sahara, clar. ›Geisteskrankien‹ is secur plus dificil, es is Nigeria. Clar, da is mucho landes mit mucho creizis, aber in Nigeria is de habitantis creizi, e hu das land visitee, werd auch creizi. ›Guterkerl‹ ste für Gabon (fransais ›Gars Bon‹, werd Gabon ausgesprochen). Keinzahl is logish, o.

In Kleinregenwaldland erzählt mir ein Schwarzenerdteil-Westfranke einen Witz. Der Schwarzenerdteiler kommt zur Guteschwester-Hochlehranstalt und will dort lernen. Der Behördenangestellte fragt ihn, in welchem Zweig er was lernen möchte. Der Schwarzenerdteiler: »Was meinen Sie denn damit, Zweig?! Ich möchte einen Stuhl wie jeder andere hier!«

Die sister heisst in fransais ›soeur‹, das von ›soror‹ kommt. Also sor = sister, bonne = gut. Meibi is das sogar rite, et if not: Jede menn muss somtaims improvisee. E ›Kleinregelwandland‹ is ›Congo‹. ›Regenwaldland‹ is Zaire-Congo. Brasil hat plus jungle denn jede african land, aber we ham ja ein name für Brazil, ›Fussballland‹. Et in Africa is es das land mit dem meiste jungle.

Durch Regenwaldland. Von West- nach Ostschwarzenerdteil ist der Landweg ziemlich schlecht beieinander und jeden zweiten Tag fährt ein Lastwagen vorbei. Man fährt mit ihnen oder geht zu Fuß, Rösser und Ochsen gibt es nicht. Da nicht wenige Fahrer sich weigern mich umsonst mitzunehmen, lege ich eine große Strecke zu Fuß zurück. Mittelregenwaldland ist sehr abgesondert und trocken, weit und breit keine Quellen, geschweige denn Flüsse. Dort kriege ich einmal rohe Holzfresserlein, von einem Affenobstblatt umwickelt. Alle essen es, und bevor ich Zeit habe, zu fliehen oder mir eine gescheite Ausrede auszudenken, bin ich dran. Ich muss es essen, Adel verpflichtet. Die rohen Holzfresserlein schmecken wie rohe Holzfresserlein, wie sollen sie sonst schmecken? Ein Schnitzel wäre mir lieber, aber war in mir nicht ein unbändiges Verlangen nach Fleisch? Na also.

›Holzfresserlein‹ is naturaly termitas. Etwas acid, aber mit ein bisschen kräuterbutter, das get shon.

In Liehlangwir, der Hauptstadt von Malerwie, trinke ich einige Biere mit Gotthatgehört Kleinesrüsseltierriesenflugzeug. Er ist so alt wie ich, hat aber schon 9 Kinder. 9 lebende, wie viele bei der Herstellung draufgegangen sind, weiss ich nicht. Auf alle Fälle ist das erste Kind gestorben. Anders als in anderen Erdteilen gibt man im Schwarzenerdteil dem Kind einen Namen, wenn einem ein Name einfällt, ohne jede Zuchtstrammheit. Das kommt oft vor, wenn das Kind schon längst auf der Welt ist, und manchmal erst nach seinem Tod. Das zweite Kind Gotthatgehörts hat den entsprechenden Namen *Jedermussmalsterben*. Ein anderes Kind hat den Namen *Frech*, nur weil es frech ist.

›Liehlangwir‹ is Lilongwe, ›Malerwie‹ naturaly Malawi. Wie man ein ›wie‹ painte soll, weiss ich auch not.
›Gotthatgehört Kleinesrüsseltierriesenflugzeug‹ is de Simon Jumbo. Die Zuchtstrammheit is immer noch die disciplin.

In Dreieckgrabland fahre ich als Anhalter in den Süden, auf der Rückfahrt nehme ich einen Zug. Die Fahrgäste sagen zu mir: »Hochwürden, Sie sind so schön! Sie sehen aus wie Fersenhalter Bande.« – »Mir war vorher so schwer zumute, aber heute, wo ich Ihnen begegnet bin, ist der schönste Tag meines Lebens! Sie sind ein wahrer Schatz!« – »Sie sind sehr anziehend und ich wünschte, wir könnten für immer in diesem Zug bleiben.« Üblicherweise mag man solche Schmeicheleien, aber sie kommen von 3 schnauzbärtigen Wüstenrossreibern. Ist schon gut, Jungs, ist schon gut. Ich ritze euch eine Bildmitteilung.

Ja, clarer wer ›Dreieckgroßgrabland‹, damit ma weiss, das Egypt meinet is. Aber we woll keine lang names hir. De ›Fersenhalter‹ is James, e hu ›Bande‹ is, kannst du dir denken. Die ›Bildmitteilung‹ ste für ›Postcart‹.

Ich komme zurück nach Deutschland und mache einen Zahlwagenschein. Als Ausländer werde ich selten angemacht. Trotzdem ist es oft unangenehm, wenn man glaubt, ich bin Deutscher, und über die Ausländer herzieht. Einmal hole ich einen Kerl bei einem Stüberl ab. Er merkt sofort, dass ich ein Ausländer bin. »Bist du Drehspiessländer?« – »Nein, ich bin Fussballländer.« – »Ja komm, gib doch zu, dass du ein Drehspiessländer bist.« – »Mei, wenn du dann besser schlafen kannst …« Und er fängt an über die Drehspiessländer zu schimpfen. Die Fahrt ist zu unlang und es wäre zu viel Arbeit und wenig Nutzen, ihn rauszuschmeissen und ihm einen deutschen Zahlwagenfahrer zu empfehlen. Bei der Ankunft droht er ein letztes Mal: »Und ihr sollt unsere Frauen in Ruhe lassen!« Da kann ich nur noch sagen: »Du, ich lasse eure Frauen in Ruhe, aber sie lassen mich nicht in Ruhe! Ich weiss nicht, was ihr Deutschen mit ihnen tut, dass sie so unzufrieden sind.«

Heutzutage hab ich dises problem immer plus selten, das die fraun mi not in pies lassen. Leider. Es werd probably am hoen alter ligen.

Ich bandele mit einer Angelländerin an, die ein Kind von einem anderen Kerl erwartet. Der Kerl ist weg und ich soll bei der Hausgeburt helfen. Wir wollen dem Kind den Namen *Aluik* geben, aber da muss man alle Betrügereien betreiben, um das Kind so taufen zu können. Wir haben in Deutschland einen Namen erfunden, also ist es ein deutscher Name. Leider darf man in Deutschland keine Namen erfinden, die Deutschen über-

lassen die Vorstellungskraft und die Freiheit dem Ausland. Man geht mit
Namen hierzulande sehr vorstellungskraftlos um: Menschen heissen *Fels*,
Kleiner, *Mechtild* und *Mechthildchen*. Geldhäuser heissen *Untervereins-*
geldhaus, *Dresdner Geldhaus*, *Handelsgeldhaus*. Fleischereien heissen
Schmidt, *Huber*, *Müller*. Zeitungen heissen *Frankfurter Allgemeine*, *Abend-*
zeitung, *Tageszeitung*. Kneipen heissen *Pilskneipe*, *Na und*, *Zum Wilden*
Mann, *Größenwahn*. Klanghüpfhallen heissen *Vielsprachensenkrechtge-*
bäude, *Großapfel*, *Fischglashäuschen* usw. Warum gibt es keine Zeitung,
die *Na und*, warum kein Geldhaus, das *Größenwahn-Geldhaus* heisst?
Oder *Pilsgeldhaus*? Oder keine Mädchen, die *Vielsprachensenkrechtge-*
bäude oder *Zum Wilden Mann* heissen? Warum keine *Bayrische Unter-*
klanghüpfhalle? Keine *Fleischerei Großapfel*, kein Wagen der Marke *Robert*
oder *Mechtild*? Alles etwas beschränkt, muss ich schon sagen.

Also der ›Fels‹ is naturaly ›Peter‹. ›Kleiner‹ ste für ›Paul‹, das hatten we ja.
›Untervereinsgeldhaus‹ is natural de Hypo. Und Grossapfel ist die Überset-
zung von ›Big Apple‹, also New York.

Die Angelländerin trennt sich von mir, das ist eine lange Geschichte, und
ich muss auf die Jagd gehen. Ich gebe einige Anzeigen in der Zeitung auf,
zum Beispiel: »Ich bin 29 Jahre alt, sehe aber wie 28 aus. Und früher war
ich jünger. Wenn du dich angesprochen fühlst, ritze mir bitte eine Mittei-
lung mit Bild. Und wenn du nicht besonders gut aussiehst, schick lieber
Geld.« Die Stadtzeitung nimmt sie nicht an, wegen des Wortes *Geld*. So
habe ich das Wort *Geld* durch *Schöne Bildmitteilungen* ersetzt und viele
schöne Bildmitteilungen erhalten. Ich hatte sowieso immer Ärger mit der
Zeitung. Einmal hatte mein ehemaliges (holdes) Weib eine große dicke
Plantschriesenmaus, die Ludwig hiess. Zuerst war sie mir eklig, wie wenn
du halt plötzlich eine große Plantschriesenmaus in der Hand hast. Aber
bald möchte man sie nicht mehr vermissen. Sie lustwandelt in deinem
Überüberhemd, schaut mal durch die vordere Öffnung raus, hibbeligwie
halt Riesenmäuse so schauen. Dann rauf und liebevoll am Ohrläppchen
knabbern. Sie ging immer mit ihr lustwandeln. Das erste Mal war ich in
Schrecken versetzt, als sie von so einer Lustwandlung zurückkam. Mit
dem Ludwig hinterher. Ohne Leine. Ja sag mal, spinnst du, was fällt dir
ein mit einer Riesenmaus lustwandeln zu gehen? Eine Riesenmaus ist kein
Hund! Was ist, wenn sie in einem Stadtgewässereinzugsschacht verschwindet? Keine Schwierigkeit, sagt sie, manchmal tut er das, aber ir-

gendwann ist er wieder da! Ja aber, meine ich, die blutrünstigen Fuchs-Irdisch-Hunde, die hätten sie zerfetzen können. Ach was, meinte sie, sie versuchten sich ihn anzuriechen, mussten aber den Ort des Geschehens blutend verlassen. Eines Tages musste meine Ex-Frau umziehen und konnte das Viech nicht behalten. Sie fand niemand, die's wollte, und stand vor den 2 Möglichkeiten, Ludwig einzuschläfern oder ihn in einer Grünanlage auszusetzen.

Aber der Winter stand vor der Tür, mit seinem Furzgesicht, und er hätte es nicht überlebt. So übernehme ich den Burschen und setze noch eine Anzeige in die Zeitung: »Ich bin eine 10 Kleinkleinlangmaß lange Riesenmaus (mit Schwanz 20), suche einen neuen Freund bzw. Freundin und ein Dach überm Haupt, weil der Winter vor der Tür steht und ich Wärme brauche.« Die Leute in der Zeitung dachten, das ist offensichtlich eine Verkehrundbeziehungssuchanzeige, also muss ich eine Geheimzahl-Gebühr zahlen. Ja, so war das! Sie wollten es mir nicht glauben! Am nächsten Tag habe ich der Frau im Zeitungsdienstraum die Riesenmaus gebracht und sie fast an ihrer Nase gerieben. Sie schien zu erschrecken. Ich meine die Frau.

Erst hab ich gedacht, ›Kanal-ratte‹ get ja nich wegen dem ›Kanal‹ und wegen ›ratte‹. Also Abflussrohrriesenmaus. Aber dann is mir eingefallen, das ›Plantschriesenmaus‹ zwar nich so exact is, aber dem ding doch etwas näher kommt.

Das mit dem ›Kleinkleinlangmaß‹ werd ja wol deutlich be, o? ›Langmaß‹ is meter, Kleinkleinlangmaß is centimeter. Nanometer heisst dann kleinkleinkleinkleinkleinlangmaß oder so. Eine Riesenmaus is eine Ratte (auch die mussten wir importiren).

Ich ziehe weiter über Riesenfrostland nach Schlitzaugpreussen, dann durch das Land der Mitte mit dem Fahrrad nach Reinland und Kuhverehrerland. In Höchstbergien konnte ich mal wieder schweizer Kackkauriegel kaufen, Nudellandauflauf, Breithutländermilchkuchentaschen, Schnitzel, Topfeneierkuchen und Salzburger Nockerl. Leider bereiten die Höchstbergier alles für den westlichen Geschmack, das heisst so lauweilig wie nur möglich. Ausserdem mögen es die Weissenerdteiler reinlich. In einem Esshaus steht, sein Essen bleibe 3 Stunden lang in einer Bärmanngarnnaht-Lösung, in einem anderen wird das Essen mit einem »sehr besonderen Wasser« gereinigt. Meinen die vielleicht das riesenfrostländische Wässerchen? Ein Esshaus bietet auch »reingrünwesenessendengerechte Scharfschoten mit Fleisch«.

Bald wird die ganze redaction glatzhäuptig be, if so weiter an den haren gezogen wird. Wer solche dinger rausfindet, muss die FAZ-rätsel mit links lösen können. Aber man gibt mir keine welum (wal brauch ich auch nich, meine wonung is zu klein für so ein großen fisch). Ich hab mir die wordes nich ausgesucht. ›Reinland‹ is nich gleich ›Rheinland‹. Rheinland is im nordwesten, Reinland im sudest. Es is das land der reinis, Pakistan. Für ›shocolad‹ dacht ich an ›Schonkohlade‹, aber ›ade‹ kommt ja da fransais. ›Schonkohllade‹ ginge auch noch. Aber ›Kackkauriegel‹ is bissiger. Dann kommt lasagna, quesadilla, shnitzel, topfenpalatshinken … das mit dem ›Bärmanngarnnaht‹ für ›Permanganat‹ war die höe, oder? Aber ich war am ende, ich ha nich mer weiter gewusst. Das ding sonst so beshreiben, das would secur auch eim sientist swer fall. Da muss man tu de lautlösung greifen. E das letste gericht war ›vegetarian chili con carne‹.

Nach vielen Schwierigkeiten mit Unfällen, Räubern, Gesetzeshütern und Frauen erreiche ich den sprungbeuteltierländischen Busch. Da lerne ich alles, was man lernen muss, um in Sprungbeuteltierland zu überleben, das heisst, Zurückflügel jagen und Sprungbeuteltiere schmeissen. Zurückflügel zu jagen ist leicht, besonders wenn sie in einer Ecke liegen. Sprungbeuteltiere zu schmeissen wiederum ist eine ganze Spur schwieriger, vor allem sie so zu schmeissen, dass sie wieder zurückkommen.

›Zurückbrett‹ wer auch gegangen, aber ›Zurückflügel‹ für bumerang is doch shöner.

In den Fischig-Eilanden begegne ich einer Nordwegerin und wir fahren als Anhalter in einem Schiff nach Einwegland, einem sehr kleinen Eilandland am Rand der Welt und fern, wirklich fern von allem. Wenn du Fernweh hast, ist das die Stelle, zu der du hinmusst. Das Land hat 6000 Einwohner und ein Esshaus. Es ist ein Gottesgarten mit vielem Obst, Fisch und gutem Wetter. Jeder möchte mal hin, aber nicht, um zu bleiben. Kein Mensch will im Gottesgarten leben. Im ganzen Land gibt es einen einzigen Stadtweg, der auch der Landweg ist. Sehr einfach für Zahlwagenfahrer. Der Fahrgast steigt ein, der Fahrer fragt: »Vorwärts oder zurück?«

Ja, und nun bin ich ein niedergelassener Buchritzer. Ich bin nicht vermögend, habe aber immerhin einen Bauch. Ich ritze Bücher und selten reise ich ein bisschen. Das letzte Mal nach Angelland. Da ging ich durch eine Grünanlage, als ich einen Teich sah und ein Schild in der Mitte. Ich konnte nicht lesen, was darauf stand, und musste ganz nah ans Ufer gehen, um es lesen zu können. Da stand: »Es ist verboten, Steine auf dieses Schild zu schmeissen.« Was wieder mal beweist, dass es auch bei unlangen Reisen immer was zu lernen gibt: Gleichgültig wie sinnlos deine Arbeit dir erscheinen mag, in der weiten Welt gibt es immer noch Werke, die noch sinnloser sind als deine.

›Einwegland‹ hab ich das land Tuvalu genannt, weil es nur eine straße hat, nich weil es ein land is, das man einmal gebraucht und dann wegschmeisst. Aber jetz is es tatsächlich so, da es das land bald nich mer geben wird, weil das mer dabei is, das land zu verschlucken, so das die einwoner nach Australien zin werden.

Hir is endstation. Dismal one exercisius. People, i weiss, dise tur war no de grand aventure, au mit de mucho problemas. I hope trotsdem, es hav yur sonnday-namidday fersweeted.

Liste da plus Dificile kauderDeutshe wordes e der oversetsum in siegfriedisch

Einige Wörter haben mehrere Einträge mit verschiedenen Ritzungen, weil sie sich durch die Kapitel ändern oder weil sie zwei Fassungen haben (vor Mitlaut und sonst).

a bit	ein bisschen,	bladder	blättern
	etwas	bos	böse
about	über	brasileiro	Fussballländer,
abuset	missbraucht		fussballländisch
allwo	überall	bukshoppy	Buchhändler/in
alo	hallo	caca	Scheisse
amigo	Freund	cach	erwischen
animal	Tier	called	rief an
anos	Jahre	capie	verstehe
ant(e)s	Ameisen	capito	verstand(en)
antik	früher, (ur)alt	cas(o)	Fall (kein
arivet	angekommen		Absturz)
asked	fragte	caup	erwerben
at all	überhaupt	causet	verursachte
atention	Achtung,	chasee	jagen
	Aufmerksamkeit	chasum	Jagd
au	auch	contet	zählte
auau	Hund	contrar	Gegenteil
audit	hörte	cook	Essen zubereiten
aupreget	aufgeregt	corespondee	entspricht,
aur	unser, Stunde		entsprechen
aventura	gefährliches	crimu	Verbrechensbuch
	Wagnis,	cud	könnte
	Abenteuer	da	da, der, des, vom
beck	zurück	da is	es gibt
behaha	belächeln	dai	sterben
belle	schön	dausend	tausend
bello	schön	decidee	entscheiden
belong	gehören	ded	Tod
belongish	hörig	del	der, des, vom
bit	bisschen	di	dich, dir

dingbukes	Sachbücher	if	wenn (falls)
discovree	entdecke(n)	il	ihn, ihm (bei
disturb(ee)	stören		Lebewesen, von
do	doch		denen man keine
dock	doch		Geschlechtsanga-
dod	tot		be machen kann)
dors	Türen	imediatly	sofort
down	runter	in	in (Vorwörtchen),
dress	anziehen,		ein, rein
	(kleidung) tragen	inter	zwischen
droven	drüben	intu	in den, ins, in die
dy /dai/	sterbt, sterben	invitet	eingeladen
e	und	just	just, ausgerechnet
efort	Anstrengung	laff	lache(n)
eigenly	eigentlich	laicat	möchte
enuf	genug	late (am Ende des	
est	Ost(en)	Buches) /late/	(ver)lassen
et	und	later (nicht	
fite	fechten, Gefecht	am Ende des	
flesh	Fleisch	Buches) /lejter/	später
flur	Boden	latt(e)	(ver)lassen
foir	Großausstellung		(nicht: erlauben)
folt	schuld	legs	Beine
fondlet	gestreichelt	letter	Ritzmitteilung,
Garibaldi	Schnellheiztopf		Buchstabe
get(t)	kriegen,	lie /li:/	liegen
	bekommen	likat	möchte
gi(v)	gibt, geben	lingua	Sprache
gley	gleich (bald)	loos	verlieren,
gluck	Glück		verschwenden
got	kriegten, bekamen	maigen	mögen
grand(e)	große	mak(e)	machen
grippe	Starkschnupfen	mama	Mutter
hevenly	himmlisch	mau	schlecht, schlimm
hid	sich verstecken	may /mej/	darf, mag (wie
ho	hoch		können)
hoy	heute	maybe	vileicht
i	ich		

mean	heisst, bedeutet,	Pap	Gottesobermann
	heissen, bedeuten	papaliseids	väterlicherseits
mei /mej/	darf, mag (wie	parte	Teil
	können)	pas(s)ee	geschehen,
meibi	vileicht		Vergangenheit
men(n)	Mensch	pay	(be)zahlen
miau	Katze	piles	Haufen
mini	klein	plesant	angenehm
mittrippis	Mitreisende	plus mau	schlimmer,
mondes	Monate		schlechter
monotonet	gelangweilt	Polska	Räuberland
movee	sich bewegen	possible	möglich
much(o)	viel	pressee	drücken
my	mein	probably	wahrscheinlich
na	nach	provet	bewies
naby	Nachbar(in)	pulped	eingestampft
nak	nach	put	stellen, legen,
need	braucht, brauchen		(hin)tun
negro	schwarz,	quanto	wie viel
	Schwarzer	quarto	viertel
nock	noch	quasi	fast, beinahe
noium	Neuheit	questiones	Fragen
note	Beleg	quite	ziemlich
now	jetzt	reach	erreicht
o	oder, entweder	redy	fertig
obviosly	offensichtlich	removet	entfernt
ocupet	besetzt,	restee	übrig bleibt
	beschäftigt	rite	richtig
oios	Augen	ruly	ruhig
on	auf	said	sagte
one	ohne	saludal	gesund
oposit	gegenüber	satisfet(o)	zufrieden, satt
otre	andere, anderer,	secur	ungefährlich,
	anderes		bestimmt
otresides	andererseits	sell	veräussern
our	unser, Stunde	senioris	Herrschaften
overset	übersetzen	sense	Sinn
own	eigene	shimp	schimpfen

si	sich	twey	zwei
side	Seite	unico	einzige, einziger,
sik	sich		einziges
smel	riechen	usee	gebrauchen,
soir	Abend		benützen
som	einige	violee	brechen,
soon	bald		verstoßen
speglo	Widerglas,	violens	Gewalt
	Widerglas-	vo /fo/	von
	Zeitung	voso	euer
stupidum	Schwachsinn,	vosso	euer
	Blödsinn	vous	ihr, euch
super	sehr,	wair	wäre
	ausgezeichnet	weak-sense	Schwachsinn
suposely	vermutlich	weif	Weib
surviv(ee)	überleben	wel(e)	wählt, wählen
table	Essbrett, Ritzbrett	well	also, na ja
tel(e)	erzählen	werk(e)	arbeiten
terra	Erde	werk(um)	Arbeit
terre	Erde	wonis	Bewohner
them	sie, ihnen	wud	würde
they	sie (Mehrzahl)	wy	warum
tiktak	Zeitanzeiger	yungweifly	jungfräulich
til	bis		
time	Zeit		
touch	anfassen,		
	berühren		
toute	ganze		
train	Zug, Bahn		
tre	drei		
trein	Zug, Bahn		
tretten	dreizehn		
trety-erste	einunddreissigste		
tried	versuchten		
try	Versuch,		
	versuchen		
tutto	ganze		
twai	zwei		

Liste der schwierigen siegfriedischen Wörter und ihre Übersetzung in Kauderdeutsch

abritzen	abscribee
Adlerland (auch Allbahnien genannt)	Shqiperi
AED (Arbeiterherrschaftliche Einheitslandesverwalterschar Deutschlands)	SED
Affenobst	banana
Altes Vermächtnis	Altes Testament
Amselfeld	Kosovo
Angelisch	english
Ansiedlungen	Coln
anwaltsobstfarbig	avocado-green – avocado-grin
AR (alles richtig)	OK
arbeiterherrschaftlich	socialist
Arierland	Iran
Augenglas	brille
Ausleiherländisch	hebrish
Äusserstostpreussen	Latvia (Lettland)
Bärmanngarnnaht	permanganat
Bauernliederklang	›ranchera‹-musik (super shmaltsy mexikico musik)
begrifflich bestimmen	definee
Beherrschedenosten	Vladivostok
Behördenangestellte	functionaris – funxionaris
Behördenherrschaft	burocratie
behördlich anerkannt	oficial
Beleuchtungsleiber	lampen – lampes
Bergsehe	Montevideo
Berufsfaustfechter	profiboxo
Besitzdienerschaft	sclaverey
besitzerweiternd	imperialist
bestechungsgeneigt	corupt
betrachterabhängige	subjectiv
Beutelfernsprecher	handy
Beutellichtspielstreifen	video

Bewertungseinheiten	punctes – pointus
BGD (Bundesgemeinwesen Deutschland)	BRD
Bildmitteilung	postcart
Blumenwelt	flora
Blutsaugmenschland	Romenia
breithutländisch	mexicano, mexikico
Bucht	bay, Bahia
Dampfbadland	Suomi (Finnland)
das das Sehen Betreffende	das visuelle – de visualu
Denkgebäude	teorie
Drehspiessarierland	Kurdistan
drehspiessländisch	turkico
Dreieckgrabland	Egipt
DVG (Deutsches Volks- herrschaftliches Gemeinwesen)	DDR
Echtmännerstadt	Bagé
Edelsülze	aspik
Edelweichtiere	oistres
Ehrerstattung	rehabilitation
Einwegland	Tuvalu
Einzelheitenvorhaben	program
Eisenleine	kette – cate
Eisland	Island
Erbanlagenunrichtigkeit	genetish error
Erdflüssigfett	gasolin
Erstmonatfluss	Rio de Janeiro
Esshaus	restaurant
fernhüpfen	beam – bim
Fersenhalter Bande	James Bond
Fischig-Eiland	Fiji Iland
Fleischwerdung	incarnation, reincarnation – incarnasion, reincarnasion
Fluss	river, Rio (de Janeiro)
Flussrösser	hipopotamus
Freilufterker	balcon
Fritzäpfel	pommes frites
Fröhlicher Hafen	Porto Alegre

Fuchs-Irdisch	fox terrier
Fussballlandien	Brasilia
fussballländisch	brasileiro, brasilico – brazilico
Fußkrieger	Trabant
Gartenwand	zaun
gegenstandsabhängig	objectiv
Geigenkasten	Fidel Castro
Geisteskrankien	Nigeria
Geistliche Einsiedler	monkes, Munik
Geldhaus	banco
Geldherrschaft	capitalismo
gerätsmäßig	technico, tecnico
Gesprächsgegenstand	tema
gesteinigt	stoned
Gewinnmöglichkeit	chance – chans
Giesig, Wachsamer	Gysi, Gregor
Gliedergefüge	sistem
Gottesgärten	paradisus
Gottesobermann	Pap
Gottesobermannstadt	Roma
Gottesobermannverehrer	catolikis
Gottessohnverehrer	cristis
Großbucht	golf
Großhartobstbäume	cocopalmas
großkraftgerätüblich	megaturbonormal
Großladen	supermarket
Großschwarzfleckkatze	jaguar
Großsohn	Big Mac
Großtausend	milion
Großwüste	Sahara
GU (gefechtsunfähig)	KO
gütemäßig	qualitativ – cualitativ
Gutemeingottistvollkommen	
(Guteslieschen)	Lisboa
Gütergemeinschaft	comunismo
Guterkerl	Gabon
Guteschwester-Hochlehranstalt	Sorbonne Universitee

GVV (Gottessohnverehrende Volksherrschaftliche Vereinigung)	CDU
Haarhelligkeit	blondheit – blondheid – blondum
Hacklichtspielstreifchen	videoclips
Halbmondverehrer	moslemis
Harfenländer	keltis
Hartobst	nuss
Heiland	Salvador
Heiliger Kleiner	Sao Paulo
Heulgemüse	zwibel – cibol(a)
Himmelszeile	skyline – scailine
Hochausgebildete	academikis
Höchstbergien	Nepal
Höchstbergschwarzenland	Tanzania
Höhelängebreite	dimension
Holzfresserlein	termit
humboldtisch	american, americano, amerikish
Immerkrieggebiet	Balkan
in Einklang kommen	adaptee
Kabeljaufresserländer	portugueses, portugalis
Kackkauriegel	shocolate
Katzenmanndu	Katmandu
Kauzähzeug	caugum
Keinzahl	null
Kinderliebesland	Belgie
Klanghüpfer	tansis – dansis
Klanghüpfhalle	disco
Klangzappeler	tansis – dansis
Kleindampfbadland	Eesti
Kleinesrüsseltierriesenflugzeug	Jumbo-Jet
Kleinkindachtgeberin	baby-sitta – bebi-sita
Kleinkleinlangmaß	centimeter
Kleinkrieger	gerilieros
Kleinregenwaldland	Congo Brazzaville (ex-fransais)
Kleinvölkerin	pigma
Kleinwarenläden	kioskes
Kleinwasserstadt	Venezuela
Knäckebrotländer	sverigis

Kneipenschrank	teke
Königslandtag	King Congress
Könnerwerk	masterwerk
Kriegerischer Wolf	Markus Wolf
Kuhbubenkleidung	american/USico klamotten – USico kleidung – USico cleidung – USico claidu
Kuhverehrerland	India
Kunstzeugschein	(plastico) cart
Landdermitter	chino
Ländertrennung	frontier
Landesherrschaft	governo – governu
Landesverwalterschar	partey
landesverwaltungsmäßig	politish
Langmaß	meter
lautgetreu	fonetico
LBAHD (Landesbezogene Arbeiterherrschaftsdenker)	NSDAP
Lebloskunde	fisica – fizica
Leidgeniesser	masokistis – mazokistis
Leitspruch	motto – moto
Lichtspielstreifchen	filmchen – filmle
Liederklangkluggerät	sintesizer – sintesu – sintezu
Liederklangmehrrohr	panflute
Liederklangrichtungen	musikrichtungen – musica-directiones – muzica-directiones
Liederklangschar	band
Liederklangzeit	tact, ritmo
Liederklangzeuggroßwerk	sinfonie
Luftstoff	gas
LVA(Landesverwalterschar der volksherrschaftlichen Arbeiterherrschaft)	PDS
Malerwie	Malawi
Maletiefen	Malediven
Menschenart	rasse
Milz	spleen
Mitteilungsbeförderungsanstalt	Post

nahhinterntierköniglich	napoleonish
Nichtdichtung	prosa
nichtmenschweltlich	natural
Niederlandblumen	tulpen – tulpes
Nordschafsmilchkuchenland-zischzüngler	makedonis
Nordschleswig	Danmark
nordschlitzaugscharfesserländisch	nordcoreanisch
nordwüstenrossstreiberländisch	sirish
Nudellandauflauf	lasanie
Nudellandfladen	pizza
nudelländisch	italiano, italico
Österland	Austreich – Austrei – Austrai
Ostseeländleiner	baltis
Plantschriesenmaus	canal-rat
Rauschkraut	marihuana
Rauschkrautstäbchen	joints
Rauschwasserabhängige	alcoholikis
Regenwaldland	Zaire (now stupidly wider Congo)
Reinland	Pakistan
Retterritterland	Malta
riemenschlagend	peitshend
Riesenfrostland	Russia
Ritterinnen	amazonas
Ritterinnengebiet	Amazonia
Ritterinnenstrom	Amazonas
ritzen	screibee – scribee
rotblau	lila
rotgelb	orange
rothaareiländisch	irico
Rüsseltierstoßzahnstoff	ivory – ivori
Sammellager (SL)	concentration camps
Schafsmilchkuchenland	Grecia
Schafsmilchkuchenländer-O	omega
Schafsmilchkuchenländerund-drehspiessländereiland	Zypern – Kiprios
Scharfschoten mit Fleisch	chili con carne
Schauspielaufgabe	rolle – roll(o) – rol(o)

Schlipserfinderland	Croatia
Schlitzaugerdteil	Asia
Schlitzaugpreusse	japany – japani
Schmuggelland	Paraguay
Schnellweg	superway (in de land o in de city)
Schutzlage	securitee
Schwarztrunk	cafee
Schwätzschau	talk-shotok-sho
Schwungsie	Pepsi
Seelenliederschwestern	soul sisters
Silberland	Argentina
Sinnlichgehüpfe	tango
Sippennamen	familie-nam
Sonnendeutscheiland	Mallorca
Sonnenluft	helium
Spitzellangerzählungen	spionage-romanes
Sprechgehüpfe	rap
Sprengleibflugzeuge	bombers – bombus
sprungbeuteltierländisch	australian, australico
Sprungwand	mur
Sprungwandvertiefungen	nishes
Stadtgewässereinzugsschacht	gully
Stadtweg	strasse – strass – strat
Stählerner	Stalin
Stangenbrot	baget
Stellungsrichtigkeit	order
Sternenscharen	galaxis (plural, singular: galaxy)
Stiergefechtländer	espanioles, espanis
Strahlenland	Ucraina
Strahlungserscheinung	aura
Streifenkatzen	tigers
Stundenteil	minute – minuto
Südschwarzenerdteilland	Sudafrica
Südschwulenstadt	Pelotas
Südzischzünglerland	Jugoslavija
Süßbälle	bonbons
Süßrohreiland	Cuba
Süßstaub	zucker – sucar

SVNW (Schar der Vertragsländer im Nord-Welthalterriesengroßmeer)	NATO
tannmüllisch	tamilish
Tauschstellenwirtschaft	market economie
Tausendlangmaß	kilometer
Tierkönige	liones
Tierwelt	fauna
Tragen Vergeben	Cary Grant
traubenmetländisch	romanico
Triebfedern	factores
Tupfen	punct – point
überflüssig	wiederholend – redundant
Überhemd	pulover
Überüberhemd	jacke
UBN-möglichkeit (Unlange Botschaftennetz)	sms
Umlaufbahnbeobachtungsstelle	orbitale station
unfestgedanklich	abstracto
unlang	curt
Urkundensammlung	arkiv
Urriesenechsen	dinosauris
ursächlich	causale
Vergnügungsreisende	turis
verknappen	abreviee
verorten	classifie (na geografico plass), localizee
Verweltweitung	globalisation – globalizasion
Verzeichnisknopf	register-taste
VGH (Vereinigte Gauen von Humboldtien)	USA
Vielherstellungsland	industrie-nation
Vielzähler	statistiky
Volksvertretungsvorraums-willensverbände	lobbis
Von-Hundert	procent(o)
vordenkliche Gestaltung	organisation
Vorstellungskraft	fantasie
VVDSB	VARIG, grandest airline fo Brasil

Wachblattbrause	Coca-Cola
Wagensitte	Caruso
Wandelstern	planet
Wasserbeutelgewehre	agua-pistolas
Wässerchen	vodca
Wechseltierchen	amoebas
wedernochig	neutral
Weiblieberin	lesba
Weissenerdteil-Sicht	EuroVision
Weltherrschersohn	McDonalds
Werde Eins	Fiat Uno
Westfränkin	fransaise, fransa
Wettbewerbsvorsteller	moderis
Windauge	windo
Windmahlgerätländer	nederlandis
wirrwarrig	caotico
Wirtschaftshäuptling	economie ministry
Wissensfreund	filosof – filozof
Wunschbilder	ideales
Wüstenrosstreiber	arabis
Zahlungshöhe	preis
Zahlwagen	taxi
zipfeln	tippen
Zischzüngler	slawen
Zottelhundland	Afganistan
Zuchtstrammheit	disciplin
Zufluchtsobdachgewährungsgrund	asil-causa
Zurückflügel	bumerang
Zweigbotschaft	consulato
Zweiheit	dualitee

die gedanken fliegen wie tüten
und werden immer kleiner.

Der En|zyk|lop
Ein Wörterbuch

Edition diá

ISBN 3-86034-153-7

Ein Leser liest alles, was ihm unter die Augen kommt, bemerkte Peter Bichsel. Und ein Enzyklopädist ist einer, der sich von jeder lexikalischen Wissensordnung in Bann ziehen lässt. Der Luzerner Künstler René Gisler ist ein solcher ›Enzybekloppter‹. Doch weniger das gesicherte Wissen fasziniert ihn als die mitunter absurden Eintragungen sowie die scheinbar zufälligen lexikalischen Nachbarschaften etwa zwischen Erörtern, Eros und Erosion. Wo Worte alphabetisch geordnet sind, regt sich seine eigene Phantasie. So hat er sich ans Sammeln und mehr noch ans Neuerfinden von Wörtern gemacht. Mit eigentümlichen Bildern angereichert, ist daraus ein erfrischend irrwitziges Begriffs-Panorama entstanden, dem kindliches Staunen wie dadaistische Wortspielerei Pate gestanden haben. Dieser ›kühnstlerische Enzyklop‹ ist in Gislers Idiomatik von vertracktem ›Fortwitz: Kopfscherz, Leereignis, Kopfloskel‹.«
Der Bund, Bern

EDITION DIÁ
www.editiondia.de